本书得到国家社会科学基金一般项目（13BGL004）资助

复杂组织

目标与效能评估

RESEARCH ON GOAL AND
EFFECTIVENESS EVALUATION
OF
COMPLEX
ORGANIZATION

康丽群　刘汉民　解晓晴　著

社会科学文献出版社
SOCIAL SCIENCES ACADEMIC PRESS (CHINA)

摘　要

组织存在的意义在于实现组织目标，组织发展的目的在于提高实际效能。在现实情境中，组织环境与组织形式变得越来越复杂，组织目标与效能呈现许多新特征。现有的以"还原论"和"一般系统论"为方法论的组织理论难以解释复杂组织与简单组织在目标管理与效能评估方面的异同，难以说明复杂组织特征对目标与效能评估产生的影响。本研究基于复杂组织理论，结合复杂企业组织实践，对复杂组织目标与效能评估的相关问题进行了系统探讨。

第一，根据组织外部环境和内部结构的变化，对组织的演化过程进行了阶段划分与特点比较。机械组织、有机组织和复杂组织是组织发展的三个主要阶段。U型组织、M型组织与N型组织是组织演化过程中出现的三种典型组织形式，在结构复杂性、权责安排、组织效率、适应能力等方面存在明显差异。复杂组织既包括传统U型与M型组织的新发展，也包括复杂条件下涌现的新的N型组织。

第二，根据组织研究的方法论差异对组织理论的发展历程进行了纵向梳理，并对各阶段研究成果做了简评。经典范式、系统范式与复杂范式是组织理论发展的三个主要阶段，且每个阶段都有不同的组织理论流派。虽然各组织理论流派的研究视角有所不同，但它们总体上呈现关联与促进、继承与发展的关系。复杂组织理论是复杂性理论与组织理论融合的产物，是复杂条件下组织理论发展的新阶段，主要研究复杂组织的本质特征、复杂环境的基本属性以及复杂组织与复杂环境的互动关系。

第三，从多层面评述了组织目标与效能评估的研究现状。现有的组织目标与效能评估研究将简单组织作为研究对象，从单一视角或单个层面对组织目标和效能的定义、目标分类与效能评估标准、目标复杂性和效能的影响因素等内容进行研究，还未从多视角或多维度探讨复杂条件下组织目标与效能评估的有关问题。

第四，探讨了复杂组织目标的演化过程。通过一个纵向案例研究发现：首先，随着组织与环境的复杂化，组织目标体系也越来越复杂，表现为内容、结构和目标间关系的复杂；其次，复杂组织目标是由内外部环境需求共同决定的多"盟主－成员"型目标体系，具有多样性、网络层次性、竞合性、协同性、动态适应性等复杂性特征；再次，复杂组织的成长是组织目标、外部驱动力量、内部驱动力量相互作用、相互依赖、协同演变的结果，复杂组织不断进行目标体系的内容调整、结构改变和关系变化的过程，实质上是组织商业生态空间拓展、生存实力积累与合法性提高的过程；最后，在中国特殊的情境下，复杂组织目标演变具有目标依赖和目标创新并存、市场机制和非市场机制并存的特殊复杂性特征。

第五，构建了以持续发展为导向的复杂组织目标体系并确定了各级目标的权重。研究结果发现：以持续发展为导向的复杂组织目标体系分为表达性目标和应对性目标，前者包含盈利性、创新性和福利性目标，后者包含合作性和合法性目标；五个主维度目标相互联系、相互影响，体现了复杂组织持续发展所需的物质基础、智力基础和内外部关系基础。研究还发现：以内部导向为主的表达性目标和以外部导向为主的应对性目标对复杂组织持续发展的重要作用几乎相同；主维度目标的核心子目标分别是净利润、技术创新、员工效用、组织声誉和组织合法性，这表明不断地发现和创造新需求、创新技术、积累人力资本、提高组织声誉和获得组织合规合法性是复杂组织持续发展的动力源泉。

第六，研究了目标复杂性的影响因素。在既定的目标体系下，目标复杂性需从目标重视变异度、目标实现变异度、目标重视完整变异度和目标实现完整变异度四个维度进行分析。实证研究发现：外部宏观环境中的政府环境复杂性、社会环境复杂性对目标复杂性产生显著的正向影响；外部中观环境中的组织间关系复杂性对目标复杂性产生显著的正向影响，行业环境复杂性对目标复杂性的正向影响并不显著；内部微观环境中的结构复杂性、组织内关系复杂性对目标复杂性产生显著的正向影响，行业多元化程度与目标复杂性呈显著的倒U形关系。

第七，分析了复杂组织效能的演化过程。复杂组织效能是在复杂组织内外多个因素共同作用之下涌现出的绩效或结果状态；在复杂组织效能的演化过程中，外部环境、战略选择与组织结构之间是冲突、匹配与共进的互动关系；在各影响因素共同作用下，复杂组织效能不仅具有简单组织效能所具有的抽象性、多维性、矛盾性与结果性等基本属性，而且具有区别于简单组织效能的多样性、情境性、动态性、层次性与网络性等本质特征。

第八，在综合多个视角基础上，构建了以持续发展为导向的复杂组织效能评估标准体系。复杂组织效能评估标准体系由开放系统模型、人际关系模型、内部过程模型、理性目标模型与战略成员模型构成，分别反映了复杂组织处理与外部环境关系的能力、人力资源管理与开发的能力、内部平稳运行的能力、实现预期目标的能力、应对内外部利益相关者诉求的能力；复杂组织效能评估标准体系是以可持续发展思想为指导，由五个评估模型及其评估维度、评估标准构成的复杂系统，不仅各评估模型之间是对立统一的关系，而且各评估模型与其评估维度、评估标准是层层嵌套的关系，具有一定程度的复杂性特征。

第九，探讨了复杂组织效能与其影响因素的关系以及调节变量对二者关系的影响。复杂组织效能与其影响因素的关系具有复杂性，而且二者关系的调节机制也具有复杂性。复杂组织效能与其影响因素的关系复杂性表现为测量维度的多元性、关系的多样性、关系方向的不确定性以及关系强度的差异性。调节作用的复杂性表现为解释变量的多样性、被解释变量的多元性以及调节作用的区分性。

第十，探讨了复杂组织效能影响因素的作用机制。在复杂条件下，复杂组织效能与其影响因素之间、影响因素彼此之间存在复杂的相互作用关系。在外部环境、组织资源、组织能力与组织效能的相互作用之下，复杂组织效能呈现先下降后波动上升的变化轨迹。在运营过程中，复杂组织效能主要受环境资源获取率、组织资源利用率、组织学习效率、组织能力转化率、组织能力投入率、组织效能转化率、经济绩效反馈率、非经济绩效反馈率等8个关键因素的影响。这体现了复杂组织对外部环境的适应能力、组织内部要素的转化能力以及组织效能的反馈能力。

Abstract

The significance of an organization is to achieve its goals, and the purpose of organizational development is to improve actual effectiveness. In reality, the organizational environment and organizational form are becoming more and more complex, and organizational goals and effectiveness show many new characteristics. Existing organizational theories based on reductionism and general system theory are difficult to explain the similarities and differences between complex organizations and simple organizations in goal management and effectiveness evaluation, and the impact of complex organizational characteristics on organizational goal and effectiveness evaluation. Based on the theory of complex organization and the practice of complex enterprise organization, this study systematically discusses the related issues of complex organization's goals and effectiveness evaluation.

First, according to the change of the external environment and internal structure of the organization, this paper divides the evolution process of the organization into stages and compares theirs characteristics. Mechanical organization, organic organization and complex organization are the three main stages of organizational development. U-type organization, M-type organization and N-type organization are three typical organizational forms that appear in the process of organizational evolution. And there are obvious differences among them in structure complexity, power and responsibility arrangement, organizational efficiency and adaptability. Complex organizations include both the new development of traditional U-and M-type organizations and the new N-type organizations that emerging under complex conditions.

Second, according to the methodological differences of organizational research, this paper sorts out the development process of organizational theory, and makes a brief comment on the research results of each stage. Classical paradigm, system paradigm and complex paradigm are the three main stages of the development of organizational theory, and each stage has its own schools of organizational theory. Although the perspectives of different schools of organizational theory are different, the development of organizational theory generally presents the trend of correlation and promotion, inheritance and development. Complex organization theory is the product of the fusion of complex theory and organizational theory, and is a new stage in the development of organizational theory under complex conditions. Complex organization theory mainly studies the essential characteristics of complex organization, the basic attributes of complex environment and the interaction between complex organization and complex environment.

Third, this paper reviews the research status of organizational goals and effectiveness evaluation. The existing researches on organizational goals and effectiveness evaluation take simple organization as the research object. Existing researches explore the definition of organizational goals and effectiveness, goal classification and effectiveness evaluation criteria, the influencing factors of goal complexity and effectiveness from a single perspective or a single level. Existing researches haven't to explore issues related to organizational goals and effectiveness assessment under complex conditions from a multi-dimensional or multi-view perspective.

Fourth, this paper explores the evolution of complex organizational goals. The longitudinal case study shows that: With the complexity of organization and it's environments, organizational goal evolves from simple goal to complex goal system, including content, structure, and relationship among sub-goals; the goal system of complex organization, crucially influenced by requirements from internal and external environments, presents the feature of multiple "leader-member" pattern, and shows the characteristics of diversity, network hierarchy, co-competition, synergy, dynamic adaptability and the like; the growth of complex organization is a co-evolutionary and interactive process of organizational goal system with key external environment forces, internal organizational resources and capabilities. The process that complex organization constantly amends the contents and structure of goal system and the relationships among sub-goals is essentially the process to extend ecological business space, enhance survival strength, and improve organizational legitimacy; under China's special circumstance, the evolution of goal system for complex organization shows special complexity, such as coexistence of path dependence and path innovation, coexistence of market mechanism and non-market mechanism, and the like.

Fifth, this paper builds a five-dimension model about goal system of complex organization oriented by sustainable development. On this basis, it calculates weights of every goal with GANP method. The results of empirical analysis maintains that: The goal system of complex organization is composed of both expressive and reflective goals, the former contains the goals of profitability, innovation and welfare and the latter includes the goals of cooperation and legitimacy. These five interrelated and interacted key dimensions represent the physical, intellectual and social foundations which drive the sustainable development of complex organization. Further studies show that: Expressive goals with internal orientation and coping goals with external orientation have almost the same effect on the sustainable development of complex organizations; net profit, technological innovation, employee's utility, organizational reputation and government regulation are the key sub-goals of five key dimensions; the growth of the complex organization is driving by continuous discovery for new requirements, technological innovation, accumulation of human capital, improvement of organizational reputation and acquisition of regulative legitimacy.

Sixth, this paper explores the cause of goal complexity form a comprehensive perspective of internal and external organizational environment complexity. This study proposes that for an established goal system, goal complexity should be analyzed form the variation degree of care for goals, the variation degree of goals realization, the variation degree of the integrity of care for goals, and the variation degree of the integrity of goals realization. The empirical analysis reveals that: A significantly positive effect exists between government environment complexity, social environment complexity (the complexity of macro environment), inter-organization relationship complexity (the complexity of meso environment), organization structure complexity, intra-organization relationship complexity (the complexity of micro environment) and goal complexity; an inverted U-shaped curve relationship exists between diversification and goal complexity. Unexpectedly, industry environment complexity hasn't a significant positive impact on goal complexity.

Seventh, this paper analyzes the evolution process of the effectiveness of complex organization. The effectiveness of complex organization is the performance or outcome state that emerges from the combination of many internal and external factors of complex organization. In the process of the evolution of the effectiveness of complex organization, the interaction between external environment, strategic choice and organizational structure is conflict, matching and interaction. Under the joint action of various influencing factors, the effectiveness of complex organization not only has the basic attributes of the effectiveness of simple organization such as abstractness, multidimensionality, contradiction and result orientation, but also has the essential characteristics such as diversity, contextualization, dynamics, hierarchy and network, which are different from the effectiveness of simple organization.

Eighth, on the basis of a comprehensive perspective, this paper constructs an evaluation standard system for the effectiveness of complex organization that oriented by sustainable development. The effectiveness evaluation standard system of complex organization is composed of open system model, interpersonal relationship model, internal process model, rational goal model and strategic member model. These reflect the complex organization's ability to deal with the relationship with the external environment, human resource management and development capabilities, internal smooth operation capability, ability to achieve expected goals, and ability to respond to internal and external stakeholders. The effectiveness evaluation standard system of complex organization is a complex system which is guided by sustainable development and composed of five evaluation models which contents evaluation dimensions and evaluation criteria.

Ninth, this paper explores the relationship between organizational effectiveness and its influencing factors and the influence of moderator variables. The relationship between complex organizational effectiveness and its influencing factors is complex, and so is the moderator effect. The complexity of the relationship between organizational effectiveness and its influencing factors is manifested in the diversity of measurement dimensions, the diversity of relationships, the uncertainty of relationship directions and the difference of relationship strengths. The complexity of moderating effects is manifested in the diversity of explanatory variables, the diversity of explained variables and the differentiation of moderating effects.

Tenth, this paper explores the mechanism of the factors influencing the effectiveness of complex organization. Under complex conditions, there is a complex interaction between the effectiveness of complex organization and its influencing factors, and between the influencing factors and the influencing factors. Under the interaction of external environment, organizational resources, organizational capabilities and organizational effectiveness, the effectiveness of complex organizations shows a change trajectory of decreasing first and then rising fluctuation. In the operation process, the effectiveness of complex organizations is mainly affected by eight key factors, such as environmental resource acquisition rate, organizational resource utilization rate, organizational learning efficiency, organizational ability conversion rate, organizational ability input rate, organizational efficiency conversion rate, economic performance feedback rate, and non-economic performance feedback rate. This reflects complex organization's ability to adapt to the external environment, the transformation ability of the organization's internal elements and the feedback ability of organizational effectiveness.

目 录

导　言 · 001
　研究背景 · 001
　研究意义 · 002
　主要内容和结构安排 · 003
　研究方法 · 006
　创新之处 · 007
　研究局限 · 008

第一篇
组织和组织理论：从简单到复杂

第一章　组织的演化 · 011
　第一节　机械组织 · 012
　第二节　有机组织 · 012
　第三节　复杂组织 · 013

第二章　组织理论的发展 · 027
　第一节　经典范式 · 028
　第二节　系统范式 · 029
　第三节　复杂范式 · 029
　第四节　复杂组织理论研究展望 · 031

第三章　组织目标和效能研究现状 ·················· 034
　第一节　组织目标 ························· 034
　第二节　组织效能 ························· 039
　第三节　组织目标和组织效能的关系 ················ 048

第二篇
复杂组织目标

第四章　复杂组织目标演变与组织成长
　　　　　——一个纵向案例研究 ··················· 053
　第一节　问题提出 ························· 053
　第二节　概念界定与理论框架 ···················· 054
　第三节　研究设计 ························· 058
　第四节　案例分析：宝钢的组织目标演变 ·············· 060
　第五节　理论分析 ························· 069
　第六节　结论与启示 ······················· 074

第五章　复杂组织目标体系的构成与权重
　　　　　——理论分析和实证检验 ·················· 077
　第一节　问题提出 ························· 077
　第二节　理论依据和分析框架 ···················· 079
　第三节　目标体系的构建 ····················· 082
　第四节　目标体系的修正完善 ···················· 087
　第五节　基于GANP的目标赋权与分析 ················ 091
　第六节　结论与展望 ······················· 097

第六章　目标复杂性的影响因素 ···················· 100
　第一节　问题提出 ························· 100
　第二节　概念界定 ························· 101
　第三节　外部环境复杂性因素分析 ·················· 104
　第四节　内部环境复杂性因素分析 ·················· 109

第五节　研究设计 …………………………………………………… 112

第六节　实证结果 …………………………………………………… 117

第七节　研究讨论 …………………………………………………… 123

第三篇
复杂组织效能评估

第七章　复杂组织效能的演化：以海尔为例 …………………… 127
第一节　问题提出 …………………………………………………… 127

第二节　组织效能演化的不同观点 ………………………………… 128

第三节　组织效能演化的理论模型 ………………………………… 130

第四节　研究设计 …………………………………………………… 131

第五节　资料收集与处理 …………………………………………… 132

第六节　案例分析 …………………………………………………… 133

第七节　研究讨论 …………………………………………………… 140

第八章　复杂组织效能的评估标准体系 ………………………… 143
第一节　问题提出 …………………………………………………… 143

第二节　评估标准体系构建过程 …………………………………… 144

第三节　评估标准的初步筛选 ……………………………………… 145

第四节　评估标准体系理论模型的构建 …………………………… 151

第五节　评估标准体系构建 ………………………………………… 155

第六节　评估标准体系的合成 ……………………………………… 161

第七节　研究讨论 …………………………………………………… 162

第九章　复杂组织效能的影响因素 ……………………………… 165
第一节　问题提出 …………………………………………………… 165

第二节　变量设定与研究假设 ……………………………………… 166

第三节　研究设计 …………………………………………………… 171

第四节　假设检验与结果分析 ……………………………………… 176

第五节　研究结论和讨论 …………………………………………… 191

第十章 复杂组织效能影响因素的系统模型 ………………… 193
- 第一节 问题提出 ……………………………………………… 193
- 第二节 影响因素分类 ………………………………………… 194
- 第三节 影响机制的理论模型 ………………………………… 196
- 第四节 研究方法 ……………………………………………… 197
- 第五节 影响因素的 SD 建模 ………………………………… 199
- 第六节 影响因素系统的综合分析 …………………………… 215
- 第七节 研究讨论 ……………………………………………… 237

结束语 ………………………………………………………………… 239
- 研究结论 ………………………………………………………… 240
- 未来展望 ………………………………………………………… 245

参考文献 ……………………………………………………………… 248

附录1 元分析的资料来源 ………………………………………… 287

附录2 影响因素与组织效能的编码规则 ………………………… 290

附录3 组织效能评估标准的资料来源 …………………………… 292

导 言

科学技术的进步、全球化的推进和互联网的快速发展不仅改变了组织存在的生态环境，而且催生了复杂多样的组织形式。随着组织生态环境与组织形式的日益复杂化，组织目标与组织效能也呈现许多新的特点。传统的组织理论难以解释新形势下组织形式的演变以及组织目标与效能的变化。本书从企业现实情境出发，将复杂性理论与组织理论相结合，综合运用多种方法，对复杂企业组织的目标与效能评估进行探索性研究，试图为复杂条件下的企业组织管理提供理论依据和运营参考。

研究背景

21世纪以来，世界社会经济环境发生了巨大变化。科学技术的快速发展不仅提高了产品或服务的生产效率，而且变革了经济活动中人与人之间的交换方式；全球化的深入发展不仅将资本、技术、劳动等生产要素纳入经济一体化轨道，而且促进了跨地区、跨部门与跨行业的竞争与合作；互联网的高速发展不仅变革了传统的商业模式，而且带来了透明、平等与共享等思想观念。在此背景下，传统的官僚层级制组织出现了扁平化、去中心化、网络化等发展趋势，同时涌现出诸如商业生态系统（Barnett，2006；Kim et al.，2010；刘刚、熊立峰，2013；Pera et al.，2016）、无边界企业（Yang et al.，2010；李晓翔，2016）、平台化企业（Van Alstyne et al.，2016；Maciuliene & Skarzauskiene，2016；李雷等，2016）等新型组织形式。新环境下，新型组织形式如何有效治理成为组织急需思考的问题。

随着组织环境与组织形式的复杂化，组织目标与效能呈现许多新特点。组织目标呈现多样性、网络层次性、竞合性、动态适应性等,组织效能呈现多维性、多层性、抽象性、情境性等。然而,这些新现象和新特点已不能用传统的理论和方法去分析和解释,需要在理论基础、研究方法和内容结构等方面进行创新。一些先驱将复杂性理论引入组织研究,探讨了组织系统要素的基本特点(Thompson,1967;Simon,1976;Holland & Miller,1991;Smith,2002),组织系统内各要素间的关系特征(Simon,1977;Dooley,1997;Anderson,1999;Amaral & Ottino,2004;刘洪、王玉峰,2006),组织系统所具有的属性、行为与功能(Anderson,1999;Dooley,2002;吕鸿江、刘洪,2010;罗珉、周思伟,2011;Cilliers,2013;何喜军等,2016)以及组织系统与外部环境的互动关系(Boisot & Child,1999;Ashmos et al.,2000;Esade,2010;刘洪,2011;梅莉,2015)。不过,迄今为止,复杂组织尚未形成较为完整的理论体系,特别是有关复杂组织的基本特征、复杂组织的目标与效能评估、复杂组织的战略管理等问题尚未得到较好的解决。本研究将复杂性理论与组织理论融合,以复杂企业组织(简称"复杂组织")为对象,综合运用多种研究方法和分析工具,系统探讨中国特定情境下复杂组织的目标与效能评估等理论和现实问题。

研究意义

组织多重目标的协调和实现问题(Jensen,2001;Meyer,2002;Ethiraj & Levinthal,2009)是组织可持续发展需解决的问题。同时,组织的可持续发展也离不开组织效能的不断提高(Hubbard,2009)。本书基于复杂系统视角研究复杂组织目标和效能评估的相关问题,构建符合环境需求及变化的复杂组织目标体系和效能评估标准体系,并从环境演化的视角解释和探讨复杂组织目标和效能复杂性的成因、过程及治理,不仅可以丰富复杂组织目标和效能评估的相关研究,完善复杂组织理论,而且可以为复杂条件下组织目标和效能管理实践、战略决策制定等提供理论依据,指导和促进复杂组织的可持续发展。

首先,从理论上看,本书可以丰富复杂组织目标和效能评估的相关研究,完善复杂组织理论。现有的组织目标与效能评估研究多以简单组织为对象,过于强调企业提供产品或服务的基础性作用,将盈利性与效率性

（如利润率、生产率等）作为建立组织目标体系的主要维度；过于关注企业组织在预定目标实现方面的绩效表现，将理性目标的实现程度（如财务绩效、市场绩效等）作为评判组织效能的主要标准，忽略了复杂组织目标与效能的复杂性特征。同时，现有研究尚未从复杂性视角探讨复杂组织目标的复杂性与效能提升的影响因素及影响机制。本研究聚焦于复杂企业组织，从复杂系统视角探讨复杂组织目标与效能评估的有关问题，有助于深化对复杂组织目标与效能的理解，从而弥补前人研究的局限，丰富复杂组织的理论研究。

其次，从实践来看，本书可以为复杂条件下组织目标和效能的管理实践、战略决策制定等提供指导。在全球化与信息技术的推动下，组织环境和形式变得越来越复杂：一方面，传统的层级组织在内外压力之下，面临组织重构与再造等问题，出现了层级结构与网络结构并存的现象；另一方面，许多新型组织形式不断涌现，平等、合作、共享、协同等成为适用于新型组织形式的管理理念。然而，许多企业并没有注意到组织环境和形式变化给组织目标与效能评估带来的影响，继续沿用以简单组织为对象的组织目标与效能评估体系，既未体现复杂组织目标的复杂性，也难以有效评估复杂组织效能的实际水平。本研究基于对复杂组织的观察与思考，运用多种研究方法探讨复杂组织目标与效能评估问题，有助于克服单一目标缺陷，兼顾多方利益相关者诉求，促进复杂组织的可持续发展。

主要内容和结构安排

本研究以复杂组织理论为基础，以复杂组织为研究对象，重点探讨复杂条件下企业组织目标与效能评估问题。全书共分为三篇十章，主要内容与结构安排如下。

第一篇主要研究组织和组织理论：从简单到复杂。在回顾组织和组织理论发展过程并总结其规律基础上，对组织目标与效能研究的现状进行评述，并界定了相关概念和约束条件，厘清了研究思路，从而为后续研究奠定了可靠的理论基础。本篇共包括三章。

第一章回顾了企业组织的演化过程并对三种主要的组织形式进行了比较分析，从中发现了组织演化的规律。组织形式是随着内外部环境的变化而不断变化的。从组织结构看，组织的演化过程可以分为机械组织、有机组织与复杂组织三个阶段或三种形式，每个阶段中的不同组织形式具有不同的特点。组织的演化及其特征是复杂组织目标与效能评估研究的基础和出发点。

第二章回顾了组织理论的发展过程并对三种主要范式进行了比较分析，从中发现了组织理论的发展规律。组织理论是随着组织的发展而发展的。按照研究范式的不同，组织理论的发展过程可分为经典范式、系统范式与复杂范式三个阶段，每个阶段中都存在不同的组织研究流派。这些流派及其特点是复杂组织研究的理论来源和依据。

第三章评述了组织目标与效能研究的国内外重要文献，并对相关概念和条件进行了界定，包括组织目标和效能的定义、目标体系的构成、效能评估标准体系的构成、目标复杂性和效能提升的影响因素等。

第二篇主要研究复杂组织目标。在复杂条件下，组织目标是一个由多元目标组成的目标体系，具有复杂性特征；组织目标从简单到复杂的演化是由组织环境和组织资源与能力共同决定的；复杂组织目标体系的构建需要综合考虑内外部环境，并对目标复杂性的影响因素进行具体分析。

第四章从战略管理视角探讨了复杂企业组织目标的演化过程和演化机理。通过一个纵向案例研究发现：复杂企业组织目标的演化是组织目标与外部环境和内部组织资源与能力协同演化的过程；随着外部环境变化和内部资源积累与能力提升，企业不断调整目标体系的内容、结构及目标间关系；复杂组织目标体系呈现相互影响的多"盟主-成员"型特征，具有多样性、网络层次性、竞合性、协同性、动态适应性等复杂性特征。

第五章探讨了以持续发展为导向的复杂组织目标体系的构建。本章结合复杂组织和内外部环境特征，通过理论分析和实证检验，构建了以持续发展为导向的复杂组织目标体系的五维度模型，并在此基础上运用GANP法确定了各级目标的权重，验证了目标体系的合理性。本章的研究解决了复杂组织目标模糊、难以量化和价值错配等问题，为复杂条件下的组织战略管理从理论和实践两方面提供了新的思路和借鉴。

第六章从内外部环境的综合视角探索了复杂组织目标的复杂性成因。一定时期内，在既定的目标体系下，目标复杂性需从目标重视变异度、目标实现变异度、目标重视完整变异度和目标实现完整变异度四个维度进行分析。本章主要分析了外部环境中的政府环境复杂性、社会环境复杂性、组织间关系复杂性、行业环境复杂性对目标复杂性的影响，内部环境中的结构复杂性、组织内关系复杂性、行业多元化程度对目标复杂性的影响，并运用一手数据进行了验证。

第三篇主要研究复杂组织效能评估。组织效能是在组织与内外部环境协同演化情境下，由复杂组织内外各要素在相互作用之下涌现出的，具有抽象性、多维性、情境性等复杂性特征的行为、能力、状态与结果的总和。本篇探讨了复杂组织效能的演化、复杂组织效能评估标准体系的构建、复杂组织效能的影响因素及其系统模型。

第七章探讨了复杂组织效能的演化。在综合已有的"环境决定观"、"战略选择观"与"系统动力观"三种研究视角的基础上，构建了复杂组织效能演化的理论模型，并结合对海尔集团效能演化过程的分析，进一步探讨与归纳了复杂组织效能的演化机理和本质特征。

第八章探索了以持续发展为导向的复杂组织效能的评估标准体系。运用内容分析法和聚类分析法提炼出效能评估标准；在对复杂组织与复杂组织效能构念进行操作化的基础上，构建复杂组织效能评估的理论模型；在阐明评估标准体系构建原则的基础上，确定复杂组织效能评估的指导思想、评估模型、评估维度与评估标准；通过对不同层级以及相同层级评估标准关系的分析，将复杂组织效能评估标准体系进行合成。

第九章分析了复杂组织效能的影响因素。运用元分析法对文献资料中各影响因素与组织效能关系的研究结果进行了合并，并运用回归分析模型对各调节变量对影响因素与组织效能关系的调节作用进行了检验，构建了复杂组织效能影响因素的综合性分析框架，探讨了复杂组织效能影响因素的基本特征。

第十章研究了复杂组织效能影响因素的系统模型。根据复杂组织效能影响因素的来源不同，将影响因素划分为外部环境影响因素与内部条件影响因素；在综合环境决定观、战略选择观、系统动力观视角的基础上，构建了复杂组织效能影响因素作用机制的理论模型；结合对理论模型的分析，运用系统动力学方法，构建了复杂组织效能影响因素系统的SD模型，并进行了模拟分析、敏感性测试与政策方案设计。

研究方法

根据研究对象和内容特征，本研究不仅采用传统的文献分析法、案例分析法、问卷调查和统计分析法以及内容和聚类分析法，而且应用了GANP法、系统动力学建模方法等多种定性和定量相结合的方法。

（1）文献分析法。新理论的产生需要广泛吸收和借鉴既有成果，新观点的提出也需要有充足的理论依据和文献参考。本研究通过经典文献回顾和梳理，确定了研究方向，厘清了研究思路，并提出了需要进一步研究的问题。文献分析法贯穿于全书的各个部分，以第一篇较为集中。

（2）案例分析法。本研究分别选择了宝钢和海尔作为案例探讨组织目标和效能的演化过程和演化规律，分析了影响组织目标和效能演化的各种内外部因素，发现了复杂条件下组织目标和效能的演化机理及新特征。案例分析法主要用于第四章和第七章的研究。

（3）GANP法。根据ANP法的思路和要求，在确定目标体系的网络层次结构基础上，用专家群组决策法（GANP）确定复杂组织目标体系各级目标的权重，并进行有效性检验，从而解决复杂问题难以量化的难题。GANP法主要用于第五章的研究。

（4）问卷调查和统计分析法。通过问卷收集目标复杂性影响因素的一手数据，在此基础上运用统计分析法，包括因子分析、主成分分析、方差分析、回归分析等，处理问卷数据，验证本书提出的假设，该法主要用于第六章的研究。此外，第八章和第九章的部分研究也运用了统计分析法。

（5）内容和聚类分析法。在对复杂组织效能评估标准进行编码的基础上，综合运用内容和聚类分析法，对评估标准进行频数（频率）分析和聚类分析，从而提炼出组织效能的"普适性"评估标准。内容和聚类分析法主要用于第八章的研究。

（6）元分析法（Meta Analysis）。运用元分析法对影响复杂组织效能的各种因素进行实证检验，并借助Stata 13 MP软件计算合并效应值、检验效应值的异质性，同时对各项调节变量进行亚组分析和回归分析，从而揭示出复杂组织效能的主要影响因素。元分析法主要用于第九章的研究。

（7）系统动力学建模方法。运用系统动力学建模方法对复杂组织各项影响因素的因果反馈回路、存量流量关系等进行模拟与分析，探讨复杂组织效能各影响因素之间以及各因素与复杂组织效能之间的作用机制。系统动力学建模方法主要用于第十章的研究。

创新之处

组织目标与效能评估是组织管理研究的重要议题。虽然学术界对组织目标与效能评估问题进行了许多有益的探索，但较少关注复杂环境下组织目标与效能评估问题。本研究从跨学科视角围绕复杂组织目标与效能评估展开系统探讨，无论在研究视角、研究内容上还是在方法选择和工具运用上都进行了创新性探索。

第一，将复杂性理论与组织理论融合起来，从复杂组织理论视角探讨了组织和组织目标与效能的发展演化过程，揭示了复杂组织目标和效能演化的内在机制和本质特征，为复杂条件下组织目标和效能评估研究提供了新的思路。

第二，基于复杂组织理论构想，采用理论与实际相结合、定性和定量相结合等复杂问题研究方法，从组织与环境需求适配的角度构建了以持续发展为导向的复杂组织目标体系，并确定了各目标的权重，为复杂条件下的组织目标和战略管理提供了理论依据和决策参考。

第三，基于复杂组织理论构想，从动态开放系统视角实证研究了复杂组织目标复杂性的内外部关键影响因素，并用目标重视变异度、目标实现变异度及目标完整变异度来衡量目标复杂性，丰富并深化了复杂组织目标管理的研究内容。

第四，基于复杂组织理论构想，提出了由组织环境、组织战略、组织结构和组织效能组成的复杂组织效能演化的理论模型，分析了复杂组织效能的演化机理及本质特征，并用系统动力学方法构建了复杂组织效能影响因素系统模型，揭示了复杂组织效能影响因素的作用机制，对复杂组织效能管理有一定的指导意义。

第五，基于复杂组织理论构想，全面整合开放系统模型、人际关系模型、内部过程模型、理性目标模型与战略成员模型等5个效能评估模型，构建了以持续发展为导向的复杂组织效能评估的标准体系，为复杂条件下组织效能评估提供了理论基础。

研究局限

复杂组织目标及其效能评估是一个较新的研究领域，可供借鉴的文献和资料较少，加上时间和水平的局限，尚存在一些不足之处。

首先，一些概念的界定可能存在争议。比如"复杂组织"概念，从产生到现在已有六十余年，其内涵和外延随着内外部环境的变化而不断变化，而且不同的学科研究的侧重点不同，要给其下一个能广为接受的科学定义，不是本研究所能解决的。

其次，本研究问卷调查的抽样方法为方便抽样，不是严格的随机抽样。虽然方便抽样存在快速、实用、方便的优点，可在条件有限的情况下解决样本收集难和失真的问题，但不太符合严格的统计学要求。

最后，有些问题没有更深入地进行探讨。比如：个体层面因素对目标复杂性的影响如何？作为由人组成的组织，复杂组织目标无疑会受到组织成员，尤其是领导人特质的影响。由于本书是从组织层面探讨组织内外部因素对目标复杂性的影响，所以没有把个体层面因素考虑在内。又如：如何测量复杂组织效能？复杂组织效能具有抽象性、多维性与情境性等特征，要开发出具有一般适用性的测量量表是存在一定困难的，因此只能对影响因素进行初步分析。

第一篇
组织和组织理论:从简单到复杂

组织和组织理论在社会发展中发挥重要作用。第一次工业革命后，随着机器大工业替代工场手工业，具有近代企业特征的工厂组织开始出现。高度分工的生产方式提高了工厂的效率，使工厂得以扩大规模，获得成长。于是，以集权化为特征的 U 型组织开始出现。这一时期，基于"理性人"与"经济人"假设的古典组织理论强调从组织结构的合理设计、组织运行的基本原则以及组织管理的基本职能来提高组织效能；基于"有限理性"假设的新古典组织理论则关注组织如何从心理需要、情感诉求方面提高员工积极性，以解决激励问题。

第二次与第三次工业革命后，新能源和新技术得到广泛运用，许多巨型产业公司（Giant Industrial Corporation）、联合企业（Conglomerate）与跨国公司（Multinational Corporation）等现代企业组织得到空前发展。战略决策权与业务经营权相分离的 M 型组织成为这个时期最有效的组织形式。学者们开始从一般系统视角研究组织结构、管理活动以及组织与环境的共生协同关系。在当前新工业革命的催化下，社会生产力进一步提高，一些新组织形式不断涌现，如无边界企业、网络组织、智慧组织与平台化企业等。此时，N 型组织已成为典型的组织形式。在此情境下，新的组织理论——复杂组织理论应运而生。

第一章
组织的演化[*]

复杂组织是组织演化到一定阶段出现的新组织形式（刘汉民等，2015；刘汉民、周颖，2016），与层级组织、事业部组织等存在明显区别，也存在一些共性。组织结构（或形式）是组织的"骨架"，而其他权变因素（如组织规模、技术、环境和目标等）则是潜藏在组织结构之下的一系列互相重叠的因素（达夫特，2014）。对组织形式演化规律进行探讨，可以为分析复杂组织的本质特征提供基本前提与理论根据。

学术界对组织演化的研究经历了组织对环境的"适应"到环境对组织的"选择"，再到组织与环境协同演化的过程（姜晨、刘汉民，2005）。虽然研究视角不同，但基本上将组织演化过程划分为变异（Variation）、选择（Selection）和保留（Retention）三个阶段（Abatecola，2014），此种划分方法是从生物演化角度分析组织的横向演化过程，忽略了组织的纵向演变，难以反映组织演化过程中外部环境和内部结构的变化。本书根据组织研究的隐喻法，将组织的演化过程划分为机械组织、有机组织和复杂组织三个阶段（见表1-1）。U型组织、M型组织与N型组织是组织演化过程中出现的三种典型组织结构形式。

---

[*] 本章部分内容发表在刘汉民、解晓晴、康丽群《复杂组织理论：组织研究的新趋势》，《浙江工商大学学报》2015年第5期；康丽群、刘汉民：《复杂组织目标演变与组织成长——一个纵向案例研究》，《商业经济与管理》2017年第12期。

表1-1 组织的演化

演化阶段	组织结构形式	外部环境特征	内部结构特点
机械组织	官僚层级制	稳定性、确定性	以行政命令为基础的层级结构；高度集权
有机组织	事业部制、矩阵制	动态性、不确定性	以项目为中心的层级（矩阵）结构；中度集权
复杂组织	网络组织、虚拟组织	复杂性、动荡性	以任务为导向的团队式结构；低度集权

第一节 机械组织

在机械组织阶段，组织环境被认为是稳定的、确定的，组织被设计成基于行政命令的、高度集权的官僚层级制结构。这种机械组织形式具有水平与垂直方向上的高度差异化（权威和控制的层级结构）、高度形式化（角色、职责等均固定）、权力中心化（高层决策）、工作标准化、监督与声望（基于权威和职位）、纵向沟通等特征（Hatch & Cunliffe, 2006）。虽然机械组织在工业社会是最高效率的管理形式（Perrow et al., 1986），但其难以适应变化的外部环境，会导致官僚主义，当组织中一些人的利益优先于组织目标时，会产生未曾预料的、不合需要的后果，并且扼杀员工的积极性（Morgan, 2006）。U型组织（Unitary Organization）是机械组织发展阶段的典型组织形式，是现代企业最早、最基本的组织形式（Williamson, 1975）。

第二节 有机组织

在有机组织阶段，组织环境被认为是动态的、不确定的。组织管理者开始认识到组织环境变化对组织发展的影响，组织目标由外部环境对组织施加的压力而产生，组织边界不再固定，组织活动系统也不完全适应外部环境（Aldrich, 2008）。在此阶段，组织被设计成以项目为中心的层级（矩阵）结构。这种有机组织形式具有水平与垂直方向上的高度集成化（基于任务知识的权威和控制网络）、低度形式化（任务与职责非固定）、权力非中心化、工作协调化、个人专长与创造性、部门间的横向沟通等特征（Hatch & Cunliffe，2006）。这表明了组织设计者的开放视角，对处理组织与环境的权变关系、实现组织的变革与创新、理解组织的生态种群等都有积极作用（Morgan，2006），但没有体现出组织在适应外部环境的同时对环境的能动作用。M 型组织（Multidivisional Organization）也叫事业部制①，被誉为"20 世纪最重要的组织形式创新"（Williamson，1985），是有机组织发展阶段的典型组织形式。到第二次世界大战结束后，事业部制已成为世界占主导地位的企业组织形式。美国、日本和欧洲的许多大型企业普遍采用 M 型组织。

第三节　复杂组织

在复杂组织阶段，组织环境被认为是复杂的、动荡的，组织被当作有自主性（Autonomy）、循环性（Circularity）和自我参照性（Self-reference）特征的生命系统（Maturana & Varela，1980）。组织与环境的关系由组织被动地适应环境向组织与环境协同演化方向发展。为适应复杂多变的外部环境，传统的组织形式逐渐被以任务为导向的团队式组织形式所取代，如网络组织和虚拟组织。网络组织是以独立个体或群体为节点经由彼此间复杂多样的经济联结而形成的介于企业与市场之间的一种制度安排（孙国强，2001），而虚拟组织是由处在价值链中不同环节的具有核心能力的独立厂商所构建的动态企业联合体（包国宪、贾旭东，2005）。这两种组织结构形式是具有联合性、协调性和复杂性特征的复杂网络，是立体网状传导结构，即在宏观层次上是层级结构，在微观层次上是网状结构（许正权、宋学锋，2009）。N 型组织即网络组织（Network Organization），有时也称网络中心组织（Network-centric Organization），是顺应经济全球化浪潮和信息通信技术的发展而兴起的新型组织形式，是典型的复杂组织形式。

---

① 学术界对"M 型组织"有多个提法，如 Multidivisional Organization（Williamson，1975，1985）、Multidimensional Organization（Strikwerda & Stoelhorst，2009）、Multibusiness Organization（Martin et al.，2010）等。本书从组织结构角度对组织演化阶段进行划分，且 Williamson（1975，1985）较早对组织形式进行探索性研究，故选用他的说法。

一　复杂组织的概念

（一）研究视角

学术界对复杂组织的研究主要有组织社会学、组织经济学、组织系统学、复杂性科学四种视角（Orton，2008），如表 1-2 所示。

表 1-2　复杂组织的研究视角

研究视角	代表学者	主要内容
组织社会学视角	Parsons（1956）；Etzioni（1961）；Perrow（1967）；Katz（1965）；Lawrence 和 Lorsch（1967）；Perrow 等（1986）	定义："社会单元""官僚组织""正式与非正式集合体""大型组织""权力工具" 实质：社会系统论
组织经济学视角	Winter（2006）；Augier 和 Teece（2006）；Elsner 等（2010）	定义："大型商业企业""技术变迁与经济发展的中介""多种形式的混合体" 实质：混合经济体论
组织系统学视角	Kast 和 Rosenzweig（1972）；Miller（1972）；Hrebiniak（1978）；Maturana 和 Varela（1980）	定义："多元决策者的系统""开放系统与封闭系统的统一体""生命系统" 实质：一般系统论
复杂性科学视角	Holland 和 Miller（1991）；Boisot 和 Child（1999）；Morel 和 Ramanujam（1999）；Dooley（2002）；Amaral 和 Ottino（2004）	定义："非线性复杂适应系统""复杂环境的适应系统""适应演化的动态系统" 实质：复杂系统论

资料来源：作者整理。

组织社会学从社会系统的一般理论出发为复杂组织提出社会学的分析方法。将以目标实现为导向作为复杂组织与其他社会单元相区别的典型特征（Parsons，1956）。在 Parsons（1956）的分析框架之上，Etzioni（1961）与 Perrow（1967）对复杂组织的比较分析进行了探索。在以往学者的研究基础之上，Katz（1965）将自治概念引入复杂组织研究中，发现正式组织集中于计划系统，非正式组织集中于实际行为。Lawrence 和 Lorsch（1967）认为复杂组织是大型的活动系统，其结构与行为需要与外部环境相适应。与其他学者的研究结论不同，Perrow 等（1986）的研究认为，复杂组织已成为经理人员通过行使权力获得价值产出的工具。

组织经济学诞生于学者们对生产理论的批判，认为技术与制度是经济变迁、人类社会演化的两大动力，而复杂组织在技术变迁与经济发展的关系中起中介作用。Winter（2006）认为，熊彼特式的分析需要对例行行为与创新行为的区别进行概念化，特别是与复杂组织、复杂任务有关的概念化，但是生产理论并不能满足这种需求。在 Winter（2006）的基础上，Augier 和 Teece（2006）发现，联合专用性资产与结构可分解性对复杂组织的动态能力具有解释力。与 Winter 等人的研究不同，Elsner 等（2010）对交易成本经济学的市场与层级的二分法进行了批判，认为复杂组织是理想市场、理想层级与理想非正式网络的混合体。

组织系统学从一般系统论出发，认为复杂组织是由多样化元素所构成的系统，开始强调复杂组织对外部环境资源的依赖与利用。如 Kast 和 Rosenzweig（1972）较早将一般系统论引入组织研究，认为开放系统模型催生了组织理论与管理实践的概念化。Hrebiniak（1978）将复杂组织视为开放系统与封闭系统的统一体。复杂组织之所以是开放系统，是因为其具有模糊性与不确定性；之所以是封闭系统，是因为其受制于理性标准，因而又是明确的。Maturana 和 Varela（1980）立足于生命系统有自主性、循环性和自我参照性的特点，认为组织与环境是"封闭"的关系，组织与环境只不过是处在相互连接模式（Interconnected Pattern）中的要素。

复杂性科学对复杂组织的分析主要有两个角度。第一，从复杂系统（或复杂适应系统）角度理解复杂组织。Holland 和 Miller（1991）认为许多组织系统可被视为复杂适应系统，并且复杂适应系统模型为模拟复杂组织的非线性行为提供了认识工具。Boisot 和 Child（1999）也认为复杂组织可被视为与其复杂环境相适应的复杂系统。在前人研究基础上，Amaral 和 Ottino（2004）研究发现，复杂组织系统构成单元的自组织性及其相互作用的涌现性是复杂组织系统与其他系统相区别的本质特征。与 Amaral 和 Ottino（2004）的观点不尽相同，刘洪和王玉峰（2006）认为不是所有的复杂组织都可视为复杂适应系统，复杂适应系统有其特定内涵、适用范围和条件。第二，从组织复杂性角度研究复杂组织。Dooley（2002）认为，组织复杂性是存在于不同构成要素间的变异量。Heylighen（2008）认为，组织复杂性不能被严格定义，只能介于有序与无序之间。吕鸿江（2012）认为，组织复杂性是"环境决定和战略选择"的共同产物；组织复杂性是先增加后降低的成长过程，并存在最优组织复杂性；组织可通过动态适应机制、自主学习机制和自主创新机制应对组织复杂性。Murmann（2013）

认为，组织环境的日益复杂给复杂组织带来挑战，复杂组织在适应环境的同时对环境也有反作用，二者在互动中协同演化。

（二）定义与特征

复杂组织（Complex Organization）的概念早在20世纪60年代就被提出来了（Perrow, 1961）。在早期，有学者把复杂组织看作大型组织（Giant Corporation）（Perrow, 1961）。后来，一些学者从构成组织的元素数量、元素间关系及动态性等方面对复杂组织进行界定（Simon, 1962; Holland & Miller, 1991; Anderson, 1999; Ethiraj & Levinthal, 2009; Wautelet et al., 2009; Christiansen, 2011），但至今没有一个统一的定义（见表1-3）。

表1-3 复杂组织的定义

出处	定义	关键词
Perrow (1961)	大型组织就是复杂组织	规模大
Simon (1962)	复杂系统是指由大量相互作用的部分组成的系统	元素数量、相互作用
Thompson (1967)	复杂组织是指依存在更大环境中，能够组成一个整体的、具有相互依赖性的部分的集合	环境依存性、整合元素间的依赖性
Holland 和 Miller (1991)	复杂适应系统定义为"包含适应性智能体，并且智能体与智能体之间的环境被网络化的复杂系统"	适应性、智能体、网络化
Goodwin 和 Ziegler (1998)	复杂系统是指系统所有的部分都能与其他部分动态交流，从而使得整个系统的信息处理潜力最大化的系统	元素间的动态交流、信息处理潜力
Anderson (1999)	复杂系统是具有非线性、自组织特性的系统，并且系统各构成组件间相互作用是复杂性产生的根源	非线性、自组织、相互作用
Morel 和 Ramanujam (1999)	复杂系统是指具有大量相互作用元素和涌现性特征的系统	元素数量、相互作用、涌现性
Denis 等 (2000)	权利、目标和技术不明确的组织是复杂组织	模糊性
Levy (2000)	复杂系统是具有反馈效应的、非线性的动态系统	反馈、非线性、动态
Rosenberg 和 Holden (2000)	复杂系统是指系统各单元相互作用的系统	相互作用
Teece 和 Augier (2006)	包含多个层级的部件，并且部件间和部件内都能产生互动的、几近可解构的组织	多层级、可解构、元素数量、互动

续表

出处	定义	关键词
Richardson（2008）	复杂系统是指由大量非线性、相互作用的部分组成的系统	元素数量、非线性、相互作用
Ethiraj 和 Levinthal（2009）	基于组织决策的研究主题，将组织决策之间具有相互依赖关系的组织定义为复杂组织，这些相互依赖的决策影响着决策与决策结果之间因果关系的映射。相反地，简单组织就是指组织决策之间不存在相互依赖关系的组织	决策间相互依赖、相互作用
Aziz-Alaoui 和 Bertelle（2009）	复杂系统由许多相互作用的部分构成，这些相互作用的部分能形成具有新特质的更高层面的集体行为，这些行为能自发产生独特的时空或功能结构	元素数量、新特质、智能的集体行为
Wautelet 等（2009）	复杂企业是指在企业所处的生态系统中扮演多角色，并且角色之间相互作用和依赖的网络组织	多角色、依赖性、相互作用
Christiansen（2011）	由相互作用和依赖的部件构成的动态系统	相互作用、动态性、依赖性
Soda 和 Zaheer（2012）	组织是一个由正式的元素（正式结构）和非正式的元素（非正式的网络）构成的复杂系统	混合结构
刘汉民、周颖（2016）	将所考察的复杂组织界定为在本体论和认识论意义上都具有典型复杂性特征的企业组织（即复杂企业组织）	本体论和认识论上的复杂性

注：①在组织研究领域，复杂组织有时也被称作复杂系统，二者具有相同的含义；②本研究将构成复杂组织的部分、组件、部件等词统一称作元素。

资料来源：作者整理。

也有学者根据组织所具有的复杂性特征来判定其是否属于复杂组织（见表1-4）。虽然有学者提出复杂组织空间必须能反映复杂世界的各个维度（Elsner et al., 2008），但是也有学者认为，任一定义都不能涵盖复杂性代表的所有情况以及揭示其内在的主观性特征，而是依赖其特定的情境和条件（Arasteh et al., 2014）。因此，不能仅把具备所有复杂性特征的组织称为复杂组织，具有某些或某个典型复杂性特征的组织也可以看作复杂组织。

表1-4 复杂组织的特征

出处	特征	关键词
周曼殊（1990）	具有大型性、关联性、风险性、模糊性特征；多因子、多变量、多层次、多目标。具体归为客体复杂性、系统复杂性、不同领域复杂性	元素数量多、元素关系复杂、元素载体多维

续表

出处	特征	关键词
成思危（1999）	复杂系统最本质的特征是其组成部分具有某种程度的智能	智能
Marion 和 Uhl-Bien（2001）	不确定、非线性、不可预测	不确定、非线性、不可预测
Child 和 Mcgrath（2001）	相互依赖性高：相互依赖性导致网络成员行动相互影响和不可预测 分离程度高：分离挑战了传统组织关于组织资本可被拥有者有效生产的价值高于非效率创新的假设 周转率高：周转率提高缩短了刺激与反应的时间，对垂直的信息和决策流产生压力 权力转移：企业的权力从有形资产所有者转向知识和信息所有者。权力的适用范围不再局限于由组织所有者组成的高管层，而是转变到更为复杂的多利益相关者手中	元素数量、相互依赖、分离、流动性、权力转移
Ravasz 和 Barabasi（2002）	自然界和社会网络都存在无边界和高聚集度两个显著特征，这两个特征源于组织的等级结构，层级制是许多复杂系统的一个基本特征	层级制
Colbert（2004）	创造性、适应性：学习和创新以应对环境 复杂性和模糊性：非线性、不确定和不可预测的复杂关系 非平衡、动态、路径依赖：系统在远离平衡的状态兴盛；均衡导致停滞、衰退和死亡；历史小事件；随时间发展，路径不可逆 系统层资源：动态关系中，一些元素只存在于系统层	适应性、复杂性、层级制
Amaral 和 Ottino（2004）	整体或部分的自组织；部分间的互动引发的涌现现象	自组织、涌现
Erdi（2008）	存在因果循环、反馈环、逻辑悖论和奇异环；诱因的细微变化能够引起戏剧性的结果；涌现性和不可预测性	相互作用、涌现性、不可解释性、蝴蝶效应、不可预测性
Levy 和 Lichtenstein（2012）	由大量相互作用的元素组成；频繁互动并且任一元素都能影响其他元素；非线性和短距离互动；包含了正负反馈环的互动；路径依赖；复杂系统是开放系统，通常是远离均衡态；个体元素无法预料整体系统的行为	元素数量多、相互作用、非线性、反馈、不支持还原论
San-Miguel（2012）	智能体的相互作用；复杂的交换规则；许多异质的、相互作用的部分；对初始条件的敏感依赖性；动态的路径依赖；网络的、层级制的连通性；意料之外或不可预测的涌现性；子系统的共同演化；非平衡的动态性；多层面的动态；边界界定模糊；组合爆发；自组织或集体转变；对不断变化环境的适应	智能体、相互作用、规则、元素数量、自组织等

资料来源：作者整理。

虽然学术界对复杂组织的定义和特征存在争议，但也形成了一定的共识。综合文献分析来看（见表1-5），前人研究的一致性主要表现为以下方面。①从构成复杂组织的元素特征看，复杂组织是由大量具有一定智能性的元素构成。元素数量是评判复杂组织的重要标准。构成复杂组织的元素来源于组织内外及各个层面。②从元素间关系看，构成复杂组织的元素间具有相互作用和相互依赖的非线性关系。元素间关系复杂也是评判复杂组织的重要标准。③从复杂组织与外部环境的关系看，复杂组织与外部环境是互依互动的。复杂系统是开放的动态系统。复杂组织与外部环境的互动是复杂组织获取资源、提升组织能力和环境适应力的重要途径。④从复杂组织的作用结果来看，构成复杂组织的元素一直处于动态变化中，具有不可预测性和涌现性特征。涌现性代表的是整体具有部分所不具备的特征，从各元素间的互动并不能预测系统整体发展趋势和变化方向。

表1-5　复杂组织的定义及特征中关键词出现的频次

维度	具体表现	出现频次	频率（%）	总观察值
元素特征（数量+特质）	元素数量	9	33.33	27
	自组织	4	14.81	27
	智能性	3	11.11	27
作用方式	相互作用	11	40.74	27
	相互依赖	5	18.52	27
	非线性	6	22.22	27
与环境关系	开放性、适应性	6	22.22	27
作用结果	涌现性	4	14.81	27
	动态性	27	100.00	27

注：表1-5是利用表1-3和表1-4中有关学者对复杂组织的定义和特征的认识，进行关键词编码，依据关键词出现的频次生成的。由于有些关键词出现的频次太少，本研究并未列示。
资料来源：作者运用内容分析法整理。

总的来说，复杂组织经历了从简单到复杂、从简单的复杂到复杂的复杂、从局部复杂到系统复杂的演变过程。复杂组织有三重递进的含义：首先，从组织自身看，复杂组织是指具有内部环境（关系和结构等）复杂性特征的组织（自组织）；其次，从组织与环境关系看，复杂组织是指具有内外部环境复杂性特征且与内外部环境相互依存的组织（开放组织）；最后，从动态演化视角看，复杂组织是指具有内外部环境复杂性特征且与环境相互作用、共同演化的复杂动态网络（Complex Dynamic Networks）（网络组织）。

从组织社会学的视角看，任何组织都是以目标为导向的、具有一定边界的、社会构造的人为系统。本书从战略管理角度将复杂组织界定为：为了实现组织目标而由存在网络关系的大量元素组成的、具有复杂性特征并与环境互动的企业组织。所谓网络关系，是指组织网络中各元素间相互作用和相互依赖的联系等（卢东斌、李文彬，2005）；所谓复杂性特征，是指多样性、多变性、多层性和不可预测性等，分为内部复杂性（如结构复杂性、关系复杂性等）、外部复杂性（如技术、制度和行业环境复杂性等）、组织与环境间作用方式和作用结果的复杂性等；所谓与环境互动，是指组织与环境相互依赖、相互作用、共同演变。

二 组织复杂性

组织复杂性以相互作用的元素数量为基础，以元素间的动态性、不确定性和不可预测性为内核。目前，组织研究领域对组织复杂性的认识还不完全。本书借用 Kauffman（1993）的观点，认为组织复杂性是大量的复杂组织元素之间相互作用后产生的一种状态，处于有序和混沌之间，可从组织本体和组织的认知主体去认识和思考。

就组织本体而言可从三个方面来理解。[①] ①复杂性是一种状态。从这个方面来讲，复杂性相当于多样性、动态性、不确定性、不可预测性、难以理解等（刘洪，2007）。②大量元素间的相互作用和依赖是复杂性最重要的成因。组织复杂性的具体成因多样，构成组织元素的"量"（元素数量）和"质"（元素间的关系）的结合是最主要的成因（见表1-6）。③复杂性存在于组织的各个方面。从本体论和认识论的角度讲，可以从客观和主观两个方面认识组织复杂性在组织中的具体体现（见表1-7）。

---

① 下文对外部环境复杂性的理解也遵循同样的思路。

表 1-6　组织复杂性成因

出处	组织复杂性成因
Lawrence 和 Lorsch（1967）	组织子系统的复杂性源于环境复杂性
Galbraith（1973）	组织复杂性源于组织单元的相互依存、相互作用
Williamson（1983）、Daft（2007）	组织复杂性源于组织子系统的规模大和范围广
Simon（1996）、Goodwin 和 Ziegler（1998）、Fioretti 和 Visser（2005）、Oswick 等（2011）、吕鸿江（2012）	组织复杂性源于认知复杂性
Dooley（2002）	组织复杂性源于组织中元素的多样性或差异性
Kemp（2005）	复杂企业组织拥有无限的内部关联和众多功能，构成结构和功能的元素的相互作用导致了组织复杂性
Steger 等（2007）	组织复杂性源于组织元素的多样性、相互依赖性、模糊性和流动性
Fang 等（2010）	组织内复杂性源于组织内部成员的多样化
Ioannides（2012）	组织结构复杂性源于组织组成部分的多样化及组织代理人行为的多样性

资料来源：作者整理。

从客观方面看，组织复杂性体现为结构或关系复杂。组织复杂性主要是指构成组织的元素多样性（量）及元素间相互作用（质）而使组织元素呈现复杂性的特征。具体地说，组织复杂性表现为组织在劳动分工、工作任务、层级结构、管理幅度、空间布局、组织流程、组织活动、组织人力资本、文化、知识、战略、目标等方面呈现多样性、依赖性、多变性、涌现性、自组织性、非线性等复杂性特征（Hall et al.，1967；Jacquemin & Berry，1979；Williamson，1983；Daft，2007；宋华岭等，2003；Tang，2006；Macintosh & Doherty，2010；Espejo & Reyes，2011；Oswick et al.，2011）。其中，构成组织的这些元素间的互动和相互依赖是组织复杂性的内在成因。

从主观方面看，组织复杂性是人们对组织结构复杂或简单的主观感受或认识。组织结构是复杂还是简单取决于人们对它的描述方式（Simon，1996）。组织复杂性是认知主体主观复杂性的体现（吕鸿江，2012），是思考、应对或解决复杂性问题的思维方式（Fioretti & Visser，2005）。从这个方面来看，组织复杂性体现为认知复杂性。由于人的认知的局限，不同的组织成员以及不同组织的成员对组织所呈现的复杂性特征的认知是存在差异的。认知复杂性导致行为复杂性。基于认知与行为之间的相互作用关系，可以将行为复杂性归入认知复杂性之中。

表1-7 组织复杂性在组织中的具体体现

出处	类别
Hall 等（1967）	总体的劳动分工：多重目标的数量、主要的组织活动 具体的劳动分工：部门的数量、最专业化的子部门 层级差异：层级的数量、层级水平 空间分布：地理位置、设备分布
Jacquemin 和 Berry（1979）	行业多元化、地理多元化
Williamson（1983）	组织子系统活动的规模和范围
Daft（2007）	垂直复杂性：组织层级的数量 水平复杂性：整个组织职位名称或部门的数量 空间复杂性：地理位置的数量
Bodnar 等（1997）	信息复杂性：地理、币种、审计成本、法律体系、文化和语言等的差异
Scott（1992）	组织必须同时处理的项目或要素的数量
Levy（2000）	目标复杂、战略复杂、内部互动复杂、结构复杂
Dooley（2002）	核心流程和技术、顾客和市场、产品和产品线、分销网络、供应商或地理位置
Duru 和 Reeb（2002）	经营复杂性：源于套利制度的限制（税收准则和金融限制）
宋华岭等（2003）	信息转化复杂性：信息反馈环、沟通网络、决策过程路径 功能复杂性：部门功能耦合、职能凝聚度、"三位一体"的和谐性 结构复杂性：管理层次、管理跨度、关系水平
Fioretti 和 Visser（2005）	解决复杂性问题的新观点和思维方式
Tang（2006）	组织复杂性包括结构复杂性、战略复杂性、目标复杂性
Kleinw 和 Saidenbergz（2010） Hærem 等（2015）	任务复杂性：如多样化的贴现率、不同层次的多样性的行动者
Oswick 等（2011）	组织文化（认知复杂性）
Espejo 和 Reyes（2011）	管理复杂性、组织结构设计复杂性、组织活动复杂性

资料来源：作者整理。

组织复杂性已被运用到组织管理的各个方面。一些学者对复杂条件下组织的知识管理（Pertusa-Ortega & Zaragoza-S¡ez，2010；Tait & Richardson，

2010)、创新（Goldstein et al., 2010; Vaccaro et al., 2011)、制度变迁、组织种群的延续和变革（Ralph, 2010; Várdy, 2010）进行了研究。也有学者对组织复杂性与组织绩效或效能（吕鸿江、刘洪，2009，2010; Yayavaram & Chen, 2015）、战略柔性/竞争优势（吕鸿江、刘洪，2011）的关系进行了研究。

三 环境复杂性

虽有学者将外部环境复杂性划入组织复杂性的范畴，认为组织复杂性源于组织内部因素与外部环境的互动（Wood & Bandura, 1989; Kostova & Zaheer, 1999; Foss et al., 2008; Esade, 2010）。不过，在组织复杂性研究领域，通常将外部环境复杂性看作与内部环境复杂性相对应的、组织复杂性的驱动力量（Lawrence & Lorsch, 1967; Ralph, 2010）。外部环境复杂性包含两个方面：一是组织间关系复杂性、行业环境复杂性（中观环境复杂性）；二是组织所处的制度（社会、经济、政治、文化等）和技术等环境的复杂性（宏观环境复杂性，也称之为一般社会环境复杂性）。

组织间关系复杂性是指组织与其所处的价值网络中的其他组织间的关系的多变性，一般是指组织间关系处于变动的竞争或合作关系的状态。价值网络是与组织获取资源、实现目标、提升价值的关系十分密切的环境。组织间发展有利的交换关系可能比提升自身的生产能力更重要（Osborn & Hunt, 1974）。在竞争压力和技术变迁的推动下，企业的价值创造以及竞争由个体企业行为扩大到组织网络的范畴（王琴，2011）。组织间关系从传统的竞争关系发展为动态的竞合关系，且竞合对象超越个体企业和行业的局限，走向更为广泛的价值网络中的其他组织和行业。竞合风险的存在使组织间的关系在竞争与合作之间不断变化。知识经济和信息网络技术的发展促进了组织间网络的形成，组织通过战略联盟网络可以降低风险、获得规模经济、交换技术、获取优势等（Child, 2005）。不过组织间也可能由于存在机会主义行为和管理复杂性而导致战略联盟的失败（Park & Ungson, 2001）。由竞合关系或联盟关系形成的组织网络具有比组织本身更高的复杂性。

宏观环境复杂性是指组织所处的社会、经济、政治、文化、技术等环境呈现的复杂性特征，这也是通常意义上学者们所讲的环境复杂性①。在复杂环境下，新组织的设计需要综合考虑环境因素（Kelly，2005）。很多学者从不同视角理解外部环境复杂性，研究其对组织发展的影响（见表1-8）。

表1-8 环境复杂性定义、维度及测量

出处		环境复杂性定义、维度及测量
Thompson（1967）	定义	环境的异质性程度和动荡性程度
	维度	同质-稳定；同质-漂移；异质-稳定；异质-漂移（复杂环境）
Lawrence 和 Lorsch（1967）	定义	环境的多样性和动态性特征
	维度	低多样性-静态；低多样性-动态； 高多样性-静态；高多样性-动态
Child（1972）	定义	组织运营环境的异质性程度和范围大小
	维度	环境变异性（Environment Variability） 环境险峻性（Environment Illiberality）
Osborn 和 Hunt（1974）	定义	环境风险、依赖性以及组织间关系的互动程度
	维度	环境风险性、环境依赖性、组织间关系互动性
	测量	任务环境风险性、任务环境依赖性
Shortell（1977）	定义	环境的复杂性、多样性、不稳定性、不确定性、敌意度、依赖性
	维度	复杂性：组织必须应对的外部因素的数量 多样性：对环境施加的、组织必须面对的问题的本质产生影响的外部因素的差异性 不稳定性：外部因素随时间的变化速度 不确定性：外部因素发生的可能性能够被预测到的程度 敌意度：外部因素对组织目标产生威胁的程度 依赖性：组织目标实现所必须依赖的外部因素
Aldrich（1979）、Dess 和 Beard（1984）	维度	环境丰裕度：环境在多大程度上能够维持持续成长的能力 环境动态性：动荡的程度（稳定-动态） 环境复杂性：同质-异质或集中-离散的程度
Ashmos 等（1996a）	维度	环境敏感性；目标复杂性；战略复杂性； 结构复杂性；关系复杂性
	测量	环境敏感性：组织对环境变化的响应速度 目标复杂性：组织13个目标的重要性 战略复杂性：Dess 和 Davis（1984）的20个测量项目 结构复杂性：是否分权及正式化程度 关系复杂性：多少类利益相关者会参与战略决策

---

① 组织研究领域的学者很少明确指出其研究中所指的环境是组织的外部环境。本研究根据学者研究中所指的环境类型来判断其是组织内部还是组织外部环境。

续表

出处		环境复杂性定义、维度及测量
Scott（1992）	定义	组织必须同时应对的不同元素的数量
Hall（2002）	定义	随时间的推移，与组织发展相关联的活动或情境的数量和多样性
White（1998）	定义	环境异质性、宏观环境的变异性（动态性）和环境丰裕度
	维度	环境异质性：需应对的元素集的不相似程度和这些实体结构化的最小化程度 宏观环境的变异性（动态性）：竞争强度、所需资源的可用性以及对变化的适应性 环境丰裕度：企业关键资源的相对丰富程度
Grinyer 和 McKiernan（1990）、Yetton 等（1994）	测量	竞争对手频繁地推出新产品； 公司技术人员在市场上很有竞争力； 顾客需求变化频繁； 管理人员在市场上很有竞争力； 技术进步速度很快
Mason（2007）	定义	环境的异质性、动荡性
	维度	异质性：环境维度的多样性 动荡性：环境的动态性
Cannon 和 John（2007）	维度与测量	竞争复杂性：赫芬达尔指数、前4家企业的集中度、前8家企业的集中度 市场复杂性：专业化率、市场多样性 资源复杂性：劳动力多样性、技术复杂性 流程/设施复杂性：机构多样性、机构平均规模、资本集中度
Andrews 和 Johansen（2012）	维度与测量	环境复杂性的客观评价： ①环境丰裕度：以地区财富作为代理变量 ②环境复杂性：校区学生总体的异质性和离散性 ③环境动态性：一部分是丰裕度和复杂性的初始变化，另一部分是变化的不可预测性或动荡性 环境复杂性的主观评价： ①环境丰裕度：请监督人评估他们建筑和设施的质量、家长参与度、社区支持、学校董事会的支持 ②环境复杂性：本地区各群体间的关系和谐；本地区政治、社会和经济因素发挥着相对复杂的作用；社区在教育问题上存在很多冲突 ③环境动态性：本地区的政治、社会和经济因素相对稳定；我所运营的地区环境中存在很大的不确定性

资料来源：作者整理。

尽管有学者未给出环境复杂性的定义，不过从其对环境复杂性的测量或维度划分中可一窥端倪。Duncan（1972）对环境复杂性及其对组织决策的影响做了一个经典的解释，认为环境可分为两个维度，即简单-复杂维度

（组织决策过程中需要考虑的环境因素的数量的多少）和静态－动态维度（组织决策过程中需要考虑的因素随着决策环境变化的程度，或者说这些环境因素是否处在连续变化的状态中），而且环境的动态性更能体现环境的不确定性程度。这两个维度将组织所处的环境划分为四类，使处于复杂动态环境中的组织在决策时面临更多的不确定性。不过，同样的环境，可能一些组织感知到的环境是不可预测的、复杂的或者易变的状态，而另一些组织并不会认为也是如此（Starbuck，1983）。那么，组织是需要通过降低复杂性、维持不变，还是提高复杂性来应对外部环境复杂性所带来的挑战呢？Oliver和Nicolaj（2014）认为为了应对复杂性而改变组织结构和增加流程是没有必要的。也有学者认为，在复杂条件下，组织需要采取积极的行动使组织复杂性与（外部）环境复杂性相匹配（Ashmos et al.，2000；刘洪，2011）。

外部环境复杂性不仅包括组织运营环境的异质性程度和范围大小，还包括环境的多样性、动态性、不确定性、丰裕度（或贫瘠度）、依赖性等。本书将环境复杂性看作多维环境因素所展现出来的不确定性、多变性、丰裕度等。多样性是指组织所处环境包含多个维度，代表环境维度的范围和数量，范围越大和数量越多代表复杂性程度越高。多变性是指各维环境变化的程度，变化速度越快代表复杂性程度越高。丰裕度是指各维环境对组织发展的资源支持程度，体现的是组织从环境中获取资源的难易程度，丰裕度越低代表环境越复杂（或越残酷）。不确定性是指各维环境的多样性、多变性、丰裕度等特征综合作用使环境所呈现的不可预测的程度。现代企业面临多维度的动态环境是环境复杂性假定已存在的基本特征[①]。从企业生存发展的角度考虑，本书认为外部环境复杂性更多的是指多维环境资源的丰裕度和多维环境的多变性以及由此导致的不确定性。

---

① 环境的多样性是指环境元素的数量多，环境元素的动态性是指环境元素的变化。这两个特征是大部分现代企业内外部环境的基本特征。本书将这两个特征作为环境复杂性已隐含的、假定已存在的特征。不过，动态性未能刻画出环境元素如何"变"的特征。变化包含快速变化、慢速变化、有规律的变化、无规律的变化、单个或少数几个环境元素的变化、多个环境元素的变化等。各类变化的排列组合都会呈现不同的环境状态。而多变性正好更能刻画出环境元素在变化中呈现的不确定性、不可预测性，因此本书将之看作环境复杂性的重要特征予以讨论。例如亿万颗行星围绕太阳运转，行星数量的庞大和不停运转是太阳系复杂的基本特征。然而太阳系存在数不清的不解之谜不仅仅在于此，更在于行星的运动方式多"变"，正是这种多"变"的状态使太阳系充满复杂性。

第二章

组织理论的发展[*]

完整的组织学科应是由组织哲学、组织研究方法论、组织理论与组织理论应用这 4 个层级构成的统一体系，其逻辑关系如图 2-1 所示。

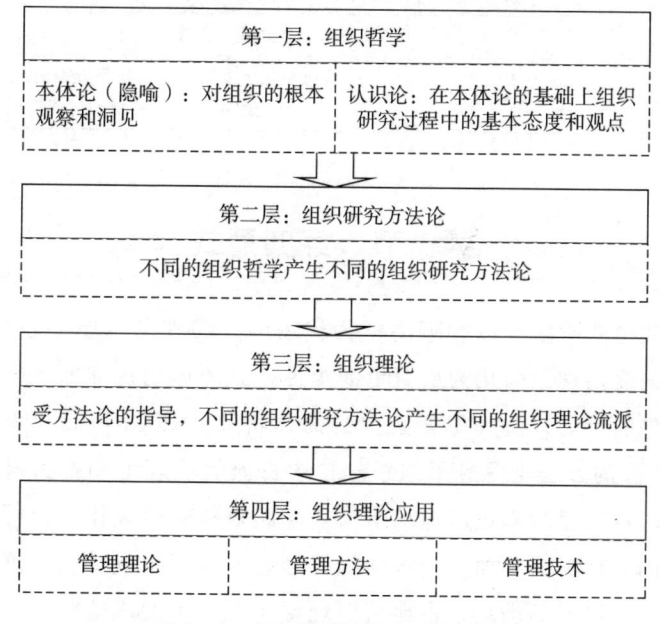

```
第一层：组织哲学
本体论（隐喻）：对组织的根本观察和洞见 | 认识论：在本体论的基础上组织研究过程中的基本态度和观点
        ↓
第二层：组织研究方法论
不同的组织哲学产生不同的组织研究方法论
        ↓
第三层：组织理论
受方法论的指导，不同的组织研究方法论产生不同的组织理论流派
        ↓
第四层：组织理论应用
管理理论 | 管理方法 | 管理技术
```

图 2-1　组织学科各层级逻辑关系

资料来源：根据刘霞、张丹（2004）整理。

---

[*] 本章部分内容发表在刘汉民、解晓晴、康丽群《复杂组织理论：组织研究的新趋势》，《浙江工商大学学报》2015 年第 5 期。

不同的组织哲学产生不同的组织研究方法论，运用不同的组织研究方法论产生不同的组织理论流派（刘霞、张丹，2004）。若将组织研究方法论视为一种组织研究范式，则组织研究范式的演化可作为划分组织理论演进阶段的标准。由于组织研究范式经历了简约范式、系统范式、复杂范式的演化过程，组织理论的演进可相应地划分为经典范式、系统范式和复杂范式三个阶段，每一个阶段都有不同的组织理论流派（见表2-1）。

表2-1 组织理论的演进

演进阶段	组织理论流派	观点或主张
经典范式	古典组织理论	通过组织的规范化提高组织的效率和效益；"理性"假设
	行为科学组织理论	组织中的社会关系对组织绩效的积极作用；"有限理性"假设
系统范式	现代组织理论	强调组织与环境的互动关系；组织"硬实力"的创造
	当代组织理论	关注组织主动性和积极性；组织"软实力"的培养
复杂范式	复杂组织理论	将组织视为复杂系统，研究复杂组织特征、复杂组织与复杂环境的协同演化

第一节 经典范式

在经典范式阶段，以牛顿力学为代表的经典理论本质上是简化主义，它将所有的复杂现象简化为最简单的组件，试图运用标准的、确定的方法来分析组件的特征，进而推知现象的总体特征（Heylighen，2007）。这种"化整为零"的方法论促进了组织理论中古典组织理论和行为科学组织理论的诞生。古典组织理论以追求组织效率和效益的最大化为目标，忽略了组织成员的心理需要，而行为科学组织理论分析组织成员的心理变化，强调组织中个体需要的满足；古典组织理论研究组织的规范化与正式化，而行为科学组织理论关注组织中的社会关系对组织绩效的影响；古典组织理论的观点依赖"理性"假设，而行为科学组织理论的主张则依据"有限理性"假设。显然，古典组织理论与行为科学组织理论在研究视角上有不同。不过，二者都以封闭的、确定的、静态的世界观看待组织，这归因于二者在经典范式下对组织的认识与理解。

第二节 系统范式

在系统范式阶段，一般系统论作为科学联合的基础而被提出，开放系统模型促进了组织理论和管理实践的概念化（Kast & Rosenzweig，1972）。随着系统论被引入组织科学，组织研究的着眼点已从部分转移到整体，从组织自身转移到组织环境。在系统范式指引下，现代组织理论和当代组织理论逐渐成为主流。现代组织理论研究的是作为系统的组织与外部环境的关系、组织管理的"随机应变"、组织种群的时空动态和相互作用机制、组织对环境资源的依赖程度以及组织生存与发展的"制度化环境"（吴丽民等，2001）。当代组织理论则探讨的是组织成员的共同价值观、组织的自我学习、组织间的竞合方式、组织的全面质量管理体系、组织业务流程的再设计、组织竞争优势的来源等（郭咸纲，2010）。在系统范式下，现代组织理论认为组织只能被动地适应环境，主张组织"硬实力"（指充分利用组织资源以获取短期效益）的创造；而当代组织理论开始关注组织的能动作用，倡导组织"软实力"（指塑造组织文化以谋取持续发展）的培养。可见，二者在研究视角上有不同，但它们都遵循相同的研究范式——将组织视为开放系统，并积极寻求组织与环境的适应。不过，二者都没有对组织与环境的复杂性及其相互关系进行系统的探讨。

第三节 复杂范式

在复杂范式阶段，以复杂性理论为标志的新方法诞生了。从20世纪90年代开始，复杂系统理论被广泛运用于组织研究，复杂组织理论将成为组织研究的重要流派之一。与传统组织研究不同的是，复杂组织理论研究的是复杂条件下的动态开放系统，既包括组织自身的复杂，也包括组织环境的复杂，还包括组织与环境互动的复杂。不过，迄今为止，学术界对复杂组织的研究尚未形成完整的理论体系，甚至缺少概念性的理论框架。基于此，本书构建了一个复杂组织研究的一般理论框架（见图2-2）。

图2-2描绘了组织研究范式、组织结构形式和组织理论三者的演化趋势、相互作用以及组织研究的总体演化趋势。从图2-2可看出以下方面。

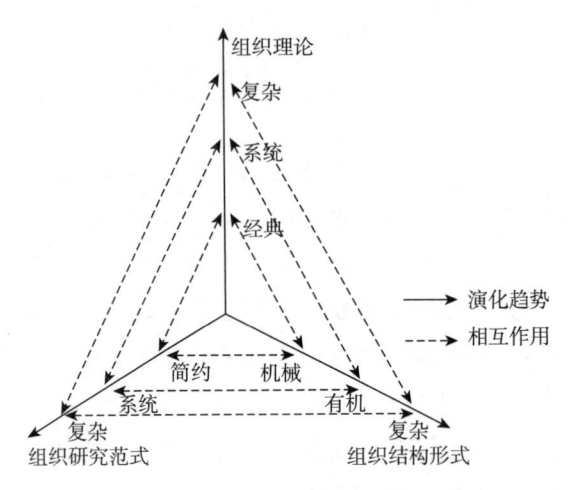

图 2-2 复杂组织研究的一般理论框架

第一,复杂化是组织研究范式、组织结构形式和组织理论演化的共同趋势。组织研究范式的演化经历了简约范式、系统范式和复杂范式三个阶段;组织结构形式的演化经历了机械组织、有机组织和复杂组织三个阶段;组织理论的演进经历了经典范式、系统范式和复杂范式三个阶段。可见,组织研究范式、组织结构形式和组织理论三者的演化都遵循由简单到复杂、从低级到高级的演化路径,复杂化是三者演化的共同趋势。

第二,组织研究范式、组织结构形式和组织理论之间是协同演化的关系。三者之间任意一者的发展都会对另外两者的演化起促进作用,另外两者的演化也会产生反作用,如组织研究范式的发展促进组织结构形式和组织理论的演化,组织结构形式和组织理论的演化对组织研究范式的发展有反作用。

第三,在组织研究范式、组织结构形式和组织理论复杂化趋势和相互作用的推动下,组织理论的演进趋向于复杂组织理论。在组织、组织环境以及二者关系日益复杂的条件下,研究复杂现象的复杂系统理论被用于组织研究,组织研究方法不断创新,组织研究范式趋于复杂化;组织"适应"能力与环境"选择"作用的协同关系不断增强,组织结构形式将进行变革,趋于复杂化;组织学者不断将复杂范式用于分析复杂的组织现象,组织研究成果大量涌现,组织理论趋于复杂化。可以预见,未来的组织研究将在三者复杂化趋势和相互作用的驱动下,以复杂系统理论为研究方法，以复杂组织形式为研究对象，以复杂组织理论为研究内容。

第四节　复杂组织理论研究展望

随着物联网、服务网和数据网的广泛应用，人类社会将迎来以信息物理融合系统（Cyber-Physical System）为基础，以高度数字化、网络化、智能化为标志的第四次工业革命（森德勒，2014）。在新工业革命的助推下，人类社会将迈入智能化时代，传统的组织生产方式将发生根本转变，复杂组织及其管理将面临新的冲击与挑战，与此同时，复杂组织理论研究也将呈现新的趋势。

首先，从研究对象看，组织结构形式、组织间关系会更加复杂化。一方面，组织结构形式的更加复杂化。以工业4.0项目为代表的新一轮工业革命有两大主题，一是"智能工厂"，生产系统的智能化以及分布式生产设施的网络化；二是"智能生产"，以智能物流、人机互动以及3D技术为特征的生产过程的智能化（德国联邦教育研究部，2014）。此种生产模式是借助信息通信技术将智能产品、智能物流、智能建筑、智能电网、智能移动等集成到智能生产过程的复杂系统，具有自我意识（Self-awareness）、自我预测（Self-prediction）、自我比较（Self-comparison）、自我重构（Self-reconfiguration）、自我维护（Self-maintenance）的能力（Lee et al.，2014），即未来的智能化生产模式具有明显的自组织特性，其组织结构形式将更加复杂化。另一方面，组织间关系的更加复杂化。在新技术环境下，信息技术和物理系统将被一体化应用于制造业和物流业，并在生产过程中采用物联网和服务技术，实际上是将与材料采购、生产过程、物流配送、销售市场有关的一切物流、人流和信息流统一起来，构建一个智能化、网络化的世界（德国联邦教育研究部，2014）。这种新的价值网络具有横向整合、纵向整合、端对端整合的特征（德国联邦教育研究部，2014），与传统价值链相比，具有灵活性、动态性和自我优化性等优点。处在此种价值网络中的组织将具有高度互动性，组织间关系将更加复杂化。

其次，从研究方法看，组织研究将更加多样化。在新工业革命的影响下，组织环境更加不确定，组织形式更加灵活，组织研究方法的选择将具有情景化特征（Buchanan & Bryman，2007）。也就是说，不同的组织研究方法适用于不同的组织情境。虽然很难准确预测未来组织现象所适用的研究方法，但这并不阻碍组织研究方法的多样化创新。第一，组织研究方法的跨学科创新。复杂组织理论作为复杂理论与组织理论的结合，不但与自然科学中的物理学、化学、生物学等有联系，而且与社会科学中社会学、法学、经济学、管理学等也有交集。这种学科间的交叉性促进了复杂组织理论的诞生，并且推动了复杂组织理论向前发展。未来的复杂组织研究将综合各学科的研究视角进行跨学科创新。第二，现有组织研究方法的综合。近年来，由于组织现象的多样性、动态性和复杂性，许多学者开始将定性研究方法和定量研究方法相结合，提出了第三种研究方法——混合研究方法（Creswell，2011）。此种方法综合了前两者的特点，能从多个视角分析复杂的组织现象。第三，组织研究新方法的运用。为探索复杂组织内部正式结构与非正式结构的关系、复杂组织的整体涌现性以及复杂组织内部主体的相互关系，一种组织研究的新方法——赛丽芬框架（Cynefin Framework）被研究者们开发出来了（Ali，2014）。

最后，从研究内容看，复杂组织理论研究更加集成化。第一，复杂组织形式研究的集成化。近年来，学者们已对组织复杂性进行了多视角的研究（吕鸿江，2012），而对复杂组织的内部结构特征（结构维度的测量与作用机制的模拟）一直关注较少。为适应复杂的外部环境，组织形式具有灵活性和流动性，这与组织作为社会实体，强调整体性和固定性有一定背离，要提升组织灵活性就会以丧失组织本质（Essence of Organizing）为代价，而要保持组织的稳固性就会失去组织的灵活性，复杂组织可能陷入两难困境（Schreyögg & Sydow，2010）。在组织内外复杂化趋势下，组织在成长过程中，以组织形式为代表的组织身份可能越来越模糊，组织身份的识别问题引起了学者们的广泛关注（Hsu & Elsbach，2013；Schultz & Hernes，2013）。未来的复杂组织形式研究将在内部结构特征、组织形式困境、组织身份识别等方面进行集成化分析。第二，复杂组织环境研究的集成化。一些学者对复杂环境的动荡性（Siggelkow & Rivkin，2005）、复杂性（Vasconcelos & Ramirez，2011）、不确定性（Vecchiato，2012）等做了分散性研究，尚未形成理论体系。有学者对复杂环境特征进行了理论阐述，很少运用新的研究方法或工具对复杂环境进行测量与模拟，未来将会采用新的方法或工具进行系统性研究，如系统动力学和模糊逻辑（Fuzzy Logic）

在模拟复杂环境中的应用（Bouloiz et al., 2013）；也有学者已注意到组织环境对组织绩效和效能的影响（Volberda et al., 2012），但很少考虑组织对环境的反作用。未来的复杂环境研究将在体系构建、测量与模拟、组织与环境互动机制等方面进行集成化分析。第三，复杂组织与复杂环境关系研究的集成化。复杂组织与复杂环境的相互作用是组织复杂性的重要来源，处理二者间关系将面临如何应对组织复杂性的问题（学术界存在组织复杂性增加还是组织复杂性减少的争论），而应对组织复杂性仅是复杂组织管理的一个方面，未来将对复杂组织管理提出切实可行的建议（Richardson, 2008）。在复杂条件下，不仅组织的外部环境是不确定的，而且组织系统中的某个微小扰动也可能带来不可预测的后果，防范和化解复杂组织危机是组织发展的客观需要（Hargis & Watt, 2010）。复杂组织与复杂环境的互动关系具有协同性，复杂组织管理也具有目的性（Murmann, 2013），未来在探讨复杂组织与复杂环境协同演化的同时，也会关注复杂组织管理与二者的共同演化。未来的复杂组织与复杂环境关系研究将在复杂组织管理、复杂组织危机、复杂组织与复杂环境协同演化等方面进行集成化探索。

第三章
组织目标和效能研究现状*

复杂组织目标与效能评估研究是在复杂条件下对组织目标与效能评估的有关问题进行的探索性研究，需广泛吸收组织目标与效能定义、目标分类与效能评估标准、目标复杂性与效能影响因素等方面的研究成果。因此，本章主要对组织目标与效能评估的相关研究成果进行文献回顾与评述，从而为本研究奠定理论基础并提供理论依据。

第一节 组织目标

企业组织都是以目标为导向的。组织目标不仅反映了组织的使命和战略，也体现了组织与环境之间的关系（Gross，1969）。在从官僚组织到复杂组织再到适应性组织的发展演化过程中（乔伊斯，2003），组织与内外部环境的关系不同，组织目标的内涵与外延也不同。

一 组织目标的定义

关于组织目标的定义，学界从广义和狭义两方面进行了界定（见表3-1）。就前者而言，Etzioni（1960）曾给出过一个影响比较广泛的定义，认为组织目标是组织未来想要达到或实现的某种状态。后来的一些学者对组织目标的定义与其较为接近。不过，Simon（1964）和 England（1967）

---

* 本章部分内容发表在康丽群、刘汉民《复杂组织目标演变与组织成长——一个纵向案例研究》，《商业经济与管理》2017 年第 12 期。

从组织目标来源的角度给出了定义,认为组织目标是由组织角色施加的、与承担角色的个体动机只有间接关系的约束或约束集。就后者而言,大部分学者依据其具体研究内容,将组织目标视为组织在某一或某些具体方面的表现,更多的是将组织目标等同于组织财务绩效或运营绩效①(Baum & Wally, 2003; Farndale et al., 2014; Lin et al., 2014)。

表 3-1 组织目标的定义

出处	定义
Etzioni (1960)	广义:组织未来想要达到或实现的某种状态
Simon (1964)、England (1967)	广义:由组织角色施加的、与承担角色的个体动机只有间接关系的约束或约束集 狭义:定义高层管理者角色的约束集
Cartwright 和 Zander (1968)	群体偏好的一种状态,并且引导集体行动去实现这种状态
Mohr (1973)	组织想要达到某种结果的意图
Latham 和 Yukl (1975)	个体有意识地、自觉地试图完成的事情(个体层面)
李习彬 (1994)	期望对象系统未来达到的状态
黄丽华、王林 (1999)	狭义:组织中全体成员行为的共同指向
Baum 和 Wally (2003)、Farndale 等 (2014)、Lin 等 (2014)	狭义:组织在某一或某些具体方面的表现,尤其是财务绩效或运营绩效
章凯等 (2014)	企业在未来一段时间内渴望达到的发展状态

资料来源:作者整理。

组织目标反映的是组织与其所处环境之间的关系。现代组织必须依据具体情境,重新界定组织目标(理查德、戴维斯,2011)。不论是将组织目标理解为组织想要达到或实现的某种状态,还是等同于组织绩效,都是基于简单官僚组织的情境给出的,忽略了组织与其所处环境的关系,且包含的内容或过于模糊或过于具体。这些定义主要关注了组织"想要做什么"的一面,体现了组织作为环境中独立个体的"意识"②,而没有关注组织环境力量对组织的约束,缺乏对组织"需要做什么"的描述,更未能体

---

① 组织研究中很多以组织目标为研究主题的学者并未明确给出组织目标的定义,学者们只是理所当然地或暗含地将组织某一或某些具体方面的实现程度等同于组织目标。其中常见的有,将财务绩效、员工满意度、顾客满意度等同于组织目标。

② 此处将组织比喻成有意识的人,借喻人的概念来描述组织目标的来源。

现复杂条件下组织与环境之间的互动关系。在复杂条件下，组织目标的界定需要将组织"想要做什么"（内部力量的驱动）和"需要做什么"（外部力量的驱动）综合起来考虑。从开放系统视角看，复杂组织目标是由组织内外部环境需求决定的，是组织内外部环境需求在组织中的体现，反映了组织存在的理由及内外部环境对组织的约束。复杂组织包含多个经济性目标和非经济性目标（威廉姆森，2003）。也就是说，复杂组织的目标是由一系列指标构成的目标体系。因此，本书根据目标体系的内容、结构及目标体系中各目标间的关系，将复杂组织目标定义为：在复杂条件下，组织为了应对内外部环境复杂性而提出的"想要"满足（内部力量主导）和"需要"满足（外部力量主导）的多个相互关联的环境需求的总和。

二 组织目标的分类

在组织研究领域，学者们根据不同的分类标准，对组织目标所包含的维度和具体指标做了大量工作（见表3-2）。

表3-2 组织目标的分类

出处	类别
Perrow（1961）	正式目标：组织在章程、年报、正式公告中对外宣称的目标 运营目标：组织中实际的运营政策，组织真正想做的事情
England（1967）	最大化标准目标：组织效率、生产率、利润 关联状态目标：组织成长性、行业领导地位、组织稳定性 预期想要达成的目标：员工福利 低相关性目标：社会福利目标
Gross（1969）	产出目标：能为社会提供的最基本的、最直接的产品、服务、技术等 适应目标：为了适应组织所处环境的要求的目标 管理目标：如何使组织正常运营的目标 激励目标：提高组织成员满意度的目标 地位目标：在行业中处于何种地位的目标
Hage 和 Aiken（1970）	系统目标：效能、效率、士气、新项目 产品特征方面的目标：强调质量
Mohr（1973）	传递目标：组织对组织环境的预期影响 反射目标：能够最大限度地调动组织成员联合行动的目标，也是维持组织生存的目标（如制度目标、系统目标、维持目标、支持目标等），关注组织的声誉、成长和盈利
Raúl 等（1996）	程序层目标；控制层目标；战略层目标

续表

出处	类别
尹柳营（2000）	战略层次的终极目标：长期兴盛 策略层次的管理目标：股东和职工利益最大化 战术层次的运作目标：经济效益
Tang（2006）	长期盈利能力；销售额；销售额增长速度；市场份额；净利润；毛利润；加快现金流动；投资回报率；公司声誉；满足客户需求；增强在科技方面的创新能力；增强在商业流程方面的创新能力；满足职工需求；提高内部资金积累能力；满足融资需求

资料来源：作者整理。

总体来看，上述研究有三个显著特征。①组织目标是多维的目标体系或目标集。②组织目标体系中各目标的重要性不同。大部分研究以内部导向的目标为主，内部导向的子目标中以盈利目标和满足组织内部成员需求为主。③组织目标体系中也包括外部导向的目标，但外部导向的目标处于不重要的地位。外部导向的目标主要是组织声誉和社会福利。

已有研究为复杂条件下组织目标体系的构建和测量提供了坚实的基础和有益的思路，不过也存在一些不足，主要是：第一，分类标准过于模糊，包含内容过于宽泛；第二，具体指标重叠或模糊不清，且忽略了目标间的关联性；第三，对不同目标要么"等量齐观"，要么"过于偏宠"，导致不同目标"价值错位"；第四，在组织和环境发生变化的情境下，原有目标体系的适用性降低。组织目标是组织与环境关系的具体体现，在一定程度上反映了内外部环境需求。虽然组织维持可持续发展的总目标不会变，但在复杂条件下，组织与环境及其相互关系会发生变化，导致不同组织目标体系的内容、结构和目标间关系相应变化，一些目标的作用会失效，另一些新的目标亟须建立。那么，如何科学地构建复杂条件下的组织目标体系就成为一个有待研究的问题。

三 组织目标复杂性的影响因素

目标复杂性是组织复杂性的具体表现，受到内外部诸多因素的影响。从广义上讲，目标复杂性是指组织目标体系所呈现的各类复杂性特征，如多样性、动态多变性（演变）、目标间关系复杂性、目标实现或重视中的不确定性等；从狭义上讲，目标复杂性一般是指目标难以实现、不被重视等状态，这也是通常意义上的目标复杂性。目前学术界对复杂组织目标的复杂性影响因素的研究概括起来有以下两点。

第一，组织内部因素是组织目标变化的关键驱动力量。组织内部因素包括组织类型、成员特征、组织规模、组织文化、发展阶段、权力结构、决策方式、组织任务、领导风格等。Perrow（1961）认为，组织目标与组织的权力结构、技术开发和发展阶段有关。组织中存在各种各样的目标，但长期来看，各种原因导致人们对组织目标的多样性存在认识上的误区：①宣称的目标与实际的目标不一致，组织的某些类型的目标嵌入组织运营政策和个人日常决策中，不是组织正式的目标；②忽视对组织目标一般规律的研究，组织目标是由组织的特定问题和任务决定的，不同的组织强调的重点不同。Mechanic（1962）提出，复杂组织中的参与者可以通过承诺、努力、利益、对权力的欲望、技能、魅力和社会结构等获取权力和使用权力，从而影响组织目标。England（1967）指出，影响组织目标的因素有企业规模、公司类型、组织层级、管理经验、工作满意度、所学专业、接受正式教育的程度、年龄等。此外，利益冲突也是影响组织目标变化的一个重要因素。Pondy（1967）提出，由组织内多样的子单元目标导致组织内冲突的存在。组织内（利益集团之间）的谈判冲突、官僚等级冲突、系统冲突是动态变化的，这反映了组织目标的动态变化。Cohen（1984）的研究认为，相比于组织中只存在单一目标而言，当组织中存在子目标冲突时，组织决策绩效更好。Kotlar 和 Massis（2013）、Supeli 和 Creed（2014）等一批学者也从组织自身要素方面给予了探索。

第二，外部环境的变化是组织目标多样性和演化的重要影响因素。有关宏观环境复杂性的研究认为，组织目标反映了环境对组织的影响以及组织对环境需求的满足。组织与环境关系的本质决定了组织目标必须符合环境的要求，以及随着环境的改变而不断调整（Thompson & McEwen，1958；Gross，1969；Child，1972；Chaffee，1985；Pache & Santos，2013）。有关中观的环境复杂性的研究认为，建立良好的组织间关系，获取外部支持是组织目标实现的关键因素。组织间关系（主要是指除竞争对手外的合作伙伴）的管理对组织目标的实现十分重要，尤其是企业需要维持和发展与交易伙伴之间的关系，以便控制企业发展所需资源，从而有效实现组织目标（Buchanan，1992）。

已有文献对组织目标复杂性的影响因素研究取得颇多成果，不过也存在以下不足。①未能以复杂组织为载体，研究复杂组织目标复杂性的影响因素。现有研究主要以传统组织目标为研究对象，探索目标多样性的缘由。有些学者提出了复杂组织目标的概念，如 Perrow（1961）、Buchanan（1992）。不过，两位学者所说的复杂组织实际是指大企业组织，而非复杂性理论所说的复杂组织。②主要侧重于探讨组织目标多样性、动态性的影响因素，未完整地触及目标复杂性，更未探索目标复杂性的影响因素。多样性（或多元化）是目标复杂性的表现之一，但并不等同于目标复杂性。已有的研究注意到了组织目标的动态性（即目标体系的演化）及其对组织发展的重要性，但对复杂组织成长历程中组织目标的具体变化仍未给予解释。③现有研究更多地注重单一目标或财务绩效目标的影响因素的定性分析，鲜少对复杂组织目标体系呈现的复杂性特征的影响因素进行定性分析和定量研究。④侧重于探讨单一因素对组织目标多元化的影响，未能较为全面地考虑组织内外部因素对目标复杂性的共同作用。⑤意识到内外部环境对目标多样性的影响，却未能深入探索内外部环境复杂性对目标复杂性的影响及影响机制。很多时候，有关外部环境的分析仅限于行业环境维度。

第二节　组织效能

一　组织效能的定义

组织效能是一个内涵与外延都较为宽泛的构念，不同学者从不同视角对组织效能进行了界定。概括起来，学术界对组织效能的定义提出了七种研究视角（见表3-3）。

表3-3　组织效能的定义

研究视角	代表学者	主要内容
目标视角	Georgopoulos 和 Tannenbaum（1957）、Price（1972）	定义：组织目标的实现程度 实质：手段-目的观
系统资源视角	Etzioni（1960）、Yuchtman 和 Seashore（1967）	定义：组织开发环境和利用资源的能力 实质：资源依赖观

续表

研究视角	代表学者	主要内容
内部过程视角	Steers（1977）、Pfeffer（1977）、Cunningham（1978）	定义：组织运营过程而非最终状态 实质：内部过程观
战略成员视角	Pfeffer 和 Salancik（1978）、Goodman 和 Pennings（1979）	定义：组织满足组织内外成员的利益诉求 实质：利益相关者观
竞争价值视角	Quinn 和 Rohrbaugh（1981，1983）、Hartnell 等（2011）	定义：组织绩效的价值判断 实质：组织研究者观
评估清单视角	Kraft 和 Jauch（1988）、Martz（2008）	定义：组织产生持续性价值的能力 实质：效能评估系统观
非有效视角	Fischbacher-Smith（2014）	定义：组织从有序状态转变为混沌或危机状态 实质：效能的动态演化观

资料来源：作者整理。

目标视角将组织视为社会系统的成员，认为组织效能就是组织"在既定资源与方法下，不会无所作为，且不会对员工产生过度张力的情况下实现组织目标"的程度（Georgopoulos & Tannenbaum，1957）。这种视角隐含的假设前提是：所有的组织都试图通过对给定的有生命的和无生命的设备进行操作，从而开发群体产品，实现某些目标。也就是说，目标视角不仅关注组织实现特定目标的方法，而且强调组织实现组织目标的结果。实质上，组织效能的目标视角探讨的是"组织手段"与"组织目的"之间的关系。

系统资源（System Resource）视角是在对目标视角进行批判的基础上由学者们提出来的。目标视角是将组织自身的价值实现作为判断标准，不以评估者的价值观为转移，目标是客观的、可信赖的。然而，Etzioni（1960）认为目标视角存在方法论局限，不仅不具有其似乎具有的客观性，而且使得研究发现墨守成规，高度依赖目标视角的前提假设；另外，他认为，在某些时候组织并没有有效实现组织目标，而且组织现有的状态（实际状态）与目标状态（理想状态）是在不同的分析层次上。Yuchtman 和 Seashore（1967）也认为若将组织效能定义为目标实现就会存在概念上和方法上的问题，因为组织目标体现的是组织中人的目标而非组织自身的目标，目标视角也未提出一套明确清晰的目标识别的基本原理。因此，Etzioni（1960）、Yuchtman 和 Seashore（1967）等人提出了组织效能的系统资源视角,认为组织效能的中心问题不是组织如何不遗余力地实现组织目标,而是在既定条件下,组织的资源如何达到最佳分配状态,或者说,组织效能是"组织开发环境以获取稀缺性、有价值资源的能力"。这种定义实际上体现的是"组织作为可辨识的社会结构(Identifiable Social Structure)的区分性以及组织与环境的相互依赖性"。

内部过程(Internal Processes)视角认为,一个最小化组织实现有效性的方法是将组织效能视为组织运营过程而非最终状态(Steers,1977),组织目标不应是实现,而应是最优化;组织系统不应是封闭的,而应是开放的。与 Steers(1977)观点一致,Pfeffer(1977)认为,为了明确界定组织效能的含义,有必要考虑将组织偏好、感知需求以及组织决策有机串联起来的组织内部过程。从学者们的观点可看出,内部过程视角是将组织内部的有效运作与平稳运行作为判断组织效能水平的标准,而且强调内部个体行为对组织整体效能的影响。

战略成员(Strategic Constituencies)视角将组织视为各利益相关者之间角力的"政治实体"或者是"一系列相互联合活动的综合体",认为组织必须充分满足组织内外成员(Constituency)的利益诉求,有效的组织就是衡量组织满足与之活动相联系的各种团体或个体的需要程度的外部标准(Pfeffer & Salancik,1978)。战略成员视角认为,组织是由处在组织边界内外的利益集团构成的"政治舞台","政治舞台"之上存在对各利益集团关系起调节作用的"支配联盟"(Dominant Coalition),"支配联盟"最终决定了谁才是组织效能的定义者(Goodman & Pennings,1979)。因此,战略成员视角的组织效能体现了对组织生产过程与制度安排起关键制约作用的、处在"支配联盟"核心地位的利益相关者的诉求。

竞争价值(Competing Value)视角对以往组织效能评估视角进行了综合,其目的是要提出"一般性的、可接受的效能构念"。与以往学者提出的效能分析视角不同,竞争价值视角依赖的基础是"组织理论专家的认知结构"而不是组织自身。也就是说,竞争价值视角是在研究者的倾向与意愿基础上构建效能评估模型。竞争价值框架由三对相互"竞争"的价值维度构成(Quinn & Rohrbaugh,1981):①强调组织成员还是组织自身;②强调组织结构的稳定性与控制还是灵活性与变化;③强调组织的过程还是结果。三个维度的不同组合形成了四个效能评估模型:人际关系模型、开放系统模型、理性目标模型与内部过程模型。这四个模型恰好印证了以往学者提出的效能评估模型。在竞争价值框架基础上，Quinn 和 Rohrbaugh（1983）进一步探讨了组织效能研究框架与组织分析范式（理性系统价值观和自然系统价值观）的契合性。

评估清单（Evaluation Checklist）视角从构建整体的效能评估框架转向创建一套全面而完善的效能评估程序，包括效能评估边界的确定、绩效需求的事前评估、效能评估标准的选择、效能评估标准的确定、效能评估的具体计划与实施、效能评估数据的集成以及效能评估报告的撰写等内容（Martz, 2008）。评估清单视角认为，组织效能评估是一整套严谨的评估程序，它的构建可为管理者决策、计划以及与内外部利益相关者沟通提供直接的可用工具。Kraft 和 Jauch（1988）提出了组织效能评估"菜单"，包括员工个体、产品或服务、研发、营销、组织与社会等六个方面的评估指标体系。此外，Martz（2008）从一般系统论视角将组织效能定义为：组织在产生最小化伤害的同时，有目的地转化输入与交换产出，从而为组织产生持续性价值的能力。从以上分析可看出，评估清单视角不仅强调组织效能评估标准的全面性，而且关注组织效能评估程序的整体性，它实际上体现的是组织效能评估过程的系统化。

非有效（Ineffectiveness）视角是在危机情境下考察组织的效能水平。也就是说，非有效视角是通过分析组织从秩序井然状态经由复杂状态转变为混沌（危机）状态的过程去探究组织效能的"黑暗"面（Fischbacher-Smith, 2014）。非有效视角与以往研究视角都不同，其不仅强调组织在短期内的绩效表现，而且强调组织在较长时间范围内的有效性，它实际上体现的是当组织从稳定状态演变为非稳定状态时，组织应对突发事件或者危机事件的能力。可见，此研究视角将组织效能从静态研究推向了动态研究。

上述各种视角的分析表明，组织效能具有以下属性。第一，组织效能的界定与组织的定义存在一致性。早期的组织学者将组织视为社会系统（Georgopoulos & Tannenbaum, 1957），组织效能被界定为组织目标的实现程度；后来的学者认为，组织是与环境相互依赖的，具有可辨识的社会结构区分性特征的开放系统，组织效能被界定为获取稀缺性、有价值资源的能力（Etzioni, 1960; Seashore & Yuchtman, 1967）。第二，组织效能不是一个概念（Concept），而是构念（Construct）。概念抽象于可观察的事件，可直接被观察与测量，而构念抽象于具体事件的更高层面，不能通过指向具体事件而表达出来（Quinn & Rohrbaugh，1983）。组织效能构念的高度抽象性为学者们从不同角度理解与定义组织效能提供了机会。第三，组织效能具有多维性与情境性。组织效能作为复杂的抽象构念，其测量内容是多维的，且测量方式也受不同组织特征、组织所处发展阶段、组织研究方法等情境因素影响（Cameron & Whetten，1981）。第四，组织效能作为结果变量或因变量。在实证研究中，大部分学者将组织效能视为结果变量或因变量，试图分析其他影响因素与中介变量对组织效能的影响。

综合学术界的现有研究，本研究认为组织效能是组织要素在相互作用下涌现出的，具有抽象性、多维性和情境性等特征的行为、能力、状态与结果的总和。[①]"行为"是指在组织与环境的互动关系中呈现的外显行为或者内隐行为，如组织从外部环境获取资源的行为；"能力"是指组织为实现一定目标而具备的条件和水平，如组织内部平稳运行能力；"状态"是指组织在成长与发展过程中所呈现的状况或者情形，如组织与利益相关者的关系状态；"结果"是指组织在一定时期内达到的最后状态，如组织预期目标的实现结果；"总和"指组织效能是"行为"、"能力"、"状态"与"结果"的集合体。

在战略管理与组织理论研究领域，学者们经常使用一个与组织效能具有高度相似性的概念，即组织绩效。Kanter 和 Brinkerhoff（1981）认为，组织绩效与组织效能是一般性的、可以互换的术语。Glunk 和 Wilderom（1996）指出，组织绩效与组织效能两种研究传统在某种程度上可以进行整合。Richard 等（2009）认为，组织绩效是多维概念，与利益相关者、异质性产品市场以及绩效测量的时间框架都有关系；组织效能是宽泛构念，不仅包含与有效运营有关的内部绩效结果，而且包含与股东、管理者或顾客的经济评估有关的外部测量。本书认为，组织绩效与组织效能在构念内涵与外延上存在明显区别，但在测量评估上存在交叉。

综合上述分析，本书将复杂组织效能界定为：在组织与内外部环境协

[①] 本书是在组织层次上对组织效能进行定义，下文的"行为"、"能力"、"状态"与"结果"都是指组织具有的行为、能力、状态与结果。

同演化情境下,由复杂组织内外各要素在相互作用之下涌现出的,具有抽象性、多维性、情境性等复杂性特征的行为、能力、状态与结果的总和。

二 组织效能的评估标准

组织效能的评估标准是对组织效能构念的操作化与具体化。与上文对组织效能定义的归纳方法相同,本节将依据学者们的研究视角对组织效能的评估标准进行归纳(见表3-4)。

表3-4 组织效能的评估标准

研究视角	代表学者	评估标准
目标视角	Georgopoulos 和 Tannenbaum(1957)	生产效率、组织灵活性、没有组织张力
	Duncan(1973)	目标实现、角色整合、适应环境
管理者认知视角	Mahoney(1967)	管理者对组织效能的描述与判断
	Trierweiller 等(2011)	组织对市场需求的学习、适应和反应
系统资源视角	Seashore 和 Yuchtman(1967)	获取有价值和稀缺性资源
	Cunningham(1978)	环境的适应能力、创造产出的能力、议价能力
战略成员视角	Friedlander 和 Pickle(1968)、Jobson 和 Schneck(1982)	利润率、员工满意度、社会价值、组织绩效、社区服务
竞争价值视角	Quinn 和 Rohrbaugh(1983)	人际关系、开放系统、理性目标、内部过程
评估清单视角	Kraft 和 Jauch(1988)、Martz(2008)	目的性、适应性、可持续性以及危害最小化
综合性视角	Campbell(1974)	30个评估标准
	Kanter 和 Brinkerhoff(1981)	目标实现、组织结构与过程、环境适应性
	Kaplan 和 Norton(1992)、Bentes 等(2012)	顾客满意、内部流程、创新与学习、财务绩效

注:"效能"(Effectiveness)与"绩效"(Performance)、"评估"(Evaluation)与"评价"(Assessment)经常被研究者们互换使用(Martz,2008),故在测量与评估方面不对以上概念进行区分。

资料来源:作者整理。

目标视角将组织效能视为组织实现其目标的程度,故将生产效率、组织灵活性、没有组织张力等作为组织效能的评估标准(Georgopoulos &

Tannenbaum, 1957)。与目标视角不同，管理者认知视角是从管理者角度确定组织效能的评估标准，如管理者感知的效能维度、管理者对效能维度赋予的权重以及管理者对效能评判标准在多大程度上产生变化（Mahoney, 1967）。系统资源视角从一般系统论视角，将组织当作开放系统，认为组织效能评估标准来源于不得不满足的、以便在既定条件下有效生产与运行的各种需求（Cunningham, 1978）：组织对外部环境的适应能力；组织运用资源创造产出以及维护系统运行的能力；组织议价以及最优化资源使用的能力。战略成员视角认为，组织效能的评估标准是衡量组织满足组织内外社会单元（如社区、政府、顾客、供应商、债权人等）需求的尺度（Friedlander & Pickle, 1968）；组织效能的评估标准来源于与组织绩效相关的、与组织社区服务相关的多个方面（Jobson & Schneck, 1982）。竞争价值视角实际上是研究者对组织绩效的价值判断（Quinn & Rohrbaugh, 1981），组织效能的评估标准来源于研究者进行的倾向性选择。Sinha 和 McKim（2000）在竞争价值框架基础上，将组织效能评估标准归纳为五类：结构情境、人员导向过程、战略手段与目的、组织灵活性、规则和条例。评估清单视角是从一般系统论出发，试图构建完整的效能评估程序，组织效能评估不仅要体现员工个体、产品或服务、研发、营销、组织和社会等各方利益集团的诉求（Kraft & Jauch, 1988），而且要体现组织在目的性、适应性、可持续性以及危害最小化等各方面的绩效表现（Martz, 2008）。

除了上述从不同视角提出组织效能评估标准的研究外，也有许多学者通过综合已有的评估标准，试图提出或者构建全面的评估标准体系。Campbell（1974）对组织效能的定义与测量进行了回顾，总结出可适用于组织效能测量的30个因变量。Kanter 和 Brinkerhoff（1981）对效能评估模型进行了综述，将组织效能评估标准归纳为目标实现、组织结构与过程、环境适应性三类。Kaplan 和 Norton（1992）认为传统的绩效测量方法不适用于技能型和能力型企业，他们开发出由四个维度构成的平衡记分卡模型，即顾客满意、内部过程、创新与学习、财务绩效。

综合学术界已有研究可发现以下方面。第一，效能测量视角具有多元性。出于不同研究情境下或研究目的，学者们可能采用完全不同的效能评估标准。第二，效能评估标准存在差异性。表3-4说明效能评估标准之间相似度比较低。学者们从不同角度对组织效能进行了界定,故选择的效能评估标准存在较大程度的差异性。第三,效能评估标准的适用范围不统一。组织效能构念具有抽象性,一些学者为了研究的方便,选择特定情境下的组织作为研究对象,从单一视角提出效能评估标准,没有过多考虑评估标准的普适性与一般性。第四,效能评估研究与绩效测量、绩效评价等内容存在交叉。如前所述,组织效能与组织绩效既存在区别也存在联系,二者在测量上是存在交叉的(Martz, 2008)。

学术界对组织效能评估标准进行了许多分析,不过也存在以下局限。首先,从研究视角看,许多学者是从单一视角提出效能评估标准或者构建效能评估体系,忽略了不同视角的综合或者整合;其次,从研究对象看,一些学者将简单组织作为研究对象,提出简单组织效能的评估标准,没有系统探讨复杂组织效能的评估标准;再次,从评估标准关系看,许多学者以孤立观点看待评估标准之间的关系,没有完全厘清或者阐明各评估标准之间的逻辑关系;最后,从评估标准体系构建看,许多学者选定的研究视角对评估标准进行了理论分析,尚未构建综合性的、普遍适用性的评估标准体系。

三 组织效能的影响因素

组织效能的影响因素[①]是对组织效能产生影响或发挥作用的要素集合。根据国内外学者的研究,组织效能的影响因素可概括为以下几个方面。

第一,组织内部要素。组织内部因素是指处在组织边界内部的,对组织效能产生影响的因素集合,如战略与目标、结构与规模、文化与价值观、技术、权力政治与冲突等(Hatch & Cunliffe, 2012)。Comrey 等(1954)研究发现,有效管理、咨询监督、熟悉下属、团队凝聚力、强有力监督等五个方面对组织效能有显著影响。Etzioni(1959)研究发现,权力结构是组织实现预期目标的重要影响因素。Price(1963)指出,董事会可以通过参与决策过程与控制活动影响组织效能。Bowers 和 Seashore(1966)研

---

① 学术界对组织效能的影响因素有多种不同的提法,如"相关因素"(Correlate Factor)(Judge, 1994)、"决定因素"(Determinant Factor)(Lenz, 1981)、"驱动因素"(Driver Factor)(Orlitzky et al., 2011)等,为研究的方便,本书统称为"影响因素"。

发现，领导因素与组织效能存在相关关系，当同时考虑非领导因素时，领导因素对组织效能的预测能力会增强。Eitzen 和 Yetman（1972）对大学棒球队的研究发现，教练任期的长短是影响团队效能的一个重要变量。

第二，外部环境因素。外部环境因素是指对组织效能产生影响的宏观环境因素与行业环境因素。Osborn 和 Hunt（1974）研究发现，行业环境依赖性以及组织间关系的单一变量或联合变量与组织效能显著正相关。Hirsch（1975）对唱片行业与制药行业进行了比较制度分析，发现处在不同制度环境下的组织效能存在显著差异。Keats 和 Hitt（1988）通过构建环境维度、宏观组织特征与组织绩效的因果关系模型发现，环境的不稳定性、多样性与市场绩效正相关，环境的不稳定性与运营绩效正相关。

第三，组织效能的决定因素。组织效能的决定因素是指对组织效能评估标准产生影响的因素集合。Goodman 和 Pennings（1979）认为，组织效能的评估标准与组织效能的决定因素存在明显区别：组织效能的评估标准来源于"支配联盟"［支配联盟被公设为一种不同利益集团通过各种联盟过程与边支付（Side Payments）方式相互取代与协商的机制］；而组织效能的决定因素在实证研究中被当作组织效能的前因变量，即组织效能的影响因素（Goodman & Pennings，1979）。例如，若"结构"影响"过程"，且"过程"影响"结果"的关系成立，则可认为"结构"与"过程"都是组织效能的影响因素。Lenz（1981）研究发现，组织环境、组织战略与组织结构都是组织效能的决定因素。Hansen 和 Wernerfelt（1989）认为，环境因素（社会、政治、经济、技术）、组织因素（结构、系统、规模、历史）、成员因素（技能、个性、年龄）以及组织气氛因素（决策实践、沟通信息流、目标实现、人力资源管理、领导力、团队过程、工作条件）都是组织效能的决定因素。贺小格（2014）研究发现，组织效能在组织环境、组织资源、组织能力、组织机制四个决定因素的共同作用下产生"质涌现"。

第四，其他变量。不同于理论分析，在实证研究中，许多前因变量或者中介变量（员工态度和行为、信息技术、企业家精神、组织结构复杂性、目标复杂性、组织战略复杂性、组织愿景、员工参与等）也会对组织效能产生影响。Koys（2001）研究发现，员工态度和行为与组织效能具有相关关系。Batra（2006）指出，信息技术的运用影响组织变革与创新过程,进而影响组织效能。蒋春燕和赵曙明(2006)实证研究发现,企业家精神经由组织学习作用于组织效能。吕鸿江和刘洪(2010)研究发现,组织结构复杂性及目标复杂性与组织效能具有倒 U 形曲线关系,组织战略复杂性与组织效能存在正相关关系。Carver(2011)研究发现,组织愿景与组织效能之间存在正相关关系,并且组织规模与组织寿命正向调节二者间关系。Amah 和 Ahiauzu(2013)研究发现,员工卷入(Employee Involvement)正向影响组织效能。

学者们对组织效能影响因素进行了较为全面的探索,不过现有研究仍存在以下不足。首先,从内容结构角度看,没有对效能影响因素进行归纳或者综合,也没有阐明各影响因素之间的相互关系。其次,从选择逻辑来看,部分学者没有对效能影响因素选择的逻辑或理论基础进行说明。再次,从各影响因素与组织效能关系角度看,许多学者注意到了二者关系研究结果的差异,却没有采用新的分析方法进行综合研究,也没有详细探讨情境因素对二者关系的影响。最后,从各影响因素对组织效能的作用机制角度看,许多学者仅探讨单一或者若干影响因素对组织效能的作用机制,没有对各影响因素之间以及各影响因素与组织效能之间的复杂因果关系进行系统探讨。

第三节 组织目标和组织效能的关系

组织目标与组织效能既有联系也有区别。关于组织目标,一种被广泛接受的定义是由 Etzioni(1960)提出的。Etzioni(1960)认为,组织目标是组织努力达到的一种理想状态。后来的许多学者(Simon,1964;England,1967;Cartwright & Zander,1968;Mohr,1973;Latham & Yukl,1975;黄丽华、王林,1999;章凯等,2014)是沿着"组织想要实现的状态"这一思路对组织目标进行的界定或定义(见表 3-5)。

表 3-5 组织目标和组织效能的关系

组织目标的定义	组织效能的定义
组织未来想要达到的某种状态 (Etzioni,1960)	组织目标的实现程度(理性目标模型) (Georgopoulos & Tannenbaum,1957)

续表

组织目标的定义	组织效能的定义
组织角色施加的约束集（广义）；高层管理者施加的约束集（狭义）（Simon, 1964；England, 1967）	组织开发环境和利用资源的能力（系统资源模型）（Etzioni, 1960；Yuchtman & Seashore, 1967）
群体目标是群体偏好的一种状态，并且引导集体行动去达到这种状态（Cartwright & Zander, 1968）	平稳的内部运行，且无内部张力（内部过程模型）（Steers, 1977；Pfeffer, 1977）
组织目标是指组织想要达到某种结果的意图（Mohr, 1973）	所有战略成员至少在最低限度上是满意的（战略成员模型）（Pfeffer & Salancik, 1978）
目标是指个体有意识地、自觉地试图完成的事情（个体层面）（Latham & Yukl, 1975）	组织绩效的价值判断（竞争价值模型）（Quinn & Rohrbaugh, 1981, 1983）
组织目标是指组织中全体成员行为的共同指向（狭义）（黄丽华、王林, 1999）	组织产生持续性价值的能力（评估清单模型）（Martz, 2008）
企业在未来一段时间内渴望达到的状态（章凯等, 2014）	组织从有序状态转变为混沌或危机状态（非有效模型）（Fischbacher-Smith, 2014）

资料来源：作者整理。

关于组织效能，一种被早期学者认可的定义是：组织实现其目标的程度。从这个意义上说，组织效能描述的是"组织实际达到的状态"，组织目标与组织效能之间确实存在紧密联系。不过，组织效能是一个抽象的、不易直接被观察和测量的构念（Quinn & Rohrbaugh, 1983），研究者选取的研究视角、标准和参照物、约束条件等都对组织效能的定义产生影响（Goodman & Pennings, 1979）。后来的许多学者认为，组织效能不是一种状态，而是一种过程；不是强调产品与服务输出，而是强调外部环境资源的获取；不是关心单一目标的实现，而是所有利益相关者的满意（Steers, 1977；Pfeffer, 1977；Etzioni, 1960；Yuchtman & Seashore, 1967；Pfeffer & Salancik, 1978）。可见，组织效能并不完全等同于"组织实际达到的状态"。换句话说，组织目标的实现仅仅强调"结果"，忽视了"过程"以及其他可以作为组织效能评估的判断标准（见图3-1）。

复杂组织目标与效能评估研究是从跨学科视角对复杂条件下组织目标与效能评估的有关问题进行的创新性探索，不仅涉及复杂组织目标的本质特征、复杂组织目标的指标体系、目标复杂性的影响因素等内容，而且与复杂组织效能的本质特征、各影响因素与复杂组织效能的关系、复杂组织

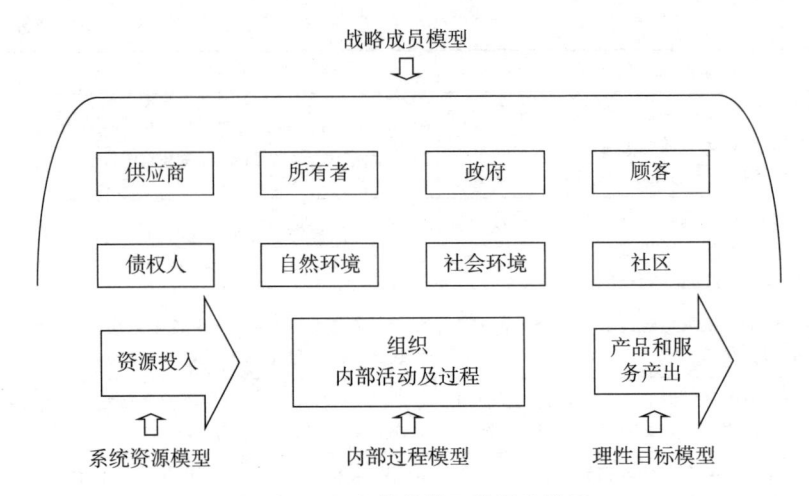

```
                        战略成员模型
                           ⇩
     ┌─────────────────────────────────────────────┐
     │  ┌──────┐   ┌──────┐   ┌──────┐   ┌──────┐  │
     │  │供应商│   │所有者│   │ 政府 │   │ 顾客 │  │
     │  └──────┘   └──────┘   └──────┘   └──────┘  │
     │                                             │
     │  ┌──────┐   ┌──────┐   ┌──────┐   ┌──────┐  │
     │  │债权人│   │自然环境│ │社会环境│ │ 社区 │  │
     │  └──────┘   └──────┘   └──────┘   └──────┘  │

      ⟹资源投入⟹   ┌─组织──┐   ⟹产品和服务产出⟹
                    │内部活动│
         ⇧          │ 及过程 │          ⇧
      系统资源模型   └───────┘      理性目标模型
                        ⇧
                    内部过程模型
```

图 3-1　组织效能的四种评估模型

资料来源：参见达夫特（2014：78）。

效能评估标准体系等存在关联。复杂组织目标与效能评估都是将复杂组织作为研究对象，都试图探讨复杂组织的复杂性特征对指标或者标准体系构建产生的影响。因此，复杂组织目标与效能评估在研究逻辑上是一致的。不过，复杂组织目标侧重于探讨复杂条件下目标的新特征及其演化规律；复杂组织效能侧重于分析复杂条件下效能的新特点以及各影响因素对效能的作用机制。也就是说，复杂组织目标与效能评估是既存在差异又相辅相成的关于复杂组织的研究内容。

第二篇
复杂组织目标

组织目标是制定组织战略的基础和前提。复杂多变的环境催生了复杂多样的组织。随着组织形态的变化，组织目标也在不断发生变化。组织目标是组织内外部环境需求（Environmental Demands）的综合反映和体现。不同的组织目标隐含着不同的组织与环境间的关系，体现了不同组织的存在意义。在组织和环境日益复杂的趋势下，组织目标从最初单一的、只体现组织本体基础性作用的目标逐步发展为多元化的、包容了组织内外部环境中多元主体需求的复杂目标体系，传统的组织理论越来越难以解释和解决复杂组织目标的变化和管理。

诺斯（1994）很早就提出，若一个企业仅考虑自身利益（盈利）最大化而不顾其他约束，那么人类社会就是一个充满危险和残忍的"霍布斯丛林"。即使是营利性的商业组织也不能仅以盈利为目标，也需考虑关键环境力量的需求。组织目标是连接组织与环境的桥梁（葛建华、王利平，2011）。当组织环境发生变化时，组织需要相应地变革其结构、政策和目标，以与之匹配（Jurkovich，1974）。随着组织和环境的日趋复杂化，组织目标及其管理和治理也在复杂化。在复杂组织成长历程中，其目标体系是如何随情境而变化的？在变化的环境中，原有的组织目标体系能否满足环境和复杂组织发展的要求？目标复杂性是组织复杂性的表现之一，复杂组织应如何应对目标复杂性，从而成长为适应性组织？对这些问题的探索和回答不仅是组织理论自身发展的要求，也是现实中组织发展提出的要求，尤其是中国情境下组织变革和发展的要求。

第四章
复杂组织目标演变与组织成长
——一个纵向案例研究*

组织目标是组织与环境互动关系的具体体现，不同的组织目标隐含着不同的组织与环境间的关系。随着内外部环境的复杂化，组织也变得越来越复杂，成为开放的复杂组织系统。复杂组织目标是由内外部环境需求共同决定的多元目标体系。组织目标体系的内容、结构及目标间关系随着组织和环境的变化而演化，在不同时期呈现不同特质。本章在厘清有关概念和理论的前提下，以中国宝钢集团为例，从战略管理视角探讨了复杂组织目标的演化过程和演化机理，并得出了一些初步结论。

第一节 问题提出

全球化和互联网的迅猛发展不仅催生了一大批复杂组织，而且也使得组织生存的内外部环境越来越复杂。在复杂条件下，组织与环境相互依赖、相互作用、共同演变，形成一个开放系统。在某种程度上可以说，组织的成败取决于组织与环境的适配：与环境适配（Fitness）的组织会获得更多环境力量支持，从而实现组织目标，提高组织效能；与环境不适配（Unfitness）的组织则难以实现既定目标或预定绩效（Tasdoven, 2016），从而导致组织失败（Organizational Failure）。那么，组织与环境是如何互动从而实现适配的呢？

---

* 本章内容发表在康丽群、刘汉民《复杂组织目标演变与组织成长——一个纵向案例研究》，《商业经济与管理》2017年第12期。

这个问题不仅困扰学术界，而且也是企业制定战略不得不考虑的现实问题。虽然资源依赖理论、组织生态学和制度理论分别从资源控制、商业生态演变、制度变革等方面做出了一些解释，但没有探索组织目标在组织与环境互动（即组织成长）过程中的作用及其机制。

组织目标是组织内外部环境需求的综合反映和体现，组织目标的演变是组织内外部环境力量共同驱动的结果。在简单条件下，由于环境相对确定、组织结构和关系简单，因而组织目标也比较单一，通常以盈利为目标；随着环境不确定性的增加以及组织结构和关系的复杂，组织目标日益多元化，构成复杂的目标体系。组织目标由简单到复杂的演变是一个复杂的动态过程。在这一过程中，来自组织内外部的环境需求驱动着组织目标的演化。其中，外部环境需求是组织目标演变的外部驱动力量（External Driving Forces）；内部环境需求是组织目标演变的内部驱动力量（Internal Driving Forces）。组织不断地调整自己的目标以满足内外部环境需求，并在与环境适配过程中获得生存和发展的能力与空间。

本章以原宝钢集团为例，通过纵向案例研究，试图揭示复杂条件下组织目标演变在组织成长过程中的作用和机制，重点解决以下问题：第一，复杂组织目标体系的内容、结构和目标间关系是怎样的？有哪些新特征？第二，在复杂组织成长的不同阶段，内外部环境力量对组织目标演变的具体作用方式如何？有何差异？第三，复杂组织目标演变对复杂组织成长的作用是如何体现的？其实质是什么？第四，在中国情境下，复杂组织目标体系演变的特殊复杂性有哪些？如何应对？

第二节　概念界定与理论框架

一　复杂组织与组织目标

复杂组织的概念早在 20 世纪 60 年代就被提出来了（Perrow，1961）。当时，除 Simon（1962）以外，多数学者将其等同为巨型公司。后来，一些学者沿着 Simon（1962）的思路，根据组织的复杂性特征来界定复杂组织（Christiansen，2011；Levy & Lichtenstein，2012；刘汉民、周颖，2016）。不过，复杂组织的界定依赖特定的情境和条件（Arasteh et al.，2014），并不是具备了复杂性特征就可称之为复杂组织。本书从战略管理角度将复杂组织界定为：为了实现组织目标而由存在网络关系的大量元素组成的、具有复杂性特征并与环境互动的企业组织。所谓网络关系，是指组织网络中各元素间相互作用和相互依赖的联系等（卢东斌、李文彬，2005）；所谓复杂性特征，是指多样性、多变性、多层性和不可预测性等，分为内部复杂性（如结构复杂性、关系复杂性等）、外部复杂性（如技术、制度和行业环境复杂性等）、组织与环境间作用方式和作用结果的复杂性等；所谓与环境互动，是指组织与环境相互依赖、相互作用、共同演变。

组织所有的行为都是为了实现组织目标。作为组织领域中的关键概念之一（葛建华、王利平，2011；理查德、戴维斯，2011），Etzioni（1960）曾给出一个影响比较广泛的关于组织目标的定义：组织未来想要达到或实现的某种状态。后来很多学者沿用了这一定义（Simon，1964；Cartwright & Zander，1968；Mohr，1973；Latham & Yukl，1975），也有部分学者将组织目标等同于财务绩效或运营绩效或计划期内想要达到的盈利水平（Baum & Wally，2003；Farndale et al.，2014；Lin et al.，2014）。组织目标反映了组织与其所处环境之间的关系。既有定义主要关注了组织"想要做什么"，体现了组织作为环境中独立个体的"意识"，而没有关注多维环境力量对组织发展的驱动和约束作用，缺乏对组织"需要做什么"的描述，更未能体现组织与多维环境之间的互动关系。在复杂条件下，组织目标的界定需要将组织"想要做什么"（内部力量的驱动）和"需要做什么"（外部力量的驱动）综合起来考虑。也就是说，复杂组织目标是由组织内外部环境需求决定的，是组织内外部环境需求在组织中的体现，反映了组织存在的理由及内外部环境对组织的影响和约束。复杂组织目标不是单一的，而是包含了多个经济性和非经济性目标（威廉姆森，2003）。根据目标体系的内容、结构及目标间的关系，本章将复杂组织目标定义为：复杂组织为了应对内外部复杂性而提出的"想要"满足和"需要"满足的多个相互关联的环境需求的总和。

二　外部驱动力量

外部驱动力量是指发生在组织外部的、组织自身难以控制的因素，包括事物（Things）、状态（Situation）和事件（Events）等，通常称之为外部环境。其中,基于合法性的制度环境、基于效率的社会技术环境和基于战略定位观的行业环境,是影响组织目标的最活跃的外部力量来源。

组织生存的制度环境影响和约束着组织目标。制度通常包括规制性制度、规范性制度和文化-认知性制度,具体表现为强制性规则、社会规范、文化和价值观等,它们影响着组织合法性(Scott,1995)。组织合法性则通过构筑组织生存发展的社会基础来影响组织行为及目标(Suchman,1995)。技术是社会进步和经济发展的关键力量,也是影响组织目标和组织成长的重要因素。社会技术环境不仅包括其他行业的生产制造和交通运输技术,如智能制造和智慧生产、高速公路和高铁等,也包括信息和通信技术(ICT),如计算机和网络技术等。社会技术的发展和进步不仅会降低组织的外部交易成本,同时也会提高组织生产或经营的效率,甚至改变组织商业模式,从而使组织不得不积极应对,并在组织目标中有所反映。行业环境也叫产业环境或市场环境,是战略定位最重要的依据,也是对企业行为及目标产生最直接影响的环境因素,分别从竞争强度、技术变化和行业增长三个主要方面(中国企业家调查系统,2009)影响企业行为和目标,是市场力量的具体体现。

组织要获得持续竞争能力,必须清楚地了解外部正在发生和未来将要发生的变化,并在战略上有所应对。组织目标集中体现了组织对外部环境变化的反应。由于不同阶段外部驱动力量的作用方式和作用程度不同,组织目标也呈现差异性。本章重点探讨社会技术环境、制度环境和行业环境在组织目标演变不同阶段的具体作用方式、差异性和结果。

三 内部驱动力量

内部驱动力量是指发生在组织内部且组织可以控制的事物、状态和事件,具体包括技术能力、组织文化、管理体系和职工素质等,通常称之为组织资源和能力,是推动组织目标演变的重要内生力量。根据资源基础理论,资源是指组织拥有或控制的有形和无形的可用要素,主要包括物质资源(资本)、人力资源(资本)和组织资源(资本)(Barney,1991)。企业拥有或控制具有VRIN特质的资源是企业获取竞争优势的重要来源。能力是指嵌入组织内的、不可转让的、企业专用的特殊资源,旨在提高组织拥有的其他资源的生产力(Makadok,2001),主要包括适应能力、吸收能力和创新能力（Wang & Ahmed, 2007）。资源和能力是相互关联、相互补充的，并在一定程度上相互交叉（Barney, 1991）：资源是能力在特定时期的外在表现，是能力发挥和运用的结果，构成组织短期竞争优势的基础；能力是组织获取和利用资源的潜能（Capacity），是长期获取、积累、配置资源的结果，构成组织长期竞争优势的来源。

组织资源和能力一方面是组织目标实现的现实基础和必要条件（Roy & Khokhle, 2011），另一方面又从组织内部驱动组织目标的演变。组织资源积累和能力提升达到一定程度后就要求组织目标和组织战略进行相应的调整和改变，以满足内部力量的要求。不过，在组织目标演变的不同阶段，驱动组织目标演变的内部资源和能力在具体内容和特征方面存在差异。本章重点探讨物质资源、人力资源、组织资源和适应能力、吸收能力、创新能力在组织目标演变不同阶段的作用、差异性以及结果。

四　组织目标演变理论模型

组织目标的演变过程是组织不断适应外部环境变化、积累组织资源和提升组织能力以满足复杂多变的环境力量要求的过程。在这一过程中，组织目标、外部环境、内部资源和能力实际上是相互作用、相互依存的。一方面，组织外部环境、内部资源和能力共同决定了组织目标的演变：组织目标体系的内容、结构和目标间关系的具体变化，既受技术环境、制度环境和行业环境及其相互关系变化的制约和影响，也受组织内部资源和能力的内容、特征的具体变化的制约和影响；另一方面，组织目标的演变也会影响组织资源积累和能力提升以及组织生存的外部环境。根据上述分析，可以构建一个组织目标演变理论模型，如图 4-1 所示。

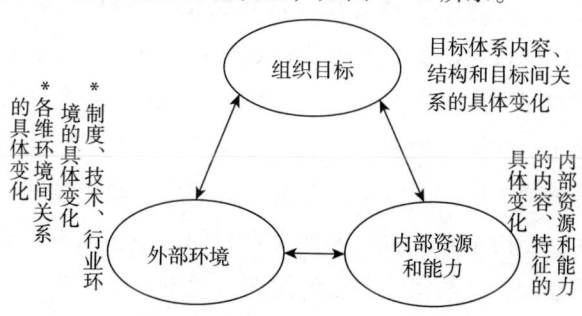

图 4-1　组织目标演变理论模型

第三节 研究设计

一 研究方法

本章选择案例法来探索组织目标体系在组织成长不同阶段所呈现的特征、相应的外部环境变化和内部资源与能力变化。选择案例法主要基于以下两点考虑。第一，案例法对探索性问题的研究具有显著优势，能够深入情境展示"是什么"和"为什么"的问题（Edmondson & Mcmanus, 2007）。也就是说，案例研究能更好地探索在内外部力量的共同作用下组织目标的具体演变路径和演变机制。第二，案例法对复杂管理问题研究具有普遍适用性（郑伯埙、黄敏萍，2008），研究结果更富实用价值。复杂管理问题牵涉的因素众多，如果没有特定对象，所谓的复杂管理就成了无的放矢，实用价值要大打折扣，因而需在特定的情境中去研究。

二 案例选择

根据典型性原则和纵向案例研究的要求（Yin, 2003），本章选择了有40年历史的原宝钢集团有限公司（以下简称"宝钢"），进行具体情境下的探索性研究。选择宝钢作为案例的主要依据如下。①宝钢是不断寻求成长的复杂组织。经过40年的发展，宝钢逐步由简单组织演变为复杂组织：不仅规模巨大，内部结构和关系复杂，而且不断与外部环境互动共演，寻求突破和转变。②宝钢的阶段性特征明显。每到关键时点，宝钢都会在各方面发生重大变化，呈现新的特征。③宝钢资料的完整性和可获得性较高。宝钢不仅自身保存的各种资料丰富且完整，而且作为大型国有企业，其各种信息透明度较高。④宝钢的经验具有普适性。宝钢长期经营绩效良好，其发展经验可供其他同类企业做参考，特别是在智慧制造和"互联网+"大环境下，宝钢适时进行"二次创业"，反映了新常态下中国复杂组织谋求新突破的动向。⑤宝钢的案例能更好地反映中国国有企业改革和发展的复杂性。受历史和现实的各种因素制约，中国国有企业一直在艰难前行，不仅产权和治理结构等方面的问题未得到根本解决，而且发展目标等战略问题也处于迷惘之中。因此，如何管理复杂条件下的国有企业，特别是如何通过目标管理促进国有企业成长，成为政府和国有企业共同关注的问题。

三　资料采集与分析

本案例研究资料主要来源于宝钢的各种公开资料，包括自述性资料（年度报告、宝钢新闻、公司介绍等）和出版物（公司志、公司主办的期刊等），以及中国知网中的文献。其中，宝钢新闻和《宝钢培训》是主要的资料来源。采用宝钢新闻的依据是：留存于官网的新闻，都是对组织发展有重要意义的事件。采用《宝钢培训》的依据是：员工培训是组织学习的一部分，而组织学习是为了实现组织目标（Chadwick & Raver, 2015）。上述资料总体上比较翔实、完善，可以相互补充和印证。

在资料收集和整理的基础上对资料进行编码。编码分为两部分：一部分是资料来源的编码，较为简单；另一部分是资料内容的编码，需要根据资料内容，编码出组织目标、外部环境力量、组织资源和能力的具体特征。其中，组织目标体系（内容、结构和目标间关系）是编码的重点，运用关键词和关键事件归纳法对其编码。目标体系内容的关键词编码顺序如下。首先，根据目标定义，确定编码关键词。关键词主要包括"以……为目标""……的目标""关注""致力于""追求""实现""提高""为了……""以……为重点""成为""共同创建……""遵从……"等。其次，对材料进行双盲编码。由研究团队的两位成员分别依据上述关键词寻找资料中所隐含的组织目标：若两人编码结果一致，则接受该编码；若不一致，则进行协商，协商不成则予以删除。最后，将同类目标归类。目标体系内容的关键事件编码则是依据资料所展现的事实，归纳该阶段的主要目标。目标体系结构及目标间关系的编码也遵从上述逻辑。

从目标体系内容、结构及目标间关系所呈现的特征来看，可以将目标体系分为单一型、单维"盟主-成员"型、多维"盟主-成员"型三类。单一型是指目标体系中目标个数只有一个或有限几个；单维"盟主-成员"型是指目标体系包含了多个目标，但这些目标明显地以某一目标为主导；多维"盟主-成员"型是指目标体系包含了多个目标，各目标归属于不同维度，不同维度之间相互影响。

此外，依据Scott（1995）、关键的技术发明、中国企业家调查系统

(2009)、Barney（1991）、Wang 和 Ahmed（2007），围绕组织目标体系，本研究分别编码了制度环境、社会技术环境、行业环境、组织资源与能力的相关材料，得出它们的具体内容及演变过程。

第四节　案例分析：宝钢的组织目标演变

宝钢经过40年的发展，已成为一家致力于钢铁生态圈建设、多产业协同发展的大型"智慧制造"企业。其发展历程大致可分为四个阶段：第一阶段（1978~1985年）为创立期；第二阶段（1985~1998年）为发展期；第三阶段（1998~2003年）为成熟期；第四阶段（2003年以来）为蜕变期。从创立期到蜕变期，宝钢逐步由简单组织成长为复杂组织，组织目标也在外部环境和内部资源与能力的共同作用下不断演变，逐步具有复杂性特征。

一　组织创立期

（1）组织目标。为满足政府（宝钢的初始投资人是政府，政府属于规制性力量。不过，这并不意味着所有组织的目标一开始就受到规制性力量的直接影响。为使研究更为一般化，可以将创立期组织目标的主要决定者视作组织初期主要的投资者或创立者）"加快四个现代化建设，改变中国钢铁工业落后面貌"及中国经济发展对钢铁的需求，宝钢建立了以掌握生产技术来带动生产率提高和确保产量完成（即技术理性）的企业目标。这可以从当时的宝钢口号"确保一期工程建设'质量要保，后墙不倒'""确保'85·9'投产万无一失"等体现出来。这一目标是由当时作为投资者和所有者的政府从国家发展战略角度出发确定的，以掌握和提高生产技术为主，目标单一，优先次序十分明确。单一的投资者和所有者导致了体现创立者意志的单一型目标体系。

（2）外部环境。规制性制度力量以企业投资者和所有者的身份出现，成为影响宝钢确立单一型组织目标的决定性力量。这种决定性作用主要体现在政府的资源供给方面：一方面，为宝钢建设提供物质资本，如资金和建设用地，引进德日先进技术和生产设备等；另一方面，为宝钢建设提供人力资本，如以国家建设需要为号召，组织动员全国各地优秀人才加入宝钢并引进国外技术专家。此外，当地政府还为宝钢建设提供了组织间关系支持，如协调社区关系等。可以说，宝钢几乎所有的资源都来自政府，而单一的投资渠道使宝钢的目标只能反映和体现投资者的意愿。由于这一时期社会整体技术水平低，各类技术间的相互影响小，社会技术环境尚未对宝钢提出新要求；同时，由于钢铁制品供不应求，行业竞争小，行业技术水平低，需求增长快，行业环境未对宝钢提出新要求，且不同环境要素间的相互影响很小。

（3）内部资源和能力。为支撑组织目标的实现，宝钢开始注重资源积累和能力提升。资源积累主要表现在：第一，在物质资本方面，通过外部先进技术和工艺设备（进口设备占88%）的大量引进来提升技术水平，大规模投建固定资产；第二，在人力资本方面，通过国内外人才引进、经验积累及培训实习，提高员工的设备操作能力和技术管理水平；第三，在组织资本方面，通过高度集权的直线制组织结构以及精神感召来推动组织目标的实现。标语中出现的"确保""万无一失""无私奉献"等词都反映了创立期集权式的领导和精神感召色彩。宝钢能力提升主要表现在：首先，在适应能力方面，通过宏观层面的环境扫描，辨识市场机会，通过学习培训掌握和提高设备操作技能，生产市场所需产品；其次，在吸收能力方面，通过外部合作研发与生产，有选择地吸收合作企业的经验和"二流技术"；最后，在创新能力方面，提高基于技术引进和消化的二次创新能力和基于研发投入的工程技术攻关能力。

二　组织发展期

（1）组织目标。逐步向有限多元化方向发展：一方面，随着经济周期性的更替，如 1985~1988 年的经济过热、1989~1992 年的市场疲软和 1992 年后的新一轮经济过热，作为国有大型企业的宝钢继续服从国家经济建设需要，以满足国家的要求为目标，增产节约，增收节支，在国民经济中发挥了主导作用和示范作用；另一方面，随着企业改革和市场化进程的加快，宝钢逐步成为自主经营、自负盈亏的市场主体，有了自己独立的经济利益，具体体现为企业员工的利益，满足员工要求成为组织目标的一部分。此外，随着卖方市场向买方市场的转变，市场用户成为越来越重要的利益相关者，满足用户要求也成为企业目标的重要组成部分。20 世纪 90

年代的"O5 板事件"就是使用户满意成为宝钢目标的具体体现。

宝钢在该时期的目标体系主要包括：第一，效率性目标，使企业在投入产出和质量等方面达到更高水平；第二，激励性目标，使组织员工对薪酬福利、工作条件和晋升等方面有更高的满意度；第三，声誉目标，确保市场用户对企业的满意程度较高；第四，创新性目标，使企业在组织制度建设、产品或技术创新等方面达到更高的水平。宝钢组织目标体系初步呈现以内部导向为主、单维"盟主-成员"型特征。

（2）外部环境。这一时期，外部环境对宝钢组织目标的影响初步显现出复杂化趋势。政府作为规制性制度力量依然决定着宝钢组织目标体系的主要内容，政府的要求仍是宝钢生产经营活动的最强约束。不过，随着市场化进程的加快和政府投入的减少，政府对宝钢的影响力开始有所下降。同时，宝钢为了达到钢铁行业的国际先进水准，确立了规范性目标。行业环境的影响逐步显现，主要表现为行业竞争度提高，用户对产品质量的要求越来越高，宝钢不得不重视和实现用户满意目标。在规制性制度环境和行业环境双重影响下，作为支撑组织目标实现的内部关键利益相关者——组织员工，尤其具有技术创新能力的员工，成为影响组织目标的重要力量。宝钢无法仅凭精神感召来调动员工积极性以实现组织目标，开始通过重视和实现员工满意目标来促进组织与员工的互惠互利。由于具有跨行业影响的突破性社会技术还未出现，社会技术环境未对宝钢组织目标提出新的要求。

（3）内部资源和能力。为支撑组织目标的实现，宝钢加快了组织资源积累和能力提升的步伐。资源积累主要体现在：第一，在物质资本方面，借助引进、合作研发、部分自我创新及专项技术突破等，改进工艺设备，提高技术水平，拥有了部分钢铁核心新技术成果；第二，在人力资本方面，注重培养具有独立运营能力、操作能力和创新能力的员工，同时，随着市场化运营经验的积累，宝钢开始主动培养员工的品牌意识、危机意识和市场意识等；第三，在组织资本方面，通过供、产、销等环节和人、财、物等领域的改革以及组织结构的调整和完善，建立了适合自身情况、有利于目标实现的现代化企业经营管理制度和体制，提高了组织协调控制的能力及运营效率。宝钢能力提升主要表现在：首先，在适应能力方面，开始关注用户需求与竞争对手，调整产品结构及提高产品质量，争夺国内外市场；其次，在吸收能力方面，积极消化和利用世界先进技术，不断进行技术改造；最后，在创新能力方面，强化基于技术引进的二次创新和自主研发。

三 组织成熟期

（1）组织目标。随着政府放权、市场竞争加剧等运营环境的改变，宝钢目标体系的多元化特征越来越显著，主要包括以下五类目标。第一，生产性目标。已具备一定核心技术的宝钢致力于向社会提供超值产品和服务，成为全球重要的供应商。第二，创新性目标。在技术创新方面，拥有自主知识产权，攻克影响产品竞争力的关键技术难题，期望成为"中国钢铁行业创新能力最强的企业"；在制度创新方面，完善现代公司制度，成为与时俱进的现代企业。第三，激励性目标。期望满足企业内外部主要利益相关者要求，适应市场经济发展新要求。第四，合法性目标。依法依规经营管理企业，力求获得组织合法性。第五，行业地位目标。期望做大做强，成为全球最具竞争力的钢铁企业，进入世界500强。

为创建和提高核心竞争力，宝钢在目标体系中增加了多个新目标。虽然宝钢对各目标的重视和实现程度不同，但目标间相互作用和相互依存的趋势愈加明显，成为密不可分的目标体系；同时，各类目标中包含了许多子目标，构成纵横交错的目标网络，企业目标体系显现出内外部因素共同驱动，各目标间相互作用、相互依存的多维"盟主－成员"型特征。

（2）外部环境。影响宝钢组织目标的外部环境有了新变化。首先，从制度环境来看，随着市场化改革的深入和现代公司制的推进，国有企业不仅实现了所有权和控制权的分离，而且控制权和经营权也相对分离，政府只保留了作为出资人和所有者的收益索取权和最终控制权，企业决策控制权和决策经营权（Fama & Jensen，1983）分别归董事会和高层经理所有，企业成为名副其实的市场主体和法人。在此背景下，追求合法性就成为宝钢组织目标体系的重要内容，特别是兼并重组后上市的宝钢股份更是将合法性目标看作企业的生命线，强调依法依规经营并获得利益相关者的满意。规制性、规范性和认知性制度力量分别通过政策导向、企业评级和社会认可等对组织目标产生影响。其次，从社会技术环境来看，随着ICT和全球化的发展，国内外市场日益融为一体，无论产品制造还是供应链、销售渠道都需要从全球化视角进行技术升级、流程再造和管理接轨，从而对宝钢核心竞争力的培育和提高提出了新的要求，需更加重视并实现影响其核心竞争力的多类目标,如创新性目标和合法性目标等。最后,从行业环境来看,虽然国内外市场对钢铁的需求快速增长,但供给的增长似乎更快,同业间的竞争越来越激烈。竞争不仅表现在产品销量和价格上,更多地表现在品种和成本差异上,迫使企业不断研发新产品、降低成本、提高效率。行业环境对组织目标的影响主要表现在创新性目标和生产性目标上。为了激发员工的创造性和积极性,提高员工满意度等激励性目标在组织目标体系中的地位日益凸显。

(3) 内部资源和能力。为支撑组织目标的实现,宝钢进一步加强了组织资源积累和能力提升。资源积累主要表现以下方面。第一,在物质资本方面,通过更多的自我研发来改进工艺设备、提高生产技术水平并进行业务流程改造;自我淘汰落后产能和重组优质资产;在经济技术开发区建立子公司,形成规模效应;与供应商建立更良好的合作关系,以便低价地获取优质原材料。第二,在人力资本方面,注意吸收培养具有技术创新能力的专业技术人才和具有制度创新能力及国际化视野的经营管理人才。第三,在组织资本方面,更加注重决策科学化的制度建设,建立决策控制与决策经营分离的治理制度和集权与分权相结合的管理控制制度,完善法人治理结构和组织结构;更加重视企业文化建设,以创新文化带动创新行为,促进创新性目标的实现。宝钢能力提升主要表现在以下方面。首先,在适应能力方面,借助已有的市场优势,提升现有的市场短板;通过微观层面的市场扫描,挖掘市场机会,调整产品结构;提高现代化管理能力和用户服务能力,充分参与市场竞争。其次,在吸收能力方面,消化、利用、转化世界先进技术并提高自我学习能力。最后,在创新能力方面,建立研发基地,提高产品创新和市场创新能力以及基于业务流程重组的系统创新能力。

四 组织蜕变期

(1) 组织目标。在全球经济更加动荡、新工业革命方兴未艾及供给侧改革等背景下,宝钢适时进行二次创业,提出了包含更多维目标的组织目标体系,主要包括以下方面。第一,合法性目标。互联网的发展缩短了企业与公众间的距离,为获得组织合法性,宝钢积极响应有关增加社会福利的呼吁,追求以社会责任为主导的合法性目标,期望成为"备受社会尊重的公司"。第二,合作性目标。互联网的发展改变了商业生态环境,宝钢通过建立"欧冶云商"等电商平台与各类企业进行战略合作,形成竞合格局,构建共享共创生态圈。第三,创新性目标。在技术创新方面,期望成为钢铁技术的领先者,拥有标志性技术,甚至是世界领先的专有技术;在制度创新方面,期望成为治理制度完善、管理体制健全、有文化活力的现代企业。第四,激励性目标。以创新驱动共创共享,更加注重企业与员工的共同发展及与利益相关者的共赢。第五,行业地位目标和盈利性目标。力争成为国内同行业业绩最优、全球最具竞争力和最具投资价值的跨国公司。

宝钢目标体系发生了较大变化,出现了一些新特征。一方面,外部环境力量主导的目标在组织目标体系中占据了重要地位,特别是来自规制性、规范性和认知性制度力量的合法性目标被提到了前所未有的层次。另一方面,组织目标体系呈现更高的复杂性特征,主要表现在以下方面。第一,内容复杂。目标体系包含更多元的、内外部力量主导并重的"盟主－成员"型目标,每一维度的目标都包含多个子目标,如盈利性目标包括量与质两个方面,合法性目标包括规制性目标、规范性目标和认知性目标等。第二,结构复杂。各维目标下的子目标既受同一维度的其他子目标及上级目标的影响,同时也受其他维度目标的影响,目标体系总体呈现网络层次性特征。第三,关系复杂。各目标间存在相互作用、相互依存的动态关系。各目标间关系的竞合性代表了组织对环境的适应能力,引领着组织的发展和变革。

（2）外部环境。各维外部环境力量不仅单独对组织目标提出了要求,而且以相互作用、互相依存的方式向组织目标提出了新要求。首先,从制度环境来看,规制性制度力量以政策引导、服务提供、法制完善、政企沟通等方式影响组织目标,如国内《公司法》《环境保护法》等各种法律法规的完善与政府执法力度的加强,使得组织目标中必须包含和更加重视规制性目标;各国政府和国际组织对跨国公司行为的严格管制,使得组织合法性目标不得不考虑国际规制性力量的要求;行业协会和证券市场等对企业运行标准、市场进入标准、原材料采购和在职消费等进行的规范和约束,使得组织目标不得不考虑规范性力量的要求;社会大众通过各种方式和渠道对企业或行业形成的合法性认知成为企业或行业兴衰存亡的关键。随着社会上要求企业承担社会责任、增加社会福利的呼声日益高涨,合法性目标包含了尊重社会信念和价值观的内容。其次,从社会技术环境来看，ICT和智能技术的发展及广泛应用减少了交易成本，降低了信息不对称和不完善程度，从而使得生产商、中间商和分销商不得不通过组织变革来寻找新的商机，包括发展战略、营销模式和定价策略；同时，跨产业技术水平的提高使得宝钢不得不通过技术创新提供质量更高、品种更全的新产品以满足各异质性市场的新需求。最后，从行业环境来看，国内外钢铁行业竞争程度的加剧使宝钢更加强调创新性目标、盈利性目标和行业地位目标，行业关键技术的突破所蕴含的巨大潜在收益以及与国际同行在自主研发能力方面存在的差距使得技术创新目标成为企业目标体系的重要内容，供过于求下的盲目扩产，在不具备核心业务能力时盲目投资高端领域，以及纯价格战带来的企业生存空间缩小等状况使得宝钢必须更加重视创新性目标、激励性目标和合作性目标等。此外，在社会技术环境、制度环境和行业环境的共同作用下，具有自我研发能力、自主创新能力和优秀组织管理能力的员工成为宝钢应对复杂环境、保持组织可持续发展的重要力量。因此，更好地满足组织员工的人性化要求也成为组织必须重视和实现的目标。

（3）内部资源和能力。为支撑组织目标的实现，宝钢更进一步加强了组织资源积累和能力提升。资源积累主要表现在以下方面。第一，在物质资本方面，设立国内外研发中心，通过"金苹果计划"进行高端新材料的研发、关键技术难题的攻克以及突破性技术的创新。第二，在人力资本方面，培养具有人文素养、领导力、国际视野、应变能力、创新能力、战略眼光、自我开发能力等素质的组织成员；注重提高组织成员持续的自主学习能力；对技术领军人才进行股权激励。第三，在组织资本方面，搭建新平台"欧冶云商"，整合优化产业链，构建共享共赢生态圈，实现从独占型到共享型的行业发展理念的转变，并将商业模式创新与激励机制创新相结合；打造价值创造型集团总部，完善分业经营体制，优化资产结构和股权结构等；注重企业文化的建设，将"工匠精神"融入智慧制造和精益制造，通过共同制定行业标准及标准认证、会议交流等方式，加强与国内外规制性和规范性制度力量的沟通与合作，提升组织合法性；通过行业规则的建立规范行业竞合秩序，协调组织间关系。宝钢能力提升主要表现在：首先，在适应能力方面，通过精细的市场扫描与细致的内部优劣势分析，提高发现市场机会能力、市场响应能力、资本运作能力、服务能力和协同能力等；其次，在吸收能力方面，注重提高自主学习能力，大范围地主动吸收、利用和转化新的外部信息；最后，在创新能力方面，提高原始创新能力、产业链优化重组能力以及制度创新能力等。

五　宝钢组织目标演变过程总览

从上述分析可见，随着外部环境力量的作用方式及作用程度的变化，宝钢目标体系中包含的内容越来越丰富，结构及目标间关系越来越复杂，支撑组织目标实现的组织资源和能力也越来越柔性化（见表4-1）。

在宝钢组织目标演变过程中，内外部环境力量的影响呈现明显的动态特征。一方面，随着组织和环境的发展，外部环境力量越来越多元化，对组织的约束越来越强。以制度环境为例，从创立期单一规制性力量约束，到发展期规范性力量和成熟期认知性力量的介入，再到蜕变期各种制度力量的综合作用，制度环境几乎决定了宝钢的兴衰存亡，使得宝钢不得不在组织目标中越来越多地增加体现制度环境需求的内容。社会技术环境和行业环境的作用也是如此，不仅作用方式越来越多元，而且作用力度越来越强，使得宝钢目标体系越来越复杂化。另一方面，随着组织和环境的复杂化，组织资源不断得到更新和积累，组织能力不断得到提升和增强，推动着组织目标的演变及实现。以物质资源积累和技术创新能力为例，从创立期单纯地引进技术设备，到发展期的技术改造和配套，再到成熟期的技术替代和材料开发，最后到蜕变期的技术创新和突破，宝钢的资源不断积累，能力不断提升，为组织目标的演变和实现提供了现实基础和内部动力。

在复杂环境下，宝钢越来越注重以关键技术突破为核心的物质资本积累、以人力资本价值提升为核心的人力资源积累和以制度创新为核心的组织资源积累。与此同时，宝钢也越来越重视以有效响应市场需求为核心的适应能力的提高、以自主学习为核心的吸收能力的提高、以关键技术和制度创新为核心的创新能力的提高。随着组织成员谈判力的提升和初始投资者影响力的下降，作为组织发展重要推动力量的组织成员的要求也越来越多样化，对宝钢的组织目标产生越来越强的约束。

上述分析中较少提及盈利性目标，这是因为盈利性是现代工商企业的基本属性。盈利性目标是直面市场竞争的现代企业目标体系中最基本的目标，已隐含在本书的研究中。随着内外部环境的复杂化，宝钢越来越重视盈利性目标的质与量，包括可持续的盈利能力与稳定的盈利水平。

表4-1 宝钢组织目标演变过程

关键阶段		创立期	发展期	成熟期	蜕变期
主要目标		以具备生产能力为主导的单一目标	以生产率为主导的有限多元目标体系	以竞争力为主导的多元目标体系	以适应能力为主导的多元目标体系
目标特征（内容、结构、目标间关系）		单一型目标体系、完全由内部导向、目标优先顺序明确	单维"盟主-成员"型、内部导向为主、目标间关系较简单	多维"盟主-成员"型、内外部导向兼具、目标相互影响	多维"盟主-成员"型、内外部导向并重、目标间关系复杂
制度环境	规制性力量	政府影响很大，其他规制性力量影响很小	政府影响较大，其他规制性力量影响很小	国内规制性力量对合法性目标影响较大	国内外规制性力量对合法性目标影响很大
	规范性力量	影响很小	影响较小	影响较大	影响很大
	认知性力量	影响很小	小范围受众，对组织目标产生一定影响	大范围受众，对组织目标产生较大影响	大范围受众，对组织目标产生很大影响
社会技术环境		影响很小	技术水平稍有提高；产生一定影响	社会技术水平提高；对组织目标产生影响	社会技术发展迅速，跨行业产生较大影响
行业环境	竞争程度	影响很小	用户力量初现，对组织目标产生一定影响	用户力量强大，行业竞争较激烈，对组织目标产生较大影响	用户力量强大，行业竞争很激烈，对组织目标产生很大影响
	技术变化	影响很小	影响较小	对组织目标的影响较大	关键行业技术对组织目标的影响很大
	行业增长	影响很小	影响较小	市场需求增多，对组织目标产生较大影响	市场需求上升空间小，对组织目标产生很大影响
组织资源	物质资本	成套引进国外工艺设备和技术等	拥有引进、合作研发、部分自我创新的技术和设备等	更多自我研发；建立子公司；更好的原材料获取方式等	进行突破性技术创新；设立研发中心
	人力资本	大量引进国外人才，培训员工的设备操作能力等	培养员工的独立操作能力、创新能力、品牌意识等	吸收培养具有创新能力、管理能力、国际视野等的员工	培养员工自我开发能力、领导能力等
	组织资本	直线制组织结构；精神感召	开始建立现代化企业经营管理体制	建立和完善公司治理体制等	建立新的组织形式、组织间关系等

续表

关键阶段		创立期	发展期	成熟期	蜕变期
组织能力	适应能力	粗略的市场扫描	关注用户与竞争对手	较细的市场扫描等	精细的市场扫描等
	吸收能力	合作研发与生产	消化、利用先进技术	吸收、转化先进技术	大范围自主学习
	创新能力	技术引进、二次创新	二次创新、自主研发	产品、市场、流程等的自主创新	原始创新、制度创新等

资料来源：作者整理。

第五节 理论分析

复杂组织成长过程实际上是组织与环境的互动过程，不同的组织目标隐含着不同的组织与环境间的关系。在复杂条件下，组织的生存和发展不仅依赖技术上的机会，而且依赖组织的互补性能力（吸收和学习能力）、路径依赖（报酬递增）和外部关系等（Amin & Hausner, 1997；罗顺均等，2015）。在这一过程中，复杂组织目标体系的演变机制是怎样的？表现出哪些本质特征？中国复杂组织目标演变有什么特殊性？下面结合宝钢案例进一步分析。

一 各种力量共同作用下的组织目标演变机制

组织目标是平衡组织内外部环境力量的一种联结机制。复杂组织的成长是组织目标与外部环境需求、内部资源与能力匹配的过程。复杂组织目标的演变是社会性、经济性和技术性力量的混合和变异（葛建华、王利平，2011），是随时间演进持续改进的过程，具体表现为：在内外部环境力量共同作用下进行的组织目标体系的内容调整、结构改变及目标间关系的变化。

第一，外部环境力量及其作用方式是组织目标演变和组织成长的重要推力。复杂组织的成长是一个组织目标与环境需求匹配的过程。在组织成长的不同阶段，不同的环境力量会对组织提出不同的要求，并对组织施加不同的影响。随着组织与环境间互动关系的深化，外部环境对组织目标演变的影响越来越大，组织只有将环境需求转化为具体的组织目标并加以实现才能获得环境力量的支持。首先，从制度环境看，将制度环境需求转化为组织目标并加以实现，可以使组织合法性不断得到提高，特别是当面临规制性和规范性制度压力时，那些能率先将制度要求转化为组织目标的企业将获得更大的制度力量支持，如积极响应政府号召可获得来自政府方面的支持；遵守行业协会或认证机构的要求将带来更多的成长机会；将健康环保等理念融入合法性目标更易受到大众追捧。其次，从社会技术环境来看，将社会技术环境需求转化为组织目标并加以实现，有助于组织商业生态空间拓展和生存实力积累，特别是当面临关键的社会技术变革时，那些能快速将技术变革带来的新要求纳入组织目标体系的企业更容易开拓新市场，发现新的利润源，如在"互联网+"和大数据背景下，一些企业将共享共创等要求和理念纳入组织目标体系，重视和强调创新与合作，积极构建各类平台，更有可能享受网络效应。最后，从行业环境来看，将行业环境需求转化为组织目标并加以实现，可以提高组织的竞争能力和扩大发展空间，特别是当市场环境发生巨变时，那些能及时适应市场需求变化、主动调整组织目标的企业，会率先获得竞争优势和扩大盈利空间，如在整体供过于求的市场环境下，一些企业将满足内外部客户的不同要求作为组织目标新内容，为企业带来商机。

第二，组织资源积累和能力提升是组织目标演变和组织成长的内在动力。在组织成长过程中，组织资源和能力与外部环境的匹配程度决定了组织目标演变和实现的程度。一方面，组织需依据不同环境状态匹配不同的组织资源和能力。在稳定的、可预测的环境中，基于产权的资源能提高企业财务绩效；在不断变化、不可预测的环境中，基于知识的资源更能提高企业财务绩效（Miller & Shamsie，1996）。也就是说，当外部环境发生变化时，组织资源和能力也要相应地进行更新或提升，以与外部环境状态相匹配，从而推动组织目标的实现和组织发展。另一方面，组织资源的积累和能力的提升会从内部对组织目标提出新要求，丰富和完善组织目标体系的内容，推动组织目标体系的演变和组织发展。当组织资源和能力难以支撑或超越环境需求时，不仅会导致市场机会丧失或资源与能力的浪费，而且会使企业陷入困境。

第三，组织和环境的互动是组织目标演变和组织成长的重要合力。组织和环境的相互作用、相互依存不仅推动组织目标演变和组织成长，而且推动环境共同演变，使得组织与环境构成复杂的组织系统，具有自组织、自适应、涌现性等特征。在组织与环境的互动过程中，一方面，组织受环境的制约，环境改变了，组织目标和战略也会改变；另一方面，组织也能改变环境，随着组织的变化，组织的生存环境也会发生变化，甚至一些强势组织会主动进行环境重塑。实际上，对于复杂组织系统来说，组织环境具有潜在的高内生性特征（理查德、戴维斯，2011）。也就是说，组织环境成为组织系统的有机组成部分，一个组织既是一种制度安排，又是其他组织生存的制度环境，组织与环境之间相互影响、共同演变。尤其是复杂组织系统中的核心组织，往往会通过组织创新和技术创新，引领其他组织共同变革，改善生存环境和改变游戏规则。

二 复杂组织目标体系及其本质特征

诺斯（1994）很早就提出，若一个企业仅考虑自身利益（盈利）最大化而不顾其他约束，那么人类社会就是一个充满危险和残忍的"霍布斯丛林"。相比于只注重经济利益的单一目标企业，多目标企业更能避免企业利益和社会福利损失（Mitchell et al.，2016）。在当前新商业情景下，"共享价值"创造成为组织目标体系的一部分（王钦，2014）。复杂组织目标是多元的，即使是营利性商业组织也需考虑关键环境力量的多重要求。当组织环境发生变化时，组织更需相应地变革其结构、政策和目标，以与之匹配（Jurkovich，1974；刘洪，2006）。面对多变且不确定的环境，组织需要适时调整目标体系以求创造性地适应和应对环境复杂性。从宝钢组织目标的演变过程可以看出，组织目标体系的内容、结构及目标间关系有阶段性差异，且呈逐步复杂化的趋势。具体地说，复杂组织目标体系具有多样性、网络层次性、竞合性、协同性、动态适应性等特征，分别反映了目标体系的内容复杂、结构复杂和目标间关系的复杂。

首先，就目标内容而言，复杂组织目标体系呈现多样性特征。目标多样性是组织目标研究中一个较为一致的观点（Cohen，1984）。多样性不仅体现为数量上的多样性，而且体现为目标性质上的多样性。复杂组织目标的多样性包括两层含义。其一，组织中存在较多的异质性目标。从宝钢的发展历程可以看到，其组织目标体系经历了从单一型目标体系到单维"盟主-成员"型目标体系,再到多维"盟主-成员"型目标体系的演变过程。其二,组织目标体系影响因素的多样性。从宝钢案例分析可以看到,以国内外政府、国际组织、行业协会和认证机构、社会大众为代表的规制性、规范性和认知性制度力量,以用户为代表的关键利益相关者,以合作或联盟企业、社区为代表的组织间关系决定者,以组织创立者和投资者、组织其他员工为代表的内部力量等多维环境力量对复杂组织目标体系的演变形成一种综合影响格局。

其次,就目标结构而言,复杂组织目标体系呈现网络层次性。网络作为节点间传递各种流(信息、资源、能量、权威)的管道和作为折射节点社会地位的棱镜(Podolny,2001)而存在。复杂组织目标体系是由众多异质性目标相互作用而形成的目标网络,各目标是节点,相互作用是各目标间的联结方式。相较于传统组织目标,复杂组织目标间的互动是大范围的、非线性的、动态的。目标及目标间联结方式的多样性和动态多变性导致了复杂组织目标体系的网络层次性:一方面,组织目标体系分为不同层级,下级目标从属于上级目标,并受更大范围的目标结构和联结模式的影响(理查德、戴维斯,2011);另一方面,目标间存在动态多样的相互作用和相互依存关系,构成复杂的目标网络,处于网络中心或结构洞位置的目标能够控制其他目标或与更多的其他目标产生联结。以宝钢合法性目标为例,规制性目标受合法性目标的影响,也受盈利性目标、创新性目标等的影响,更受组织最高目标(组织成长)的影响。

再次,就目标间关系而言,复杂组织目标体系呈现竞合性。所谓竞合,是指行为主体之间既竞争又合作、竞争和合作并存的现象,此处是指组织目标之间既相互排斥、相互冲突又相互补充、相互兼容的属性。组织目标间的竞合性是由组织目标所反映的内外部环境需求的利益主体之间的竞合性决定的。复杂组织目标体系由组织内外部各种力量不断博弈决定(Perrow,1961)。在这个博弈过程中,每个利益主体都为自身利益而竞争,组织目标必须反映其利益诉求;与此同时,每个利益主体都必须考虑其他利益主体的利益,如果一味强调自身利益,忽视其他利益主体的利益诉求,会导致"囚徒困境",两败俱伤。利益主体的竞合性反映到组织目标体系上就表现为目标间既排斥、冲突,又互补、兼容的关系。在宝钢目标体系中,创新性目标与盈利性目标、盈利性目标与合法性目标之间就存在这种竞合关系，其他目标之间也或多或少具有竞合性质。

最后，从整体上看，复杂组织目标体系具有协同性和动态适应性。复杂组织目标体系并非各目标的简单叠加，而是各目标相互作用而形成的整体，单目标或部分目标的实现并不等于整体目标的实现。同时，组织目标与组织的环境要素之间是一个契合、匹配与互动的过程，具有动态适应性。一方面，环境的变化会带来组织目标的变化。不仅在不同阶段组织目标有差异，而且相同目标在不同阶段也会有不同内涵。组织只有不断地调整目标体系的内容、结构和关系才能适应环境需求，推动组织发展。另一方面，组织目标的变化也会影响和改变组织所在的生态环境，特别是对占有支配地位的复杂组织来说，更是如此。从创立期到蜕变期，宝钢一直依据情境的不同，不断调整目标体系；在调整和实现组织目标的过程中，宝钢也在不断改善行业和制度环境。

三 中国复杂组织目标演变的特殊性

宝钢的案例实际映射了在从计划经济向市场经济的转型过程中，中国国有企业组织变革和目标演变所具有的复杂性和特殊性。从组织目标演变来看，其特殊性主要表现在以下两个方面。

第一，目标依赖和目标创新并存。一方面，中国国有企业目标演变呈现较强的目标依赖性。由于国家作为所有者一直保持控股地位，在很长时期内，传统的目标依然占据着国有企业组织目标体系的核心，如速度、规模和效益，维稳、安全和调控。另一方面，因制度缺失、经验缺乏和环境复杂等，国有企业组织目标演变又有着很强的目标创新特征。随着内外部环境的变化，组织目标体系不断"与时俱进"，一些新的目标和内容不断被纳入组织目标体系。新旧目标的交织和相互作用使得国有企业组织目标体系异常复杂。

第二，市场机制和非市场机制的影响共存。不论是国有企业还是民营企业，组织目标都会受到市场机制和非市场机制的影响，但对国有企业来说，非市场力量的作用似乎更大一些，甚至在某些时期超过了市场力量的影响程度。那些规制性或规范性制度力量不仅通过正式制度（如法律法规和政策文件等）影响组织目标，还通过非正式制度（如人脉关系和打招呼等）对组织目标施加影响。尤其是在国有企业中，政企关系作为非正式制度对企业起着资源交换通道的作用（钱锡红等，2009），党委会的普遍存在也在某种程度上对组织目标体系产生较大影响。

第六节　结论与启示

一　基本结论

本章通过对宝钢的案例研究，阐明了复杂组织目标体系由简单到复杂的演变过程和内外部力量的作用机制，从新的视角明晰了组织目标与外部环境以及组织内部资源和能力的共同演变规律。本章研究得出的基本结论是：第一，随着组织与环境的复杂化，组织目标体系也经历了从简单到复杂的演变，表现在内容复杂、结构复杂和目标间关系的复杂，呈现多样性、网络层次性、竞合性、协同性和动态适应性等特征；第二，组织不断进行目标体系的内容调整、结构改变、关系变化的过程，实质上是组织商业生态空间拓展、生存实力积累与合法性提高的过程，复杂组织的成长是组织目标、外部环境、组织资源和能力互动互依、协同演变的结果；第三，在中国特殊的情境下，复杂组织目标演变具有目标依赖和目标创新并存、市场机制和非市场机制并存的特点。上述结论不仅可以从宝钢组织目标演变的案例中推出，也可从海尔、华为以及与宝钢联合重组前的武钢等其他复杂企业组织目标演变案例中获得验证。

二　理论贡献与管理启示

本章贡献在于：第一，从共同演变视角，不仅仅对组织目标体系由简单到复杂的过程进行了具体分析，更对复杂组织目标体系演变的外部压力和内部动力机制进行了研究；第二，以组织目标为切入点，为组织与环境互动引入新的分析视角，解释了目标演变视角下复杂组织的成长过程，即组织目标是平衡内外部环境力量的联结机制，组织通过将环境需求转化为目标，同时积累资源和提升能力来实现目标，从而实现组织成长。

本章的结论为复杂条件下企业的目标管理和可持续发展提供了以下借鉴。

首先，企业的内外部环境需求是复杂多样的，而且内外部环境的变化呈现阶段性差异，因此，企业应因时因地调整和完善目标体系的内容、结构和目标间关系。第一，企业要因时制宜调整和完善目标体系。所谓"因时"，是指企业依据组织环境的具体变化，使目标体系把握变革节奏（Klarner & Raisch，2013）。一方面，组织目标在一定时期内应保持稳定，频繁的目标变更不仅使企业无所适从，而且加大了组织管理的成本；另一方面，当组织环境发生了较大变化、进入新的阶段时，企业目标要及时地调整和完善，以反映和满足内外部的环境需求，促进企业成长。第二，企业要因地制宜调整和完善目标体系。所谓"因地"，是指企业要根据自身所处的具体的"本土"环境对企业目标体系进行调整和完善。企业所处的内外部环境是复杂多样的，既有普遍存在的一般性国际国内宏观环境和行业环境，也有区域性的和本企业特有的具体环境。企业应在一般性环境框架下，针对本地和本企业的具体情况调整和完善企业目标体系，以更好地反映和满足内外部的环境要求，促进企业成长。

其次，企业成长过程也是企业目标与外部环境、内部资源和能力不断适配、共同演变的过程，因此，企业在不断调整和完善目标体系的同时，应积极积累资源和提升能力，改善企业生态环境，实现协同演变。第一，企业在协同演变过程中要注意克服资源刚性和惯例刚性（Gilbert，2005）。所谓资源刚性（Resource Rigidity），是指组织资源的积累和吸收利用无法跟上环境的变化。资源积累和能力提升是"步步为营、环环相扣、不断提升"的持续性过程。组织需要不断学习和接受新知识，保持对环境的敏感性，注重积累柔性资源，提高动态能力。所谓惯例刚性（Routine Rigidity），是指使用资源的组织流程和制度安排无法跟上环境的变化。资源积累和能力提升不仅需要克服资源刚性，还要克服惯例刚性。组织需不断进行流程创新及制度创新，提高资源的使用效率和组织的效能。第二，企业在协同演变过程中要发挥主观能动性，不仅仅要适应环境，更要积极努力改善环境。一方面，企业作为公司，要以人为本，积极承担对职工和其他利益相关者的责任，引领企业文化和社会风气向好的方向发展；另一方面，企业作为商业组织，要主动参政议政、建言献策，通过参与和影响国家法律法规、政策文件和行业标准等的制定，改善企业的营商环境，包括制度环境、行业环境和社会技术环境等。对复杂企业来说，罔顾环境、一枝独秀的发展是不可持续的。

最后，企业目标体系是一个复杂系统，而复杂系统具有复杂性的众多特征，因此，企业应及时吸收和借鉴复杂性管理的理论与方法，用于企业目标管理，以提高企业效能。可以根据网络层次分析法（ANP）把企业目标体系分为网络结构和层级结构。从网络结构来看，每一个目标都是相互作用、相互依赖的，构成企业目标网络；从层级结构来看，上级目标可以分解为下级目标，构成纵向的目标框架。企业不仅仅要靠行政的力量推动企业目标从上到下的实现，更要靠合法合规、合作经营取得内外部利益相关者和社会的认可，共同实现企业目标。对复杂企业来说，单纯依靠行政高压、非正式的政企关系来实现目标的时代已经过去。

三 局限与展望

本章研究存在一定局限性：一是案例研究对象仅有一家，研究结论的普适性还有待提高，因此需要后续研究补充和完善；二是国内外对复杂组织及其目标演变的研究长期被忽略，本章构造的分析思路和逻辑框架有可能存在不完善之处，有待于进一步的研究。在本章完成之际，传来了宝钢和武钢联合重组为宝武钢铁集团的消息，这不仅意味着企业发展进入了一个新的历史阶段，有了新的目标和战略，同时也证明了本章的研究结论在某种程度上是合理的和可信的，从而为后续研究提供了目标和方向。

第五章
复杂组织目标体系的构成与权重
——理论分析和实证检验*

随着组织与环境的复杂化，组织目标体系也经历了从简单到复杂的演变，表现在内容复杂、结构复杂和目标间关系的复杂，呈现多样性、网络层次性、竞合性、协同性和动态适应性等特征。本章结合复杂组织和内外部环境特征，通过理论分析和实证检验，构建了以持续发展为导向的复杂组织目标体系的五维度模型，并在此基础上运用GANP法确定了各级目标的权重。

第一节 问题提出

全球化和互联网的迅猛发展，催生了一大批跨区域、跨行业经营的复杂组织。这些复杂组织与环境相互渗透、反复交互，不仅在结构复杂性方面表现出规模大、层次多、业务繁杂等特征，而且在认知复杂性方面呈现关系交错、不可预测、难以解释等特征（Osbert-Pociecha，2013；刘汉民、周颖，2016），具有一定的自组织性、自我学习能力和自我适应能力等。不过，复杂组织不一定是复杂适应组织，仍存在经营失败的可能。复杂组织的经营失败不仅凸显了当今复杂环境下组织治理蕴藏的不可预测的风险增多（Debnath & Kuhara，2014），也暴露了复杂组织战略管理中目标缺失

---

* 本章内容发表在康丽群、刘汉民《复杂组织目标体系的构成与权重：理论分析和实证检验》，《商业经济与管理》2019年第1期。

及由目标缺失引发的组织发展"方向迷失和心态浮躁"问题（李平等，2010）。组织目标作为组织发展的"指路明灯"，会随着内外部环境的变化而变化。在复杂条件下，采用更复杂的组织目标集已成为一种趋势（Booher & Innes, 2010）。因此，需重新界定组织目标，构建有利于复杂组织持续发展的多维目标体系。

学界从不同视角对复杂组织目标及其构成进行了探索，主要包括以下两个方面：一方面，侧重研究复杂组织目标体系的构成（Perrow, 1961; Hage & Aiken, 1970; Raúl et al., 1996; 葛建华、王利平, 2011; Foss & Lindenberg, 2013）；另一方面，侧重研究复杂组织目标多样性的来源及形成过程（England, 1967; Gross, 1969; Mohr, 1973; Kaplan & Norton, 1996）。前者的研究贡献主要体现在：第一，初步提出了组织目标体系的主要维度；第二，提出了组织目标体系的主要维度及其下属指标。此外，还有一些学者不分维度或单维度地分析了组织目标体系的具体构成，如Shetty（1979）和Tang（2006）的研究及以杜邦分析法为代表的以财务绩效为主的指标体系。后者的研究贡献主要在于：第一，提出了组织所追求的多样性目标来源于内外部环境力量或利益相关者的期望或需求（Hill, 1969; Greve, 2008; Tantalo & Priem, 2016），是在环境力量或利益联盟的讨价还价中形成的（理查德、戴维斯, 2011）；第二，组织的战略成功或成长、共享价值的创造不是通过牺牲一些利益相关者的需求来满足另外一些利益相关者的需求（Tantalo & Priem, 2016），而是来自所有利益相关者的互补性和协同效应。

上述研究为复杂条件下组织目标体系的构建和测量提供了坚实的基础和有益的思路，不过也存在一些不足，详见第三章相关分析，此处不再赘述。

本章以我国的复杂企业组织为对象，以资源交换理论、组织理论和复杂性理论为基础，从跨学科视角分析复杂组织目标体系的内容、结构和关系，构建多维度目标体系模型，并运用GANP法确定各级目标的权重。为实现上述研究目标，本章首先提出了构建复杂组织目标体系的理论依据和基本分析框架，并结合专家咨询和调研访谈法确定了复杂组织目标体系的主要维度及其具体指标构成；然后运用GANP法对目标体系各层级目标和指标进行权重分析；最后根据实证研究结果，提出管理启示，并对研究进行展望。本研究的学术贡献主要体现在以下三个方面：第一，构建了体现内外部环境需求的多维复杂组织目标体系，扩展了组织目标分析框架，为组织战略管理提供了新的研究对象和思路；第二，将 GANP 法用于复杂组织目标体系的权重分析，对不同目标的相对重要性进行了量化赋值，解决了目标研究定量难及目标"价值错位"的问题；第三，分析和提炼了复杂组织目标体系主维度的核心子目标，推演出复杂组织持续发展的主要驱动因素，为战略管理实践提供了可操作性。

第二节　理论依据和分析框架

在复杂条件下，组织的持续发展离不开环境的支持和约束：一方面，组织从环境中吸收能量，不断将各种环境力量转化为内部资源和能力；另一方面，组织又受到环境力量的制约，组织目标和战略不得不体现内外部环境力量的诉求。组织与环境相互渗透、相互依赖、反复交互、协同演化，形成了不同于简单条件下的复杂组织系统。在复杂条件下，组织目标由单一地追求利润或股东利益最大化演变为追求多元目标的实现，其目的是增进组织与内外部环境力量的"对话"与协调，提高复杂组织在复杂系统中的自组织性、自适应性等，最终实现持续发展。在不断变化的环境中，组织目标与环境的匹配对组织发展有促进作用（Cohen，1984）。构建与环境适配的组织目标体系，需在认识复杂组织本质特征的基础上厘清组织目标的来源。

一　复杂组织的本质特征

复杂组织的概念早在 20 世纪 60 年代就被提出来了（Perrow，1961）。很多学者根据组织的复杂性特征来界定复杂组织（刘汉民、周颖，2016；Simon，1962；Christiansen，2011；Levy & Lichtenstein，2012）。本书从战略管理角度将复杂组织界定为：为了实现组织目标而由存在网络关系的大量元素组成的、具有复杂性特征并与环境互动的企业组织。从企业成长视角来看，任何企业都有逐利的本能和冲动。在不受约束的条件下，企业的逐利本性会达到最高程度。然而，在复杂条件下，企业的逐利本性会受到内外部环境的约束和制衡。一方面，随着参与价值创造的主体增多，资本的外延发生了变化：资本不仅包括物质资本，还包括人力资本、组织资本和社会资本等。作为将各种资本联结起来进行价值创造的复杂组织,不仅要为股东追求利润,还要为其他资本所有者带来剩余价值。另一方面,随着企业边界的变化,企业不仅是资本与劳动的结合,而且是上下游客户及政府与社区等众多利益相关者合作的产物。作为将各方利益连接在一起的企业组织,不仅要维护股东利益,还要考虑其他内外部利益相关者的利益。实际上,在现代开放条件下,复杂组织成为一种具有多重身份的拟人化组织,兼具经济人、社会人和复杂人的特征。首先,复杂组织作为营利性商业组织,逐利是其最基本的特性。以盈利为核心的财务类目标的实现能奠定复杂组织持续发展的物质基础。不过,在复杂条件下,利润最大化不是组织目标的全部和唯一,还需要兼顾非盈利性目标,重视人力资本和社会资本的发展。其次,复杂组织是社会经济系统的有机组成部分,获得社会的认可和支持是组织持续发展的重要社会保障。复杂组织需要通过参与社会生活、共同制定和遵守社会规范、履行社会责任等嵌入性活动与社会环境互动,构筑社会关系,获取社会资本。最后,复杂组织是兼具多重身份的复杂集合体,需适时发现、辨识并权衡来自内外部各种环境力量的需求,科学地实施组织目标管理,实现组织的持续发展。

二 复杂组织的目标来源

组织目标是一种关系,反映的是组织与其所处环境之间的关系(Gross, 1969)。在复杂条件下,企业为满足外部需求和组织自身发展需求而导致外部环境复杂性与组织复杂性呈现共同提高的趋势(刘洪,2009)。根据霍兰德(2000)的适应性造就复杂性的观点,复杂组织目标多元化是组织与内外部环境互动的产物,体现了组织需满足的内外部多重环境需求。

在资源交换理论看来,组织能从内外部环境中调用或配置资源并获得支持,是因为组织宣称会实现不同资源所有者所期待的目标集(Hannan & Freeman, 1984)。从组织内部看,复杂组织的持续发展需调用或配置的内部资源包括物质资本、人力资本、组织资本等。因此,复杂组织目标体系中应体现关键内部资源所有者的需求,以此作为调动或交换内部资源的条件。从组织外部看,复杂组织的持续发展需组织与外部环境交换组织本身所不具备的资源,包括外部的物质资本、人力资本和社会资本等。因此,复杂组织目标体系中还需体现关键的外部资源所有者的需求，以此作为资源交换的条件。在复杂条件下，以持续发展为导向的复杂组织目标可看作组织为了更好地与复杂环境相互渗透、反复交互、协同演化而提出的"想要"满足（内部力量的驱动）和"需要"满足（外部力量的驱动）的多个相互关联的环境需求的总和。

"想要满足的需求"体现了组织作为独立个体的"自我"价值，是从内部环境需求来研究复杂组织目标体系的构成。"需要满足的需求"体现了组织作为社会成员的社会价值，是从外部环境需求来研究复杂组织目标体系的构成。交换视角下的资源基础观从组织内部需求出发，解释了复杂组织目标体系中"想要满足的需求"的存在理由。交换视角下的资源依赖理论从组织外部环境需求出发，解释了复杂组织目标体系中"需要满足的需求"的存在理由。复杂性理论则将组织目标体系中"想要满足的需求"和"需要满足的需求"看成两个相互依赖、相互影响的维度，从内外部相互关联和影响的内在关系方面体现了复杂组织持续发展需遵守的游戏规则。

本章将复杂组织"想要满足的需求"称为表达性目标，将复杂组织"需要满足的需求"称为应对性目标。表达性目标主要从组织内部环境需求探索目标体系的构成，应对性目标主要从组织外部环境需求探索目标体系的构成。

三　总体分析框架

在复杂条件下，组织环境要素之间相互联系、相互作用，具有多样性、多变性和不确定性等特征，因此要求以持续发展为导向的组织构建和维持多种持续竞争优势。其中，组织内部环境作为组织内部影响组织活动和选择的事件或要素，通常分为组织资源和组织能力两部分；组织外部环境作为影响组织活动和选择的外部不可控事件或要素，通常由特定环境和一般环境组成。前者是由具有竞合关系的商业伙伴构成的行业环境（生态圈内核，狭义的价值网络），后者是由其他组织所构成的社会环境（生态圈外围），两者共同构成复杂组织的价值生态系统（广义的价值网络）（Moore，2006）。

并非每个内外部环境需求都会成为组织目标体系的一部分。只有当内外部环境需求对组织持续发展产生较大影响时,组织才会明确将之纳入目标体系。同时,内外部环境需求演化为组织目标存在一定的时滞,往往会经历变异产生、形态选择、形态维持与扩散的过程。一般来说,只有当一种环境需求的产生能被组织感知且对组织发展起到促进作用时,组织才会加强对这一需求的关注,并在实践中不断重复、扩散,直至将之纳入目标体系。

基于上述理论和分析,本章认为复杂组织目标体系是内外部多重环境需求的综合反映和体现,是内外部多重环境力量共同作用的结果。据此,本章构建了以持续发展为导向的复杂组织目标体系的总体分析框架(见图5-1)。

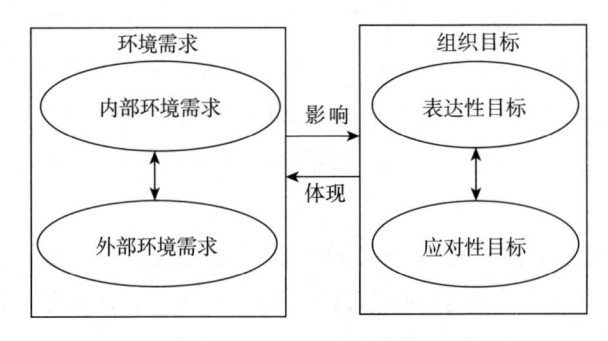

图 5-1 总体分析框架

第三节 目标体系的构建

一 主维度的确定

主维度是指表达性目标和应对性目标的下属指标,是反映整个目标体系特征和目标体系构成的关键要素。复杂组织要实现持续发展,需构建持续竞争优势。本章沿着"竞争优势的来源→竞争优势的构建→竞争优势的外在表征"的思路,进一步考察表达性目标和应对性目标的下属指标。资本是价值创造过程中不可或缺的投入,也是企业竞争优势的来源。企业通过一系列合约而把内外部各种资本联结在一起进行价值创造(刘汉民,2007)。本章根据资本的不同构成探讨复杂组织获取、提升持续竞争优势的主要来源，进而分析目标体系主维度的具体构成。

根据组织发展的一般规律和中国经济发展实际情况，通过理论分析及调研访谈，本章发现：复杂组织与简单组织一样，持续竞争优势的培育、维系与提高离不开物质基础、智力基础和关系基础。一般来说，物质基础的构建通过物质资本的积累实现，外在表征为净利润、市场份额等目标；智力基础的构建通过人力资本和组织资本的积累实现（Roos et al., 1997），外在表征为技术创新、管理创新等目标；关系基础的构建主要通过社会资本的积累实现，外在表征为合法合规性、组织声誉等目标。在复杂条件下，三大基础之间相互作用、相互依赖，共同形成竞争优势的来源。据此，本章可以得到主维度的选取逻辑（见图 5-2）。

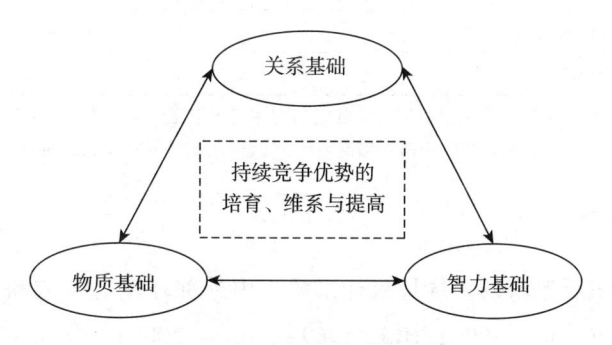

图 5-2　主维度的选取逻辑

根据复杂组织竞争优势的来源，结合前面的理论分析和专家咨询结果，可进一步把表达性目标分为盈利性、创新性和福利性目标，把应对性目标分为合作性和合法性目标。其中，盈利性目标反映组织对关乎其生存发展的物质基础的追求，主要体现为组织的持续盈利能力；创新性目标反映组织对智力基础的追求，主要体现为组织通过对人力资本和组织资本的积累和利用，把握或创造组织发展机会，提高获取竞争优势的能力；福利性目标反映组织对关系基础的追求，主要体现为组织为内部价值创造者提供满意的价值回报；合作性目标反映组织对物质基础、智力基础和关系基础的追求，主要体现为其与价值网络中的伙伴保持持续良好的竞合关系；合法性目标反映组织对良好外部关系基础的追求，主要体现为组织对一般社会环境力量的重视（即对社会制度的遵守和认同）。据此，本章得到复杂组织目标体系的一般框架（见表 5-1）。

表 5-1 复杂组织目标体系的一般框架

抽象↓具体	总目标	复杂组织的持续发展				
	二级目标	表达性目标			应对性目标	
	主维度（三级目标）	盈利性目标	创新性目标	福利性目标	合作性目标	合法性目标
本质特征	经济人	**+**	**+**	**-**	+	+
	社会人	+	+	**+**	**+**	**+**
	复杂人	**+**	**+**	**+**	**+**	**+**
环境需求	组织内部	**+**	**+**	**+**	-	-
	竞合环境	-	-	-	**+**	**+**
	社会层面	+	**+**	**+**	+	**+**
竞争优势基础	物质基础	**+**	+	-	**+**	-
	智力基础	+	**+**	+	+	+
	关系基础	+	-	+	**+**	+

注：①加粗的"+"号代表强关联，未加粗的"+"号代表较强关联，"-"号代表弱关联，强弱关联是相对而非绝对的；②表中内容根据理论分析和专家咨询结果整合而来，具体整合过程见表 5-2。

资料来源：作者整理。

复杂组织所追求的多样性目标来源于内外部环境力量或利益相关者的期望或需求（Tang，2006；Hill，1969；Greve，2008），是组织与环境互动的产物。复杂组织通过确立并实现上述五个相互影响、相互依存的多维目标，培育竞争能力，包括交易型竞争力和关系型竞争力（陆亚东等，2015），形成不同的竞争优势，共同促进复杂组织持续发展（见图 5-3）。

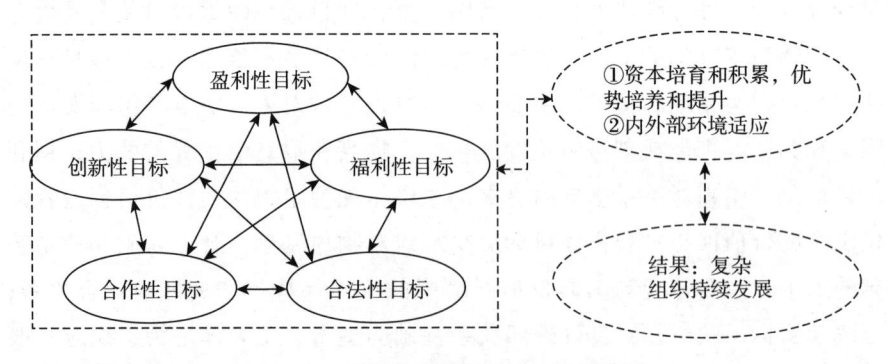

图 5-3 复杂组织目标体系五维度模型

二 主维度的考量

上述五个维度是复杂组织目标体系构成的主要维度。复杂组织目标体系本身的复杂性，特别是网络层次性特征，决定了需要将这些维度细分到具体指标。

(1) 盈利性目标。盈利性目标是商业组织最基本的目标。21世纪的企业面临不断成长和持续盈利的目标挑战（Georg，2011）。以持续发展为导向的复杂组织追求的是历久不衰而非昙花一现，因此，盈利性目标应是可持续的。那么，在更注重经济发展质量和效益的新常态下，可持续的盈利性目标具体该如何衡量呢？"有质量的适度增长"是有效衡量企业增长有效性和增长速度的评价标准（钱爱民、张新民，2011）。企业盈利能力应从盈利数量和盈利质量两个方面衡量（Ramezani et al.，2002），特别是盈利质量越来越成为企业可持续发展的重要衡量指标之一（Kim et al.，2012）。据此，本章筛选出盈利性目标的下属指标，包括净利润、净利润增长率、行业影响力和市场份额等目标。初始备选指标不仅考虑了重要的财务指标，还考虑了当前商业生态环境下企业的行业影响力。

(2) 创新性目标。创新性目标是复杂组织与环境相互作用的产物。在复杂条件下，商业组织的存亡在很大程度上取决于其自身的创新能力，创新能力对组织持续发展及竞争优势培育起着越来越重要的作用（Sytch & Tatarynowicz，2014；中国企业家调查系统，2014）。在组织间竞争日益激烈、外部不确定性大为增加的复杂环境中，企业更需要通过创新来构建可持续竞争优势。创新意味着组织愿意冒险和接受不确定性（菲尔普斯，2013）。将创新性目标纳入组织目标体系，体现了组织主动应对环境挑战和提高竞争力的战略意图，同时也是判断组织及其目标简单还是复杂的重要标准和依据。从内容上来看，组织创新包括技术创新、制度创新和文化创新等。技术和制度是组织发展的两个轮子，制度创新为技术创新提供保障，技术创新反过来又推动制度创新。此外，组织文化也是组织竞争优势的重要来源（Ogbonna & Wilkinson，2003）。企业要发展成为复杂适应组织，维持可持续竞争优势，必须具有以学习为导向的文化氛围（刘汉民、周颖，2016）。据此，本章主要从技术创新、制度创新和文化创新三个方面来考量创新性目标。

(3) 福利性目标。福利性目标旨在提高为组织创造价值的利益主体的满意度。盈利性目标和创新性目标更多的是从价值创造的角度考察目标体系，而福利性目标则更多的是从价值分配的角度考量。所谓福利，是指相关价值创造主体所获得的来自组织的有效激励，可以用效用（满足）来衡量。企业是各类资本的联结（刘汉民，2007），不同性质资本的所有者在企业做了专用性投资，那么就应当从企业的发展中获益，否则会导致企业专用性投资不足（Alchian & Woodward，1987）。为了激励各类资本所有者持续不断地为组织提供更多优质资源并创造更多价值，福利性目标应充分考虑各类资本所有者的效用。由于社会资本界定比较困难，而且其所有者往往与股东、债权人和员工等重合，故只考虑股东效用、债权人效用和员工效用。此外，企业一旦将各种资本联结在一起从事经营管理活动就会产生组织资本，具体表现为组织能力，包括组织结构、管理制度和组织文化等。组织资本归组织自身所有，不会因其他所有者离去而流失。因此，本章主要从股东效用、债权人效用、员工效用和组织效用四个方面来考量福利性目标。

（4）合作性目标。任何复杂组织都嵌入复杂的价值网络中。所谓价值网络，是指网络参与者以顾客价值为中心，通过竞合实现网络整体价值及其参与者价值增值的组织间联盟。在某种意义上，复杂组织可被看作一种网络组织。网络关系及其蕴藏的各种资源和价值创造方式是网络组织竞争优势的重要来源（Dyer & Singh，1998）。合作性目标就是在网络环境下组织为满足价值网络中关键约束力量的需求而设立的目标。组织间竞合不仅是组织间共创和共享价值、提升和分配网络价值的重要方式，也是组织应对环境不确定性或复杂性，建立生态优势、实现可持续发展的客观要求。在价值网络中，网络关系和价值一般由处于网络中心地位的组织控制，网络地位体现组织对价值网络中信息流、资源流的控制程度（Lin et al.，2009；赵辉、田志龙，2014）。组织声誉会影响组织在价值网络中优势的发挥，既是机会主义行为的规避器，也是促成价值网络中良性竞合的重要机制。据此，本章主要从网络价值分配、网络地位和组织声誉三个方面来考量合作性目标。

（5）合法性目标。复杂组织对社会制度的认同与遵守，不仅仅是其得以生存的前提，更是其获得合法性的重要手段。合法性目标源于一般性社会约束力量的需求，包括政府、立法机构、社区公众、行业协会、慈善机构及其他利益集团的诉求。这些力量塑造了社会规则、规范和文化意识，约束着具有社会嵌入性的组织及其行为。组织与环境的互动加强了组织及其行为与社会层面的互依关系。环境复杂化意味着组织所需满足的群体需求的多样化（Dougall，2005）。复杂组织存在的社会价值之一是组织目标能在多大程度上体现制度环境的合法性需求（Jurkovich，1974）。在动荡的环境中，企业提高自身的社会价值是其应对所在领域有关不确定性的机制（武立东等，2012）。为了降低或规避制度环境中的不确定性，复杂组织目标体系应体现一般社会力量的最基本的诉求。制度环境主要从规制性、规范性和文化-认知性（Scott，1995）三个方面对组织合法性产生约束。据此，本章重点从以上三个方面来考量合法性目标。

第四节 目标体系的修正完善

一 修正方法与过程

理论分析、实地调研和专家咨询是目标体系构建及修正完善的主要方法。为了达到本章研究目的，在实际操作过程中，事先强调了本研究旨在构建一个有利于复杂组织持续发展的目标体系。该体系各级目标的选取遵循关键性、全面性、精简性等原则。经过初步构建和修正完善两个阶段，本章最终建立以持续发展为导向的复杂组织目标体系。

在初步构建阶段（2013年1月初至2014年1月下旬），课题组通过理论分析、调研访谈和反复讨论，初步确定了目标体系各级目标的构成：首先，在文献回顾和现实观察的基础上，确定复杂组织的本质和目标来源，构建起复杂组织目标体系的基本理论框架，并提出复杂组织目标体系的主要内容和构成；然后，对广东、北京、上海、江苏、江西等多家复杂企业进行调研访谈，归纳总结访谈资料，进一步修改目标体系内容和结构；最后，对初步构建的目标体系的合理性、全面性等进行反复讨论，形成较为完整的框架体系。初步构想的提出参考了前人的研究成果，运用了多种理论，并参照了现行的《公司法》，结合了调研访谈中了解的实际情况及当前经济环境下对复杂组织持续发展的思考。

在修正完善阶段（2014年2月初至2014年7月下旬），主要运用专家咨询法，向在复杂组织任职的 20 位专家发放半开放式问卷，进一步修正完善目标体系各级目标的构成。其中，18 位专家为具有硕士学位的企业内部董事会成员，2 位专家为具有博士学位的兼任独立董事的大学教授。对 20 位专家在互不联系的情况下进行了六轮咨询，最终确定了复杂组织目标体系各级目标的构成。半开放式问卷说明了研究目的并提供了初步构建的目标体系的相关信息。在此基础上，邀请专家完成以下工作：①对提供的各目标的重要性程度赋值；②填写各目标的定义，判断其是否能成为目标体系的重要部分及理由，提供的各目标能否构成一个完整的目标体系，该目标属于表达性目标还是应对性目标；③是否还有其他重要的目标体系组成部分。

二　修正结果分析

前三轮咨询旨在厘清三级目标的具体含义、完善其名称、明确目标间关系。以重要性得分均值、变异系数和得分满分比作为三级目标的筛选准则，得到的具体结果如表 5-2 所示。

表 5-2　三级目标咨询结果

第一轮咨询结果	均值（≥3.5 保留）	变异系数（≤25% 保留）	得分满分比（≥5% 保留）
盈利性目标	5.70	12.85%	10%
竞争性目标	4.60	23.81%	10%
创新性目标	5.15	13.03%	5%
分配性目标	5.35	13.93%	10%
效率性目标	4.00	24.33%	5%
价值网络目标	5.45	22.65%	25%
一般社会目标	5.20	24.64%	15%
第二轮咨询结果	均值（≥4.2 保留）	变异系数（≤20% 保留）	得分满分比（≥5% 保留）
盈利性目标	5.80	10.61%	10%
成长性目标	5.05	16.35%	5%
创新性目标	5.20	14.76%	10%
激励性目标	5.60	12.15%	10%
合作性目标	6.05	11.34%	25%
合法性目标	5.95	10.16%	15%

续表

第三轮咨询结果	均值（≥4.9保留）	变异系数（≤15%保留）	得分满分比（≥5%保留）
盈利性目标	5.85	12.74%	20%
创新性目标	5.65	11.87%	10%
福利性目标	5.65	10.39%	5%
合作性目标	6.30	7.46%	30%
合法性目标	6.00	9.37%	15%

资料来源：作者整理。

第四轮和第五轮咨询是为了确定四/五级目标，以指标赞成率作为四/五级目标筛选标准。第六轮咨询在整合前五轮结果的基础上请专家再次确认所构建的目标体系。经过上述过程，最终得到复杂组织目标体系的结构（见表5-3）。由于四/五级目标较多，表5-3未列出第四轮和第五轮的咨询结果，仅列示了第六轮的最终咨询结果。

表5-3 复杂组织目标体系的结构

总目标	二级目标	三级目标	四/五级目标		赞成率（%）
复杂组织持续发展 A（1）	表达性目标 B1	盈利性目标 B11	净利润目标	B111	90
			净利润增长率目标	B112	100
			行业影响力目标	B113	95
			市场份额目标	B114	85
		创新性目标 B12	技术创新目标 B121	产品/服务创新目标 B1211	100
				工艺、流程创新目标 B1212	95
			制度创新目标 B122	治理制度创新目标 B1221	95
				一般性管理制度创新目标 B1222	85
			文化创新目标	B123	95
		福利性目标 B13	员工效用目标	B131	95
			债权人效用目标	B132	85
			股东效用目标	B133	95
			组织效用目标	B134	85
	应对性目标 B2	合作性目标 B21	网络价值分配目标	B211	90
			网络地位目标	B212	95
			组织声誉目标	B213	95

续表

总目标	二级目标	三级目标	四/五级目标		赞成率（%）
复杂组织持续发展 A（1）	应对性目标 B2	合法性目标 B22	规制性目标 B221	法律制度目标 B2211	95
				经济制度目标 B2212	95
			规范性目标 B222	社会惯例目标 B2221	90
				社会标准目标 B2222	100
			文化-认知性目标 B223	风俗习惯目标 B2231	95
				共同信念目标 B2232	90

资料来源：作者整理。

从表5-3中可看出以下方面。

第一，盈利性目标包括净利润、净利润增长率、行业影响力、市场份额四个子目标。净利润是从绝对量上衡量企业盈利能力和运营效率的指标；净利润增长率是从持续能力上衡量企业盈利能力的指标；行业影响力是组织能力长期累积的结果，是组织在行业发展方向、行业资源的掌控、产品创新和定价、技术或服务标准制定等各方面的综合实力的体现，是可持续盈利能力的重要组成；市场份额则是以组织产品或服务在行业中实际的相对份额为基础来衡量组织在行业中的话语权，是可持续盈利性目标实现的基础。

第二，创新性目标包括技术创新、制度创新和文化创新三个子目标。技术创新目标反映复杂组织在主要业务领域应对环境变化、满足市场需求的能力，分为产品/服务创新目标和工艺/流程创新目标；制度创新目标体现了复杂组织适时或适当超前变革、采用新的组织制度，以使组织制度与环境变化达到相匹配的状态，分为治理制度创新目标和一般性管理制度创新目标；文化创新目标体现了复杂组织对既能传承本企业的优秀文化，又能注入新理念、新价值观等创新状态的追求。企业制度和文化是复杂组织最重要的软实力，与环境变化相匹配的制度创新和文化创新是复杂组织持续发展要追求的重要目标。

第三，福利性目标包括股东效用、债权人效用、员工效用和组织效用四个子目标，从价值分配角度体现了复杂组织对其价值创造者的关注和吸引。股东和债权人为组织投入物质资本，因而应当获得组织激励，这种激励体现为合理满意的投资回报；员工是组织创造财富的最主要的力量，为组织奉献人力资本和社会资本等，因而对员工进行激励也是十分必要的，这种激励体现为满意的劳动报酬、成长支持（培训、升迁等）及其他福利；合理的留存收益则可看作组织支持自身未来发展的一种储备和激励。

第四，合作性目标包括网络价值分配目标、网络地位目标和组织声誉目标三个子目标。网络价值分配目标是指复杂组织通过价值网络创造价值后，根据价值网络参与者对网络整体价值创造的贡献，使所有参与者获得满意的价值分配，这是复杂组织构建生态优势和实现共赢的重要途径；网络地位目标体现了复杂组织期望其能成为位于网络中心的组织，提高网络地位是整合网络资源、增强组织竞合力的重要途径，代表复杂组织在生态网络中的实力；组织声誉目标是指复杂组织期望自身在竞合伙伴中拥有较高的声誉，能与价值网络中的竞合伙伴建立长期的良好关系。

第五，合法性目标包括规制性目标、规范性目标和文化-认知性目标三个子目标。规制性目标代表复杂组织对国家法律、经济等制度的遵守、认同与维护，是组织获得强制性约束力量认可的重要途径，包括法律制度目标和经济制度目标，前者指组织遵守、维护与企业运行有关的法律法规，如《公司法》《合同法》《环境保护法》等，具体表现为依法纳税、环境保护、正当交易等；后者指组织遵守、维护与企业运行有关的宏观经济政策，如贸易政策、外资政策、金融管制政策、货币政策、工资与价格管制等（潘镇等，2008）。规范性目标是指复杂组织能以社会期望的标准（合规方式）追求自身利益，表现为组织自觉遵守社会对组织行为的约束，主动将社会惯例和社会标准融入组织行为中去，如公平交易、重视客户利益、拒绝寻租、维护社区利益、取得企业运营必需的合格证明和资质认证、遵守行业标准等。文化-认知性目标是指复杂组织尊重积极的社会意识形态，如社会习俗、价值观和共同信念等，可细分为风俗习惯目标和共同信念目标，前者是指复杂组织尊重良好的社会风俗习惯，如民族风俗、传统礼仪等；后者是指组织尊重积极的社会价值观和共同信念，如伦理道德、公益善举、民主理念等。

第五节 基于 GANP 的目标赋权与分析

为了让研究成果更好地为企业战略管理实践服务，本书运用 GANP 法为复杂组织目标体系中的各级目标权重进行赋值，以确定不同目标的相对重要性。

一 目标赋权的 GANP 模型

GANP 法来自 ANP 法。ANP 法是在 AHP 法基础上发展而来的，一种用于解决具有网络层次结构问题的决策方法。在运用 ANP 法时，如果决策者有多个，则称之为专家群组决策法，即 GANP 法。从理论分析及专家意见可看出，复杂组织目标体系具有网络层次性特征，因此，本章构建了一个复杂组织目标体系赋权的网络层次模型。其中：第一层为总目标，记为 A（1）；第二层为相互影响的表达性目标和应对性目标，记为 B1、B2；第三层为相互影响的五个主维度，记为 B11、B12、B13、B21、B22；第四层（即四/五级目标）为 22 个主维度的子目标，记为 B111、B112、……、B2232。在网络层次模型中，第一层和第二层为控制层，第三层和第四层为网络层。

二 指标赋权的问卷设计

依据研究对象及 GANP 法要求，邀请了国内对复杂组织有研究的教授及其研究团队和在复杂组织任职的企业专家共同讨论，设计问卷。在讨论中发现，问卷填写过程中会出现两个影响数据质量的问题：第一，由于判断矩阵数量较多，若每个判断矩阵都填写完整，花费时间太多，会导致专家敷衍式填写问卷，从而使得判断矩阵与事实不符，也难以通过一致性检验；第二，在 GANP 模型中，网络层元素间存在相互影响的关系，对相互影响的元素进行两两比较，在判别时需要逻辑转换，有可能导致填写者判断失误。

为解决上述问题，经多次讨论后，本章对调查问卷进行了调整。第一，仅需对判断矩阵上三角做出判断，以此降低问卷冗余度，保证填写者的判断与事实相符。第二，转换网络层填写规则，将原来需要的两两比较，调整为在某一规则下其余元素对规则的重要性或贡献程度进行赋值，通过各元素的赋值之比得出元素间的两两比较判断矩阵。赋值法可使填写者以惯用逻辑对所有元素进行赋值，填写者的赋值正好可再次印证各目标的重要性及所构建的目标体系的合理性（即若大部分的专家对某一目标赋值≥5 分，则表明该目标是重要的）。第三，给填写问卷的专家 7~10 天的填写时间，保证时间既充裕又不过分拖延。第四，精心设计问卷填写指导语，使专家可以在惯用的语境和思考方式下填写问卷。

问卷设计完成后发放给符合要求的专家，进行填写。

三 数据来源及样本描述性统计

从 2014 年 8 月至 12 月底，课题组在北京、上海、广东、天津、江西等地展开调研，发放问卷。主要通过朋友关系网络和企业协会，直接将问卷送到受访者手中或邮寄给受访者。调研中共发放问卷 400 份，实际回收 156 份。回收后，依照以下三个准则剔除不合格问卷。第一，剔除组织复杂性过低和组织资本存量不足的样本。以结构和内部关系复杂性程度判别企业是否属于复杂组织；以物质资本、人力资本和社会资本的存量作为以持续发展为导向的代理变量。潜在的逻辑是各种资本的有机配合和相互协调能够促进组织的长远发展，以持续发展为导向的复杂组织会注重各种资本的积累。结合基本组织特征，选取了复杂性程度和资本存量均较高的企业，如表 5-4 所示。第二，剔除受访者不符合要求的样本。为提高数据质量，要求受访者尽可能是企业总部或对企业集团总体情况比较了解的中高层管理人员或关键部门负责人。本章选取了在企业任职 5 年及以上的、具有大专及以上学历的企业中高层管理人员作样本，如表 5-5 所示，对不符合要求的予以剔除。第三，剔除偏激判断、信息残缺、无法通过一致性检验或

表 5-4 组织复杂性及组织资本的描述性统计

特征		均值	最小值	最大值	标准差
组织内部关系复杂性		4.95	3.40	7	0.99
组织结构复杂性		9.97	7	18	2.68
物质资本	物质资本 1	3.26	2	5	1.30
	物质资本 2	4.67	2	7	1.93
	组织冗余	5.45	2	7	1.20
人力资本		0.79	0.30	1.0	0.13
社会资本	市场社会资本	5.81	4.25	7	0.80
	等级社会资本	5.58	3.25	7	0.94

注：组织内部关系复杂性的测量综合了 Galbraith（1973）、Ashmos 等（2000）、Tang（2006）和汪秀琼（2011）的量表；组织结构复杂性的测量采用了刘汉民和周颖（2016）、Tang（2006）的测量方式；市场社会资本和等级社会资本综合了石军伟等（2009）、Peng 和 Luo（2000）的量表。

无法采用合适方法修正的样本。总共剔除无效问卷 51 份，得到有效问卷 105 份，满足 GANP 法取样要求。有效样本的描述性统计如表 5-4 所示。

表 5-5　调研企业及专家的基本特征

特征	分类	频数	占比（%）	特征	分类	频数	占比（%）
所属行业	教育	4	3.8	所属地区	东部地区	75	71.4
	制造业	19	18.1		中部地区	20	19.0
	采矿业	2	1.9		西部地区	10	9.5
	房地产业	5	4.8	企业所有权性质	国有独资或控股	39	37.1
	建筑业	3	2.9		集体所有	7	6.7
	金融业	26	24.8		民营企业	52	49.5
	批发和零售业	3	2.9		外资企业	7	6.7
	住宿和餐饮业	6	5.7	企业规模	小型企业	27	25.7
	租赁和商务服务业	4	3.8		中型企业	45	42.9
	农林牧渔业	3	2.9		大型企业	33	31.4
	文化、体育和娱乐业	17	16.2	发展阶段	创业期	16	15.2
	科学研究和技术服务	2	1.9		成长期	55	52.4
					成熟期	34	32.4
	信息传输、软件和信息技术服务业	5	4.8	成立年限（年）	5~10	27	25.7
					10~15	17	16.2
	居民服务、修理和其他服务业	6	5.7		15~20	34	32.4
					>20	27	25.7
性别	男	60	57.1	职位	高层管理人员	48	45.7
	女	45	42.9		董事会成员	30	28.6
任职年限（年）	5~10	78	74.3	学历	大专	6	5.7
	10~15	19	18.1		本科	54	51.4
	15~20	6	5.7		硕士	39	37.1
	>20	2	1.9		博士	6	5.7

资料来源：作者整理。

四　GANP 综合优先级的计算

GANP 综合优先级的计算步骤如下。首先，根据加和法，运用 Excel 软件计算每位专家判断矩阵的层次单（总）排序及其一致性检验。其次，运用 Super Decision 2.0.8 软件计算网络层元素排序。再次，运用 CR 值确定每个专家的权重。确定专家权重是计算 GANP 综合优先级的关键步骤。虽然聚类分析法能够较为客观地赋予专家权重，但所得聚类效果强的专家不一定是对问题认识最深刻的专家，对其赋予高权重可能会导致与组织实际相差更远（吴云燕等，2003）。层次总排序的 CR 值是专家打分质量的主客观体现，CR 值越小，说明专家逻辑判断越准确，对问题了解越深刻。因此，本章根据每位专家层次总排序的 CR 值来构建专家权重（陈敬全，2004），其计算公式为：$P_i = (0.1 - CR_i) / \sum_{i=1}^{n} (0.1 - CR_i)$，$i \in [1, n]$。最后，运用矩阵相乘计算综合优先级。假设第 i 位专家对各目标的总排序权重为 W_i^T，那么本章 22 个子目标的综合优先级为 $(W_1^T, W_2^T, \cdots, W_{105}^T) \times P_i$，即将 105 位专家的总排序矩阵（各级目标个数 ×105）与 105 位专家的权重（105×1）相乘后，得到 105 位专家对各级目标赋值的合成权重（见表 5-6）。

表 5-6　各级目标赋值的合成权重

A（1）	B1（0.5021）	B11（0.1699）	B111（0.0440）	
			B112（0.0430）	
			B113（0.0431）	
			B114（0.0397）	
		B12（0.1683）	B121（0.0592）	B1211（0.0307）
				B1212（0.0285）
			B122（0.0549）	B1221（0.0270）
				B1222（0.0279）
			B123（0.0543）	
		B13（0.1639）	B131（0.0426）	
			B132（0.0397）	
			B133（0.0404）	
			B134（0.0410）	
	B2（0.4979）	B21（0.2489）	B211（0.0822）	
			B212（0.0815）	
			B213（0.0852）	

续表

				B2211 (0.0432)
			B221 (0.0849)	B2212 (0.0418)
A (1)	B2 (0.4979)	B22 (0.2490)	B222 (0.0832)	B2221 (0.0411)
				B2222 (0.0418)
			B223 (0.0809)	B2231 (0.0405)
				B2232 (0.0407)

资料来源：作者整理。

五　GANP 结果分析

借助 SPSS 18.0 软件分析 105 位专家对各级目标赋值的合成权重。经 ANOVA 分析和 t 检验发现，来自不同企业（所属行业、企业所有权性质、企业规模、发展阶段、成立年限、所属地区）、具有不同个体特征（性别、任职年限、学历、职位）的专家对各级目标的赋值大部分没有显著性差异。这说明专家对各目标的看法较为一致且判断较为可信，本章构建的复杂组织目标体系得到了这些未参与目标体系构建和修正的专家的认可。

从表 5-6 中可以得到以下方面。

第一，二级目标——表达性目标和应对性目标的合成权重分别为 0.5021、0.4979，表明以内部导向为主的表达性目标仍然是复杂组织更为关注的目标，以外部导向为主的应对性目标在复杂组织成长中也占据了不可忽视的地位。尽管表达性目标的权重略高于应对性目标，但二者对复杂组织的持续发展几乎占据同等重要的位置。

第二，三级目标（主维度）——盈利性目标、创新性目标、福利性目标、合作性目标和合法性目标的合成权重分别为 0.1699、0.1683、0.1639、0.2489、0.2490，表明在表达性目标中，盈利性目标占据最重要的地位，创新性目标次之，福利性目标最次；在应对性目标中，合作性目标和合法性目标的重要性几乎相等，说明组织行为符合规制性需求和社会规范与文化-认知，是复杂组织获得持续发展的重要基础。

第三，各主维度子目标权重不同，表明不同子目标对复杂组织持续发展起不同作用。首先，在盈利性目标中，净利润目标权重最大，然后为行业影响力目标、净利润增长率目标和市场份额目标。其次，在创新性目标中，技术创新目标权重最大，然后为制度创新目标和文化创新目标。在技术创新目标中，产品/服务创新目标占据更为重要的位置；在制度创新目标中，一般性管理制度创新目标占据更为重要的位置。再次，在福利性目标中，员工效用目标权重最大，然后为组织效用目标、股东效用目标和债权人效用目标。从次，在合作性目标中，组织声誉目标权重最大，然后为网络价值分配目标和网络地位目标。最后，在合法性目标中，规制性目标权重最大，然后为规范性目标和文化-认知性目标。

第六节 结论与展望

本章结合复杂组织及当前环境的特征，通过理论分析和实证检验，构建了一个有利于复杂组织持续发展的目标体系。在此基础上，运用GANP法对目标体系各级目标进行了权重确定和结果分析。

本章的主要研究结论有以下方面。

第一，从目标体系的构成来看，以持续发展为导向的复杂组织目标来自内外部关键环境力量的需求，整体上呈现相互影响的多维"盟主-成员"型结构关系特征。复杂组织目标体系主维度由盈利性目标、创新性目标、福利性目标、合作性目标和合法性目标构成，五个维度相互关联、相互影响，共同推动复杂组织的持续发展。与既有研究相比，本章构建的复杂组织目标体系包含了更多元的内外部资本所有者的需求，且更强调目标体系的复杂性及其对复杂组织持续发展的战略性指导作用。

第二，从二级目标权重来看，表达性目标和应对性目标对复杂组织持续发展的重要性几乎相当。这表明：复杂组织需兼顾内外部重要的环境力量的需求，通过对各目标的平衡与兼容来实现可持续发展；以外部导向为主的应对性目标摆脱了在组织中不受重视的局面，成为复杂组织成长的新基础，对复杂组织持续发展有着重要影响；复杂组织要持续发展需"衣食足而知荣辱"，盈利性和非盈利性目标对复杂组织发展都起重要作用。

第三，从主维度及其子目标权重来看，以持续发展为导向的复杂组织目标体系具有许多重要特点。首先，在盈利性目标中，净利润目标权重最大，体现了物质资本积累在复杂组织中占据重要地位；行业影响力目标权重高于市场份额目标，说明复杂组织应更注重企业在行业中的实际影响力。其次，在创新性目标中，技术创新目标权重最大，体现了技术创新是复杂组织持续发展最重要的创新活动和动力源泉；一般性管理制度创新目标比治理制度创新目标更引起组织关注，原因可能在于一般性管理制度创新滞后期更短，能够更快地凸显创新绩效。再次，在福利性目标中，员工效用目标权重最大，说明人力资本积累已成为复杂组织持续发展的重要途径，现代复杂组织的持续发展需打破传统的股东至上观念，包容多元化的组织治理主体。从次，在合作性目标中，组织声誉目标权重最大，表明诚实守信成为复杂组织获取竞合伙伴及公众支持、构建价值网络生态优势的重要方式。最后，在合法性目标中，规制性目标权重最大，说明遵纪守法、依法治企是组织获得合法性，保持长治久安、健康发展的重要源泉。

上述研究结论对复杂条件下的组织战略管理具有如下重要启示。

第一，构建与环境适配的目标体系是复杂组织正确制定战略的基础和前提。任何组织战略都是为了实现组织目标，复杂组织目标是组织内外部环境需求的综合反映，代表不同利益相关者的诉求。在复杂条件下，组织环境是多变的，组织目标是多元的。因此，复杂组织应及时发现和识别内外部环境需求的变化，适时将关键的内外部环境需求纳入组织目标体系，以提高组织战略的准确性和针对性。

第二，维持盈利性目标和非盈利性目标的平衡是复杂组织战略成功的关键。复杂组织是由各种利益相关者组成的、具有多重身份的拟人化组织，组织战略不仅仅要重视股东的诉求，实现盈利性目标，更要尊重其他利益相关者的诉求，实现非盈利性目标。在复杂条件下，以应对性目标为主的非盈利性目标及其权重，反映了不同利益相关者对复杂组织持续发展的直接和间接作用，体现了复杂组织持续发展的非物质基础。因此，复杂组织应审慎对待盈利性目标与非盈利性目标，在追求股东效益的同时尽力满足其他环境力量的需求，以维持组织的平衡发展，实现组织预期效能。

第三，五核心要素并举是复杂组织战略执行和成功的精髓。组织的持续发展是相互作用的内外部环境力量共同驱动的结果。及时发现新需求、不断进行技术创新、持续积累人力资本、大力提高组织声誉和严格遵守法纪，是复杂组织战略的核心举措。在我国经济转型升级的背景下，复杂组织发展应由规模速度型向质量效率型转变，根据五核心要素配置战略资源，形成竞争优势，实现可持续发展。

本研究也存在如下不足。

第一，在目标体系的完整性方面，由于作者对复杂组织的认知有限，本研究还存在改进的空间。指标体系的构建不可避免会存在错漏，只有运用多方求证的方法才能保证指标体系不出现大的谬误（黄群慧等，2009）。本章运用了多方求证的方法构建了复杂组织目标体系，虽大致反映了以持续发展为导向的复杂组织目标体系的概貌，但仍未囊括所有层面的组织目标，小的错漏仍难以避免。

第二，在目标体系的普适性方面，本章构建的组织目标体系仅适用于特定情境下以持续发展为导向的复杂组织，对于简单组织、追求短期利益的组织以及环境有重大差异的组织未必适用。即使是适用的组织，由于行业和发展阶段的不同，目标体系的主维度和核心子目标的重要性也会因企而异。

第三，从目标体系的有效性来看，由于组织内外部环境随时随地都在变化，组织目标体系及各层级目标权重迟早会发生变化，因此，本章构建的目标体系不一定能对彼时的组织发展起指导作用，复杂组织需根据内外部环境变化适时调整和完善目标体系。

第六章
目标复杂性的影响因素

结合复杂组织及当前环境的特征，通过理论分析和实证检验，构建了一个有利于复杂组织持续发展的目标体系。以持续发展为导向的复杂组织目标来自内外部关键环境力量的需求，整体上呈现相互影响的多维"盟主－成员"型结构关系特征。目标复杂性是组织复杂性的表现之一。从广义上讲，目标复杂性是指组织目标体系所呈现的各类复杂性特征，如多样性、动态多变性（演变）、目标间关系复杂性、目标实现或重视中的不确定性等；从狭义上讲，目标复杂性一般是指目标难以实现、不被重视等状态，这也是通常意义上的目标复杂性。任何组织都是嵌入环境中的，本章将从环境复杂性角度探讨目标复杂性的成因。

第一节 问题提出

组织发展的生态轨迹图清晰地呈现了现代组织的复杂性图景，复杂性成为组织研究领域的热点话题（Daft & Lewin，1990；Simon，1996；Mathews et al.，1999）。不过，CEO对如何处理复杂性依然感到困惑（普华永道，2006）。组织目标的多样性以及多样性背后隐藏的冲突（Cohen，1984），使管理者越来越难以对目标复杂性进行科学有效的管理，以发挥组织目标对组织发展的促进作用。因此，探索和分析影响目标复杂性的因素就成为复杂组织有效管理的关键。组织复杂性来源于组织内外部各方面的多样性、不同主体单位之间的相互关联性以及各因素的模糊性和情境的快速变化性（Ulrich et al.，2007）。

复杂组织是嵌入环境中的，环境复杂性是分析目标复杂性不可忽略的方面。环境复杂性可从组织内外部环境复杂性来分析。就外部环境复杂性而言，基于合法性的制度环境复杂性、基于竞争效率或定位观的行业环境复杂性、基于网络关系的组织间关系复杂性等都有可能导致目标复杂性的提高。就内部环境复杂性而言，基于本体的结构复杂性、基于认知的组织内关系复杂性等可能也是目标复杂性的重要驱动因素。那么，各内外部环境复杂性因素是否会对目标复杂性产生影响及影响程度如何？

本章将目标复杂性分为目标重视变异度、目标实现变异度及目标完整变异度 1、目标完整变异度 2 四个维度。利用 349 份复杂组织的调研问卷，从外部宏观环境（政府环境、社会环境）、外部中观环境（行业环境、组织间关系）及内部微观环境（组织结构、组织内部关系、行业多元化）三个层面，研究了内外部环境复杂性因素对复杂组织目标复杂性的影响，以期为我国复杂组织应对目标复杂性提供借鉴。

第二节　概念界定

一　目标复杂性

复杂性是个多维度概念，包括不确定性、多样性、多变性等。在新环境下，组织复杂性有了更宽泛的内容，包括量和质两个方面。"量"（大量相互作用的元素）是基础，"质"（元素的多变性、不确定性、不可预测性等）是内核。从长期来看，目标复杂性是指在组织环境复杂多变的情境中组织目标的多元化（Tang，2006），且目标体系的内容、结构及目标间关系随内外部环境的变化而变化。从短期来看，目标复杂性是指在当前或未来可预见时期的情境中，目标体系不完整（应重视的目标不被重视）及目标实现中隐含不确定性（目标难以实现）等状态。短期是指组织内外部环境未发生实质性变化的一段时期。从长期来看，组织目标体系及其生成的情境是变动的、无法预见的，因此，目标复杂性的影响因素及影响机制是变化的。从短期来看，组织目标体系立足当前及未来可预见的特定情境，目标复杂性的影响因素及影响机制是可以探究的。因此，本章主要研究短期情境下的目标复杂性,即与本书构建的目标体系处于同一时空范围下的目标复杂性。

短期目标复杂性主要表现为三个方面:一是组织对各目标重视中的不确定性(下文称目标重视变异度),即内外部环境需要组织给予重视的目标,组织却因各种复杂性因素未能给予相应的重视;二是目标实现中的不确定性(下文称目标实现变异度),即组织因各种复杂性因素未能较好地实现目标的状态;三是目标完整度中的不确定性(下文称目标完整变异度),即组织在既定的目标体系中,实际重视或实现的目标个数少于或远少于其他组织重视或实现的目标个数,分为目标重视完整变异度(下文称目标完整变异度1)和目标实现完整变异度(下文称目标完整变异度2),反映了与其他组织相比,该组织对各目标的重视程度和实现程度的整体情况,衡量的是组织对目标体系的整体平衡能力。

二 环境复杂性

环境复杂性不仅包括组织运营环境的异质性和范围大小(Child, 1972; Scott, 1992),还包括环境的多样性、动态性、不确定性、丰裕度和依赖性等(Lawrence and Lorsch, 1967; Osborn & Hunt, 1974; Shortell, 1977; Andrews & Johansen, 2012)。本章将环境复杂性看作多维环境因素所展现出来的多样性、多变性、丰裕度、不确定性等状态。多样性是指组织所处环境包含多个维度,代表环境维度的范围和数量,范围越大和数量越多代表复杂性程度越高。多变性是指各维环境变化的程度,变化速度越快代表复杂性程度越高。丰裕度是指各维环境对组织发展的资源支持程度,体现的是组织从环境中获取资源的难易程度,丰裕度越低代表环境越复杂。不确定性是指各维环境的多样性、多变性、丰裕度等特征综合作用使环境所呈现的不可预测的程度。一个组织的环境复杂性可从外部环境复杂性和内部环境复杂性两方面进行分析。

1. 外部环境复杂性

组织目标作为连接组织内部与外部环境的桥梁,其复杂性自然会受外部环境复杂性的影响。外部环境复杂性会改变甚至决定组织目标的设定和实现(Osborn & Hunt, 1974)。现代组织作为复杂性的结合体(Conjunction of Complexity),包含很多矛盾事物(Starbuck, 1983),当外部环境发生改变时，组织就应修正其目标和预期。外部环境复杂性体现在很多方面，既表现为政府、社会、行业、交易伙伴、合作网络等环境要素呈现的复杂性，也表现为随机的经济波动、迅速发展的技术、浮躁的顾客、多变的需求、不完善的正式制度、多样性的文化等。

借鉴中国企业家调查系统（2009）的思路，本章将与企业发展休戚相关的外部环境分为政府环境、社会环境和行业环境三个方面。其中，政府环境和社会环境侧重于考察制度环境中的规制性因素和规范性因素，其与经济和社会的关联非常紧密（Peng & Health，1996），同时也考察文化－认知性因素；行业环境侧重于考察企业所处的市场状态，包括市场竞争程度、技术变化、需求和供给的变化等。ICT 的迅速发展改变了企业生态系统和价值创造方式，促使不同行业的企业因价值共创、共享而聚在一起，构成一个个价值网络圈。在价值网络圈中，众多企业既竞争又合作，且竞合关系处于不断变动状态，这既影响网络整体价值和活动，也影响单个企业的价值和行为。因此，本章将价值网络环境中的组织间关系纳入，视为组织外部环境的重要部分，分别从政府环境、社会环境、行业环境和组织间关系四个方面探讨外部环境复杂性对目标复杂性的影响。

2. 内部环境复杂性

在复杂条件下，组织的持续发展离不开内部环境和内部资源。内部环境复杂性可能是引发目标复杂性的根源。已有研究较多关注了外部环境变化对组织目标变动的影响，忽略了内部环境复杂性对目标复杂性的影响。在组织研究领域，内部环境复杂性一般是指组织复杂性，包括物理复杂性、认知复杂性、战略与管理复杂性等。组织结构是组织存在最直接的实体表现形式，组织结构复杂性在物理复杂性中处于基础地位。认知复杂性反映了组织主体认知行为的差异性、多样性和不确定性，具体表现为内部关系复杂性。此外，行业多元化几乎是每个复杂组织都会思考和实施的战略，是战略与管理复杂性的重要体现。行业多元化程度越高，组织和管理就越复杂。因此，本章从组织结构复杂性、组织内部关系复杂性和行业多元化三个层面探讨影响组织目标复杂性的内部因素。

第三节　外部环境复杂性因素分析

一　政府环境复杂性与目标复杂性

政府环境复杂性是制度环境复杂性的重要体现。政府环境复杂性是指由政府职能缺失或治理行为不当而给企业运行带来不确定性的环境状态。政策简便度和职能转变是政府环境的两个重要维度（中国企业家调查系统，2009）。从政府制定的政策法规是否适应经济发展需求，职能转变是否与市场需求匹配，提供公共服务的效率是否阻碍经济发展等方面都可考察政府环境复杂性。在转型国家中，政府往往通过"看得见的手"改变企业的收益、成本、机会和风险条件，从而深刻影响嵌入制度环境中的组织行为（Williamson，2000；夏立军、陈信元，2007）。

战略研究学者早已认识到宏观环境对组织决策和行为的影响。政府环境复杂性越高，向组织传递的有效信息就越少，组织与宏观环境之间的信息不对称程度就越高。组织通过对政府行为的观测、感知、判断，形成接受还是拒绝重视某个或某些目标、是否努力实现某个或某些目标的预期。如果政策不透明或多变、政策执行不力等，组织就会对政府行为和政策产生多样化的解读。解读结果的多样化，一方面会导致组织对各类制度产生认知偏差，认知偏差通过降低组织对制度信息的解读质量，使组织目标偏离制度环境的需求，从而导致目标复杂性；另一方面会制约复杂组织依据制度环境的具体情况调整组织行动的能力，降低组织柔性，难以较好地实现各类组织目标。信息不对称程度越高，组织决策失误的可能性和决策变化的频率越高，决策执行的有效性就越低，各组织目标被重视和实现的可能性也就越低。

政府环境复杂性越高，信息透明度和确定性越低，组织获取政府环境信息的成本就越高。在政府环境复杂的情况下，组织往往难以通过公开渠道和直接咨询获取相应的制度环境信息，需要通过耗时费力、成本高昂的方式才能获知政府的真正意图。而对制度环境真正意图的捕获关系到组织能按照制度环境或关键利益相关者的预期进行运营，以实现组织目标（Zimmerman & Zeitz，2002）。在政府环境复杂性高的情境下，很多企业只能通过建立政治关联、寻租等非市场化手段来获取信息、谋取经济利益或规避制度不完善带来的损失。这些非生产性活动有可能会扰乱市场秩序，增加企业负担，提高目标复杂性。因此，本章提出如下假设。

H1：政府环境复杂性越高，目标复杂性越高。

H1a：政府环境复杂性越高，目标重视变异度越高。

H1b：政府环境复杂性越高，目标实现变异度越高。

H1c：政府环境复杂性越高，目标完整变异度1越高。

H1d：政府环境复杂性越高，目标完整变异度2越高。

二 社会环境复杂性与目标复杂性

社会环境复杂性是指社会无法提供必要的商业保护和资源供给而给企业运行带来不确定的环境状态。社会环境包括合同及产权保护、融资、人力资源供应等维度（中国企业家调查系统，2009）。合同及产权保护程度、融资难易程度和人力资源获取难易程度决定了社会环境中资源的丰裕度。合同及产权保护是最基本的商业保护，资金（物质资本）和人力（人力资本）是企业持续发展所需的两类基本资源。

社会环境复杂性越高，环境能为组织持续发展提供的资源就越贫瘠。从合同及产权保护程度来看，合同及产权保护制度是降低交易成本、提高经济活力和运行效率的基本制度（Acemoglu & Johnson，2005）。合同及产权保护制度供给不足，会导致交易成本过高，降低组织活力和效率，进而影响到组织对各类目标的重视和实现程度。从融资难易程度来看，组织融资越难，就越需要通过私人关系或支付额外融资成本，获取组织持续发展所需资金。这会制约企业对组织目标的重视并影响组织目标的实现。从人力资源获取难易程度来看，若企业不能通过市场快速获得所需人力资源，会直接影响组织重视和实现目标所需的人才，从而提高目标复杂性。因此，社会环境复杂性的提高，加大了组织获取重视和实现目标所需资源的难度。

社会环境复杂性越高，企业发展所需资源就越需要通过其他或非正式途径获得。这不仅增加了组织外部交易成本，也提高了组织管理成本。Bell 等（2014）研究发现，与正式制度比较完善及对投资者保护强的国家相比，发源于正式制度比较欠缺国家的外国 IPO 企业需要以更完善的治理机制来获取投资者对企业的合法性感知。在社会环境复杂性高的国家和地区，建立政治关联是企业获取资源或获得商业保护的常见途径。固然，建立正当的政治关联有利于政府治理和组织发展。不过，在正式制度不完善的发展中国家，企业建立政治关联更多的是为了获得体制内资源（边燕杰等，2012），代价和副作用不容小觑：第一，建立政治关联需要组织投入更多的资源（人、财、物、时间等），耗费、侵占组织本该用来感知环境需求或实现目标所需的资源；第二，政治关联带来的暂时性好处会使组织产生路径依赖，忽略对公平市场竞争所需组织能力的培养和提高，弱化组织对市场环境变化的感知，导致组织目标体系与环境需求更不匹配，组织目标难以实现等；第三，政治关联行为的盛行会使部分企业依靠这种非市场化方式挤压其他企业，形成垄断，恶化市场竞争环境；第四，政治关联处理不好，会给企业带来无形资产损失和隐性创伤。因此，本章提出如下假设。

H2：社会环境复杂性越高，目标复杂性越高。

H2a：社会环境复杂性越高，目标重视变异度越高。

H2b：社会环境复杂性越高，目标实现变异度越高。

H2c：社会环境复杂性越高，目标完整变异度1越高。

H2d：社会环境复杂性越高，目标完整变异度2越高。

三　行业环境复杂性与目标复杂性

行业环境包括竞争强度、技术变化及行业增长（中国企业家调查系统，2009）。行业环境复杂性是指企业所在行业的生存发展条件的多变性及不确定性，主要指竞争激烈度高、技术变化速度快、市场需求多变。动荡的市场环境具有竞争强度提高和技术变化速度加快的特征（Todd et al.，2014）。行业环境复杂性越高，组织越需要更快更准确地做出竞争战略调整、技术变革及市场需求定位等。市场需求是企业存在的基石。市场现实和潜在的需求越小或市场需求增长越慢，企业生存和成长的空间越小，组织目标复杂性自然就越高。因此，本章重点分析竞争强度和技术变化对目标复杂性的影响。

竞争既是实现组织目标的手段，也是检验组织实力最直接的方式。市场竞争激烈程度代表了市场中抢夺用户的组织多寡及参与竞争的组织竞争手段的多样性和多变性。互联网环境下，复杂组织要面对数量更多的竞争对手，动态采取更多样的竞争手段。市场竞争产生的基本效应之一是淘汰效应。竞争激烈程度越高，组织被淘汰的可能性越大，目标复杂性就越高。较为公平的市场竞争是企业核心竞争力的较量，需企业整合各方面能力和资源来应对。在竞争过程中，若企业无法整合资源和提升能力，塑造和保持竞争优势，并无法对竞争环境保持高度敏感性，那么企业就会陷于被淘汰的险境，目标复杂性可能就高。而恶性竞争或非市场化的竞争行为更会导致组织资源的浪费和组织行为的复杂性，从而提高目标复杂性。

技术是组织具体实现目标和完成任务的基本保障，包括了具体的技能和知识集（Ziegenfuss，2004）。技术变动越频繁，组织可能越难把握技术发展趋势，从而进行合适的技术创新及掌握恰当的技能和知识。同时，技术变动越频繁，组织需要投入的资源越多。最后，技术变动越频繁，组织面临的风险可能也越大。为适应技术环境变化而进行的组织技术创新或变革本身存在风险和不确定性（Carte & Kleiner，1993；Linquiti，2012），如变革速度过快可能会不利于企业的长期绩效（Klarner & Raisch，2013）。频繁的技术变革实质上反映了组织任务不断被调整和重组，而组织任务的变化实质上反映了组织生存环境的变化。复杂组织为应对生存环境变化而进行的技术创新或变革行为可能会提高目标复杂性。因此，本章提出如下假设。

H3：行业环境复杂性越高，目标复杂性越高。
H3a：行业环境复杂性越高，目标重视变异度越高。
H3b：行业环境复杂性越高，目标实现变异度越高。
H3c：行业环境复杂性越高，目标完整变异度1越高。
H3d：行业环境复杂性越高，目标完整变异度2越高。

四 组织间关系复杂性与目标复杂性

组织间关系复杂性是指组织间关系随时间、情境、组织间行为的变化而呈现多变性或不确定性。资源依赖理论认为，组织目标的实现既依赖组织对内部资源判别整合的能力，又依赖组织从外部获取资源的能力（Buchanan，1992）。竞争、合作以及竞合是组织间关系的基本形式（罗珉、任丽丽，2010）。在复杂条件下，企业发展和维持与其他组织的关系，一方面，可拓宽获取资源的渠道和控制自身发展所需资源，有利于实现组织目标；另一方面，组织间竞争、合作或竞合范围扩大，竞争、合作、竞合方式多样化，关系状态多变，也可能会提高目标复杂性。

首先，就关系数量而言，组织拥有的合作伙伴、竞争者或竞合伙伴越多，组织间关系就越复杂，组织目标受其他组织的影响就越大。组织间关系的表现形式有多种，可以是一对一、一对多或多对多。假设一种组织间网络有 n 个节点，在不考虑一对多和多对多的情况下，仅一对一关系就有 $n(n-1)/2$ 个。在网络效应下，组织目标的重视和实现可能包含更多的不确定性。关系网络的类型不同，组织所面临的复杂性和所需要的治理机制也不同[①]（Cravens et al.，1996）。当拥有多种类型的关系网络时，组织需要处理的复杂性关系就更多，组织目标可能会呈现更高的复杂性。

其次，就关系存在方式的多样性而言，合作、竞争或竞合的方式越多，组织需要根据不同方式进行战略或行动调整的需求就越高。合作方式的多样性表现为每一种网络关系可选择不同的合作方式，如股权投资、租赁合作、合作协议、研发合作等（Tang，2006）。每一种合作方式的利弊都不同，合作方式越多样，组织面临的不确定性就越高。竞争方式的多样性代表了组织竞争环境的激烈程度。竞争环境越激烈，组织就必须采取越多样的竞争方式去面对竞争。

最后，就关系状态的多变性而言，组织间关系会随组织间具体情境变化而改变目标复杂性，尤其是关系网络中蕴藏的竞合伙伴的机会主义行为更会提高目标复杂性。Conteh（2013）明确提出，在复杂和动态环境中，组织间管辖权和合作关系会影响组织目标的实现。组织间合作是为了实现预期目标，合作中任何一方非善意或不信任行为都有可能导致合作关系破裂，从而影响预期目标的实现。组织间关系可依靠显性合约、关系合约或心理合约来维持，不过，由于合约的不完全性、对合约条款的理解差异、关系双方的非合作行为等，组织间关系会发生变化（Schalk & Roe，2007）。特别是原本存在竞争关系的组织，由于与竞争对手间的合作可以实现技

[①] 弹性网络、空心网络、虚拟网络和价值增加网络四种类型的组织间关系分别需要合作组织的核心竞争力为：市场知识和流程设计、杠杆经营和专业化、营销功能或聚焦、产品创新和生产技能，产品设计、生产和营销、协作。

创新、市场绩效、市场控制权（Lado et al., 1997；Clarke-Hill et al., 2003；Ritala, 2012）等方面的目标，组织间的关系会在竞争、合作、竞合中不断变化。从更大范围的组织间网络来看，网络组织中的行动者以网络推测和预期集为指引来实现目标（Holland，1998），行动者会依据环境和其他行动者行为的变化相应地调整自身的行为和预期。综上分析，本章提出如下假设。

H4：组织间关系复杂性越高，目标复杂性越高。

H4a：组织间关系复杂性越高，目标重视变异度越高。

H4b：组织间关系复杂性越高，目标实现变异度越高。

H4c：组织间关系复杂性越高，目标完整变异度1越高。

H4d：组织间关系复杂性越高，目标完整变异度2越高。

第四节 内部环境复杂性因素分析

一 组织结构复杂性与目标复杂性

组织结构复杂性包括水平复杂性、垂直复杂性和空间复杂性（Daft，2007）。水平复杂性是指组织内横向的职能部门结构的复杂性；垂直复杂性是指组织内纵向的业务层级结构的复杂性；空间复杂性是指组织分布的地域空间结构的复杂性。如果把组织看作一个系统，当系统的结构改变时，目标集同样也会发生改变（Loorbach，2010）。组织结构复杂性造成目标复杂性的原因在于以下方面。第一，部门和分支机构越多，其利益诉求的差异性越大。不同部门或分支机构的利益诉求存在差异，它们实现组织目标的能力也不一样。因而，部门或分支机构越多，协调难度越大，组织子目标与总目标不一致问题可能越突出。而且，组织结构复杂性越高，意味着部门或分支机构之间相互依赖和相互作用的程度越高。部门子目标和实现目标能力的差异就会在相互依赖和相互作用的情境下产生"牛鞭效应"。第二，层级越多，信息传递的有效性可能越低。尤其在网络经济环境下，商业信息、盈利机会转瞬即变，若组织内部信息传递速度过慢，一线员工的重要信息无法及时传递到企业高层，有可能造成高层对局势判断的错误和实现目标机会的丧失。第三，部门或分支机构分布区域越广，区域环境差异性的影响越大。不同地区制度环境、市场环境、竞争程度、资源丰裕度等不同，复杂组织为实现目标所需付出的努力程度也不相同。地区制度环境、市场环境存在差异，有可能导致组织表面重视某些目标，实际行动中却难以践行，如组织为了获得合法性，仅在表面上对内外部环境合法性需求做出响应。区域资源的丰裕度也决定了分支机构能从环境中获取资源以实现目标的难易程度。第四，组织结构越复杂，资源分配的短视行为越有可能出现。支撑组织目标实现的资源有限性、组织发展的路径依赖性、盈利组织的逐利本性，都可能会使组织将更多的资源放到短期内能够给组织带来财务收益的目标上，将资源更多地配置于能够快速带来较多利润的部门、机构或地域，使组织难以平衡其他方面的目标，最终导致组织出现目标重视度高而实现度低的现象。综上分析，本章提出如下假设。

H5：组织结构复杂性越高，目标复杂性越高。

H5a：组织结构复杂性越高，目标重视变异度越高。

H5b：组织结构复杂性越高，目标实现变异度越高。

H5c：组织结构复杂性越高，目标完整变异度1越高。

H5d：组织结构复杂性越高，目标完整变异度2越高。

二 组织内部关系复杂性与目标复杂性

组织内部关系复杂性是指组织内部利益团体关系冲突、多变并由此导致成员行为多变的状态。关系复杂性可发生在上下级之间、同级之间、个体与组织间、群体与组织间等。组织成员的有限理性或非理性是关系复杂性的源泉，利益冲突是关系复杂性的表现之一。股东与高层经理之间的利益冲突（Ⅰ类代理问题）（Jensen & Meckling，1976）、大股东与中小股东间的利益冲突（Ⅱ类代理问题）（La Porta et al.，1999；Claessens et al.，2000，2002）以及其他职工之间的利益冲突、组织内部不同部门和机构之间的利益冲突等，都凸显了组织内部关系复杂性及其对组织目标的影响。组织内部各利益主体的博弈（如组织资源、话语权的争夺）或非理性的内部竞争行为越激烈，组织对各利益主体的子目标的协调越困难。组织成员或部门花费在争夺组织资源、协调利益冲突等非生产性活动上的时间和精力越多，组织的影响力成本（Influence Costs）越高，组织目标的重视程度、实现程度和完整程度就会越复杂多变。组织内部关系复杂性越高，组织协调和满足内部利益主体需求的难度越高,从而组织目标复杂性越高。同时,组织内部关系复杂性越高,组织对各利益主体行动的管控与协调越强,从而提高了组织目标的实现难度。因此,本章提出如下假设。

H6:组织内部关系复杂性越高,目标复杂性越高。

H6a:组织内部关系复杂性越高,目标重视变异度越高。

H6b:组织内部关系复杂性越高,目标实现变异度越高。

H6c:组织内部关系复杂性越高,目标完整变异度1越高。

H6d:组织内部关系复杂性越高,目标完整变异度2越高。

三 行业多元化与目标复杂性

行业多元化是指组织将业务领域扩展到多个行业的一种多元化战略行为。行业多元化是组织复杂性的表现之一(Jacquemin & Berry,1979),是重要的组织战略,既可能带来"多元化折价"效应(Lins & Servaes,2002;Megginson et al.,2004),也可能带来"多元化溢价"效应(Lee & Peng,2008;Li et al.,2012)。

当企业实施多元化战略的经验不足、实力不够,或出现非理性的多元化行为时,行业多元化的折价效应就会产生。此时,目标复杂性很有可能提高。首先,行业多元化程度越高,组织面临的环境差异越大。环境差异越大,信息不完全程度越高,组织对环境的感知能力可能越偏离环境的真正需求,从而导致组织所追求的目标与环境需求不一致,进而也就难以实现组织目标。其次,行业多元化程度越高,资源配置越不科学。在组织资源存在约束的情况下,行业多元化程度越高,组织越难以在多元化目标之间做出权衡及科学合理地分配资源去实现对组织持续发展更有意义的目标。再次,非理性的行业多元化程度越高,代理问题越严重。有些管理者实施多元化战略并非为了实现公司价值最大化目标,而是为了实现个人目标(Amihud & Lev,1981;Jensen,1986;Stulz,1990;Shleifer & Vishny,1990)。他们将个人目标隐于组织目标之中,使得组织目标与环境需求不匹配,导致目标复杂性提高。尤其管理者在过度自信时进行的非科学的多元化决策和行为(周杰、薛有志,2011),更是会直接导致目标复杂性的提高。最后,组织涉足的行业越多,任务复杂性就越高。任务复杂性的提高会导致目标难以实现。

当企业较为理性、谨慎地实施多元化战略时，行业多元化产生的溢价效应也许能降低目标复杂性。首先，较为理性的行业多元化是组织分散风险的重要手段。单一目标所具有的高风险或高收益特征使组织更倾向于追求风险分散的多元目标（Mintzberg，1994）。其次，较为合理的行业多元化还可能带来组织业务的相互促进，形成规模效应和范围效应（Park & Jang，2012）。行业多元化产生的协同效应能够使组织获得更多的经验和资源，以提升组织能力，特别是组织对环境的感知能力。随着组织风险的分散、多元化实践经验的积累及组织实力的提高，行业多元化将逐步产生溢价效应，目标复杂性可能会降低。综上分析，本章提出如下假设。

H7：行业多元化与目标复杂性呈倒 U 形关系。
H7a：行业多元化与目标重视变异度呈倒 U 形关系。
H7b：行业多元化与目标实现变异度呈倒 U 形关系。
H7c：行业多元化与目标完整变异度 1 呈倒 U 形关系。
H7d：行业多元化与目标完整变异度 2 呈倒 U 形关系。

第五节　研究设计

一　样本选择与数据收集

从 2014 年 9 月至 2015 年 4 月底，作者与课题组成员在北京、上海、天津、广东、江西等地展开调研，发放问卷。调研中共发放问卷 1500 份，实际回收 486 份，回收率为 32.4%。回收后，依照以下三个准则剔除不合格问卷。①剔除组织复杂性过低的样本。本章的研究对象是复杂组织目标，因此样本企业需具备一定的组织复杂性。②剔除受访者不符合要求的样本。为提高问卷信息质量，本章选取了在企业任职 3 年及以上、具有大专及以上学历、担任企业基层和中高层职务且对总部运营熟悉的受访者作为样本。③剔除信息残缺且无法采用合适方法修正的样本。最终剔除 137 份不符合要求的问卷，得到 349 份有效问卷，有效问卷回收率为 23.3%。调研企业及受访者基本信息如表 6-1 所示。

表6-1 调研企业及受访者基本特征

特征	分类	频数	占比(%)	特征	分类	频数	占比(%)
所属行业	制造业	63	18.1	所属地区	东部地区	297	85.1
	房地产业	19	5.4		中部地区	34	9.7
	建筑业	21	6.0		西部地区	18	5.2
	金融业	42	12.0	企业所有权性质	国有独资或控股	158	45.3
	卫生和社会工作	36	10.3		集体所有	13	3.7
	租赁和商务服务业	35	10.0		民营企业	159	45.6
	农林牧渔业	14	4.0		外资企业	7	2.0
	文化、体育和娱乐业	28	8.0		其他	12	3.4
	信息传输、软件和信息技术服务业	33	9.5	企业规模	小型企业	112	32.1
	水利、环境管理业	20	5.7		中型企业	124	35.5
	其他	38	10.9		大型企业	113	32.4
成立年限(年)	=5	42	12.0	发展阶段	创业期	53	15.2
	5~10	114	32.7		成长期	152	43.6
	10~15	78	22.3		成熟期	127	36.4
	15~20	47	13.5		衰退期	17	4.9
	>20	68	19.5	学历	大专	43	12.3
性别	男	231	66.2		本科	189	54.2
	女	118	33.8		硕士	108	30.9
任职年限(年)	3~5	160	45.8		博士	9	2.6
	5~10	138	39.5	职位	基层管理人员	50	14.3
	10~15	31	8.9		中层管理人员	78	22.3
	15~20	11	3.2		高层管理人员	116	33.2
	>20	9	2.6		董事会成员	105	30.1

二 变量测量

本章尽可能借鉴国内外成熟量表。外文量表的翻译经多次斟酌,尽量使措辞符合中国情境。各量表主要采用7分制自评量表,原因有:①有些数据难以获取,且企业也不愿公开敏感性数据,采用主观自评的方式得到的数据可能更贴近企业实际运营状况;②从认识论角度看,组织成员对组织环境的认知,尤其是任职年限比较长的管理者或创始人对组织环境的认知，是比较准确的。因此，本章采用组织管理者对内外部环境复杂性的感知来衡量环境复杂性程度是可行的。

1. 因变量

学术界通常将目标多元化等同于目标复杂性，因此，以目标的个数或多个目标的重要性均值作为目标复杂性的代理变量。例如，Ashmos 等（2000）用 CEO 对 13 个目标重要性程度评估的平均得分测量目标复杂性，得分越高代表目标复杂性程度越高；Tang（2006）以 12 个目标重要性程度的标准差来衡量目标复杂性，标准差越大，目标复杂性就越高。学者们对复杂性的测量侧重于多样性或异质性（Cannon & John, 2007），不过，多样性只是复杂性的一个代理变量（McKelvey & Boisot, 2009）。

从本章对目标复杂性的解释可知，目标复杂性是指组织目标体系中存在的不确定性、多变性和多样性。本章研究的是当前情境下以持续发展为导向的复杂组织目标体系，目标多样性是已存在的事实；环境未发生质变，多变性可以不用考虑。因此，本章研究的目标复杂性主要是指组织目标体系中的不确定性，具体表现为组织对各目标的重视程度变异大、组织目标难以实现、目标体系完整度低。受 Tang（2006）研究的启发，本章对目标复杂性的测量借鉴了统计学中"变异"的测量方法。变异是统计的核心概念（Hoerl & Snee, 2001），包含"易变""难以解释""随机""不确定"（Wild & Pfannkuch, 1999）等含义，与本章所研究的复杂性意义相同。标准差是衡量观测值变异程度或离散程度的常用指标，因此本章采用标准差（S）来衡量目标复杂性，各目标得分的标准差越大，目标复杂性越高。根据目标重视度和目标实现度，本章利用统计学标准差的概念和计量公式，构建了目标重视变异度、目标实现变异度两个指标。在此基础上，进一步构建目标完整变异度，具体步骤如下。

目标重视变异度或目标实现变异度的测量：①计算 $X_{ij} = (7 - a_{ij})w_{ij}$；②计算 $S_i = \sqrt{\sum (X_{ij} - \bar{x}_1)/(n-1)}$。其中，$i = 1, 2, \cdots, N$，$N \in [1, 349]$，代表样本数；$j = 1, 2, \cdots, n$，$n \in [1, 22]$，是指目标数；$a_{ij}$ 是第 i 个样本第 j 个未赋权的目标重视值或目标实现值；w_{ij} 是第 i 个样本第 j 个目标的权值；$\bar{x}_1$ 是第 i 个样本的 22 个 X_{ij} 的均值；S_i 是第 i 个样本的目标重视变异度或目标实现变异度。

目标完整变异度用复杂组织对各目标的不重视或未实现程度高于所有企业在相应的目标上的不重视或未实现程度的平均水平的个数占目标体系总数的比例来测量。目标完整变异度 1 的测量具体如下：①对第 j 个目标的 N 个样本的目标重视变异度求均值；②将第 j 个目标的 N 个样本中高于目标重视变异度均值的样本赋值为 1，否则为 0，依此反复，直至将 22 个目标全部赋值为 0 – 1 变量；③将第 i 个样本的 n 个赋值相加并除以 22，即为目标完整变异度 1 的测量结果。目标完整变异度 2 的计算与此相同，仅将目标重视变异度更换为目标实现变异度。

目标复杂性指数构造：根据目标复杂性因子分析结果（见表 6 – 2），目标重视变异度、目标实现变异度、目标完整变异度 1 和目标完整变异度 2 可运用主成分分析法构造更高一级的指数。本章采用公式"SQR（特征值）×因子得分"计算目标复杂性指数。

表 6 – 2　目标复杂性因子分析结果

因子	最小值	最大值	均值	因子值	信度系数
目标重视变异度	0.011	0.086	0.050	0.810	0.519 (0.842)
目标实现变异度	0.020	0.098	0.058	0.819	
目标完整变异度 1	0	22	11.10	0.831	
目标完整变异度 2	0	22	11.13	0.834	

注：$N=349$；采用主成分分析法，提取 1 个公因子，累计方差解释率为 67.85%；KMO = 0.721；Barlett 球形检验 P 值 < 0.001；由于各因子之间的数量级相差较大，信度系数一栏括号内提供了项目标准化后的信度系数。

2. 自变量

外部环境复杂性测量的文献较多（Lawrence & Lorsch，1967；Osborn & Hunt，1974；Ashmos et al.，1996b），不过学者们经常将环境动态性（Miller，1987）等同于环境不确定性（Covin & Slevin，1989；Tang，2006），且将所有环境包含在一个维度中。这些测量方式无法较为全面地反映不同类型环境复杂性的特征，在回归分析中也无法确定不同类型环境所发挥的作用。因此，本章分别测量每一个维度的环境复杂性，并探讨其对目标复杂性的影响。

政府环境复杂性的测量量表来自中国企业家调查系统（2009）的研究

成果，包括政策简便度和职能转变两个维度。政策简便度从政策的透明度、有效性及稳定性方面体现政府环境对企业发展的支持；职能转变则从政策执行质量、提供服务的质量和效率等方面体现政府环境对企业发展的支持。政策简便度越低，职能转变越差，代表组织所处地方政府环境越复杂。

社会环境复杂性的测量量表来自中国企业家调查系统（2009）的研究成果，包括合同及产权保护、融资、人力资源供应三个维度。合同及产权保护体现的是社会环境中法律系统对经济发展的支持，考察了社会环境能否提供最基本的商业保护；物质资本（主要是资金）、人力资本是制约企业发展的重要资源，融资难易程度、人力资源获取难易程度从环境资源的丰裕度考察了社会环境的复杂性程度。合同及产权保护程度越低，融资越难，人力资源越不能通过市场方式得到有效供应，组织所处区域的社会环境就越复杂。

行业环境复杂性的测量量表来自中国企业家调查系统（2009）及Miller（1987）的研究成果，包括竞争强度、技术变化和行业增长三个维度。二者的研究成果融合了Grinyer和McKiernan（1990）、Yetton等（1994）、Adcroft和Mason（2007）、Cannon和John（2007）等学者对行业环境复杂性的理解，从复杂企业面临的市场竞争激烈程度、市场需求变化程度、顾客需求变动程度、技术更新换代频率等方面较为详细地刻画了行业环境复杂性。

组织间关系复杂性的测量综合了Tang（2006）、Osborn和Hunt（1974）的研究，共7个题项。为使组织间关系复杂性的测量更符合复杂组织的研究及网络经济的现实，本章加入组织间竞合关系的描述。利用外部关系网络规避风险，形成竞争优势，降低目标复杂性，是现代企业经常采用的一种治理模式。然而外部关系网络的治理同样暗含着风险，如联盟伙伴的机会主义行为、伙伴间的不信任等。这也可能会导致组织目标复杂性的提高。

结构复杂性是狭义上的组织结构复杂性，具体指组织结构的水平、垂直和空间分布三方面的复杂性。因此，组织结构复杂性采用了Daft（2007）和Tang（2006）的测量方式，包括垂直复杂性（层级数量）、水平复杂性（部门数量）和空间复杂性（子公司/分公司数量及区域分布）等题项。

组织内部关系复杂性参照了Galbraith（1973）、Ashmos等（2000）、

Tang（2006）和汪秀琼（2011）的测量量表，共 5 个题项。组织内部关系复杂性可以从参与组织决策的主体行为的多变性和多样性、内部关系网络的复杂性特征等方面探索组织内部互动特质对目标复杂性的影响。

行业多元化的测量方法很多，有行业数法、Herfindahl 指数法、Entropy 指数法、哑变量法等。Herfindahl 指数法和 Entropy 指数法是较为精细的测量方法，不过，行业数法也是测量行业多元化的一个简单可行的方法（Khanna & Rivkin，2001；Li & Wong，2003）。因此，本章用行业数法来测量行业多元化。

3. 控制变量

本章考虑的控制变量包括所属行业、企业所有权性质（国有企业 = 1，非国有企业 = 0）、企业规模、发展阶段、组织冗余。企业规模和组织冗余是组织复杂性的重要影响因素（Tang，2006；Tan & Peng，2010；Josefy et al.，2015）。所属行业、发展阶段不同，企业内外部环境和拥有的资源也不同，对目标复杂性的影响可能就不同。在两种体制并存的情境下，企业所有权性质不同，其先天优劣势及扮演的角色都不同，对目标复杂性的影响也可能会不同。

第六节　实证结果

一　同源方差检验

为尽可能避免同源方差问题，在问卷设计和数据收集过程中采取一些事前控制、事后检验措施。事前控制措施主要有：设置反向题；组织多次研讨以减少项目语义中的社会称许性、暗示性等。事后检验措施包括：根据 Podsakoff 和 Laforge（1986）的研究，采用 Harman 单因素法检验同源方差，结果表明，在未旋转情况下，第一个因子的解释力占所有变量解释变异量的 24.99%，未超过总解释方差的 40% 的标准，同源方差问题得到较好的控制。

二　信效度及相关系数分析

各变量的描述性统计、信效度及变量间的 Pearson 相关系数如表 6-3

表 6-3 主要变量的 Pearson 相关系数及描述性统计

	1	2	3	4	5	6	7	8	9	10	11	12	13	14	15	16
1	1															
2	0.583***	1														
3	0.614***	0.489***	1													
4	0.479***	0.631***	0.632***	1												
5	−0.011	0.044	−0.061	−0.104†	1											
6	0.111*	0.086	0.093†	0.001	−0.089†	1										
7	−0.036	−0.117*	−0.033	−0.105†	0.009	0.420***	1									
8	0.023	−0.018	0.022	−0.029	−0.114*	0.338***	0.463***	1								
9	−0.124*	−0.194***	−0.217***	−0.249***	0.084	−0.042	0.177***	0.137*	1							
10	0.349***	0.270***	0.269***	0.252***	−0.106*	0.035	0.050	0.085	−0.064	1						
11	0.297***	0.309***	0.298***	0.369***	−0.058	0.020	−0.088	−0.008	−0.235***	0.347***	1					
12	0.293***	0.289***	0.293***	0.324***	−0.146***	0.072	−0.124*	−0.009	−0.116*	0.305***	0.305***	1				
13	0.333***	0.329***	0.283***	0.330***	−0.085	0.075	−0.164***	0.010	−0.149*	0.169***	0.223***	0.454***	1			
14	0.163***	0.202***	0.158***	0.117*	−0.005	0.109*	0.072	0.110*	−0.030	−0.004	0.015	0.104†	0.091†	1		
15	0.329***	0.340***	0.314***	0.420***	−0.080	0.064	−0.102†	0.051	−0.253***	0.272***	0.475***	0.445***	0.374***	0.065	1	
16	0.219***	0.255***	0.223***	0.245***	−0.012	0.050	0.023	0.032	−0.170*	0.093†	0.136*	0.147***	0.099†	0.067	0.188***	1
Mean	0.050	0.058	11.10	11.13	8.500	0.450	2.000	2.310	5.040	4.272	4.417	4.354	4.152	7.694	4.392	3.190
S.D.	0.016	0.017	5.488	5.543	5.112	0.498	0.804	0.785	1.230	1.011	0.916	0.992	1.092	4.999	1.083	1.803
α值										0.886	0.880	0.896	0.918	0.704	0.891	
AVE										0.616	0.675	0.727	0.606	0.540	0.610	
										0.785	0.822	0.853	0.778	0.735	0.781	

注：†表示 $P<0.1$，*表示 $P<0.05$，**表示 $P<0.01$，*** 表示 $P<0.001$，下表同。其中，1＝目标重视变异度，2＝目标完整变异度，3＝目标实现变异度，4＝目标完整变异度 2，5＝所属行业，6＝企业所有权性质，7＝企业规模，8＝发展阶段，9＝组织冗余，10＝政府环境复杂性，11＝社会环境复杂性，12＝行业环境复杂性，13＝组织间关系复杂性，14＝组织结构复杂性，15＝组织内部关系复杂性，16＝行业多元化。

所示。从表6-3可知，各变量信度指数（α值）均达到0.7的标准，表明量表信度较高；各潜变量AVE平方根均高于0.5且高于各潜变量间的相关系数，表明量表区别效度较好。总体而言，本章量表的信效度达到要求。从各主要变量的相关系数看，大多数自变量与因变量之间显著相关，表明各自变量可能是目标复杂性的重要影响因素，为进一步的回归分析奠定了基础。控制变量与一个或多个因变量之间的相关系数显著，表明将其作为控制变量纳入回归分析是适当且必要的。控制变量与自变量都是中低度相关，表明控制变量与自变量间存在共线性的可能性较低。

三　假设检验

回归分析结果见表6-4。进行回归分析前，将行业多元化进行标准化处理。

就目标重视变异度而言，仅加入控制变量，模型解释度为0.018（$P < 0.05$）。在模型1的基础上，加入内外部环境复杂性变量，模型解释度显著提高（Adj. R^2 = 0.254，$P < 0.001$）。其中，政府环境复杂性（$\beta = 0.233$，$P < 0.001$）、组织间关系复杂性（$\beta = 0.191$，$P < 0.01$）、组织结构复杂性（$\beta = 0.115$，$P < 0.05$）、组织内部关系复杂性（$\beta = 0.098$，$P < 0.1$）对目标重视变异度产生显著影响。社会环境复杂性、行业环境复杂性对目标重视变异度未产生显著影响。行业多元化与目标重视变异度呈显著的倒U形关系。因此，假设H1a、H4a、H5a、H6a、H7a得到支持，假设H2a和H3a未得到支持。

就目标实现变异度而言，仅加入控制变量，模型解释度为0.054（$P < 0.001$）。在模型3的基础上，加入内外部环境复杂性变量，模型解释度显著提高（Adj. R^2 = 0.267，$P < 0.001$）。其中，政府环境复杂性（$\beta = 0.152$，$P < 0.01$）、社会环境复杂性（$\beta = 0.110$，$P < 0.05$）、组织间关系复杂性（$\beta = 0.169$，$P < 0.01$）、组织结构复杂性（$\beta = 0.156$，$P < 0.01$）、组织内部关系复杂性（$\beta = 0.100$，$P < 0.1$）对目标实现变异度产生显著影响。行业环境复杂性对目标实现变异度未产生显著影响。行业多元化与目标实现变异度呈显著的倒U形关系。因此，假设H1b、H2b、H4b、H5b、H6b、H7b得到支持，假设H3b未得到支持。

就目标完整变异度1而言，仅加入控制变量，模型解释度为0.044（$P <$

表 6-4 各维度复杂性因素与目标复杂性的层级回归分析结果

	目标重视变异度		目标实现变异度		目标完整变异度 1		目标完整变异度 2		目标复杂性	
	模型 1	模型 2	模型 3	模型 4	模型 5	模型 6	模型 7	模型 8	模型 9	模型 10
所属行业	0.015 (0.283)	0.045 (0.941)	0.078 (1.471)	0.099* (2.092)	-0.030 (-0.563)	-0.006 (-0.119)	-0.080 (-1.524)	-0.060 (-1.274)	-0.006 (-0.111)	0.023 (0.526)
企业所有权性质	0.134* (2.216)	0.081 (1.523)	0.140* (2.373)	0.085 (1.608)	0.090 (1.515)	0.041 (0.748)	0.007 (0.126)	-0.051 (-0.969)	0.112† (1.900)	0.047 (0.955)
企业规模	-0.090 (-1.832)	-0.030 (-0.521)	-0.167** (-2.647)	-0.108† (-1.881)	-0.052 (-0.823)	0.003 (0.048)	-0.078 (-1.248)	0.000 (-0.007)	-0.117† (-1.865)	-0.041 (-0.766)
发展阶段	0.036 (1.438)	-0.022 (-0.403)	0.045 (0.737)	-0.012 (-0.223)	0.041 (0.666)	-0.005 (-0.083)	0.027 (0.453)	-0.024 (-0.454)	0.045 (0.745)	-0.019 (-0.380)
组织冗余	-0.108* (-1.975)	0.000 (-0.005)	-0.172** (-3.190)	-0.059 (-1.185)	-0.207** (-3.831)	-0.110* (-2.127)	-0.232*** (-4.328)	-0.105* (-2.132)	-0.219*** (-4.080)	-0.084† (-1.815)
政府环境复杂性		0.233*** (4.514)		0.152** (2.960)		0.135* (2.537)		0.073 (1.439)		0.179*** (3.767)
社会环境复杂性		0.090 (1.693)		0.110* (2.016)		0.111† (1.950)		0.150** (2.769)		0.140** (2.758)
行业环境复杂性		0.022 (0.379)		0.029 (0.505)		0.073 (1.232)		0.053 (0.935)		0.054 (1.016)
组织间关系复杂性		0.191** (3.536)		0.169** (3.153)		0.127* (2.275)		0.148** (2.799)		0.192*** (3.869)

续表

	目标重视变异度		目标实现变异度		目标完整变异度 1		目标完整变异度 2		目标复杂性	
	模型 1	模型 2	模型 3	模型 4	模型 5	模型 6	模型 7	模型 8	模型 9	模型 10
组织结构复杂性		0.115* (2.430)		0.156** (3.321)		0.110* (2.246)		0.071 (1.518)		0.137** (3.135)
组织内部关系复杂性		0.098† (1.674)		0.100† (1.726)		0.076 (1.250)		0.183** (3.176)		0.139* (2.573)
行业多元化		0.186** (3.262)		0.212*** (3.759)		0.176** (2.988)		0.204** (3.652)		0.236*** (4.502)
行业多元化^2		-0.100† (-1.776)		-0.094† (-1.688)		-0.087 (-1.497)		-0.117* (-2.116)		-0.121* (-2.332)
Adj. R^2	0.018	0.254	0.054	0.267	0.044	0.205	0.060	0.281	0.059	0.368
ΔR^2	0.032	0.249	0.068	0.207	0.058	0.177	0.074	0.235	0.073	0.318
F 值	2.277*	10.099***	4.975***	10.762***	4.210**	7.903***	5.459***	11.484***	5.377***	16.555***
DW 值	1.897	1.868	1.958	1.979	1.748	1.727	1.825	1.851	1.747	1.691
Max VIF	1.463	1.605	1.463	1.605	1.463	1.605	1.463	1.605	1.463	1.605

0.01)。在模型 5 的基础上，加入内外部环境复杂性变量，模型解释度显著提高（Adj. R^2 = 0.205，P < 0.001）。其中，政府环境复杂性（β = 0.135，P < 0.05）、社会环境复杂性（β = 0.111，P < 0.1）、组织间关系复杂性（β = 0.127，P < 0.05）、组织结构复杂性（β = 0.110，P < 0.05）对目标完整变异度 1 产生显著影响。行业环境复杂性、组织内部关系复杂性对目标完整变异度 1 的影响不显著。行业多元化与目标完整变异度 1 显著正相关，但二者间的倒 U 形关系不显著。因此，假设 H1c、H2c、H4c、H5c 得到支持，假设 H3c、H6c 和 H7c 未得到支持。

就目标完整变异度 2 而言，仅加入控制变量，模型解释度为 0.060（P < 0.001）。在模型 7 的基础上，加入内外部环境复杂性变量，模型解释度显著提高（Adj. R^2 = 0.281，P < 0.001）。其中，社会环境复杂性（β = 0.150，P < 0.01）、组织间关系复杂性（β = 0.148，P < 0.01）、组织内部关系复杂性（β = 0.183，P < 0.01）对目标完整变异度 2 产生显著影响。政府环境复杂性、行业环境复杂性、组织结构复杂性对目标完整变异度 2 的影响不显著。行业多元化与目标完整变异度 2 呈显著的倒 U 形关系。因此，假设 H2d、H4d、H6d 和 H7d 得到支持，假设 H1d、H3d、H5d 未得到支持。

就目标复杂性而言，仅加入控制变量，模型解释度为 0.059（P < 0.001）。在模型 9 的基础上，加入内外部环境复杂性变量，模型解释度显著提高（Adj. R^2 = 0.368，P < 0.001）。其中，政府环境复杂性（β = 0.179，P < 0.001）、社会环境复杂性（β = 0.140，P < 0.01）、组织间关系复杂性（β = 0.192，P < 0.001）、组织结构复杂性（β = 0.137，P < 0.01）、组织内部关系复杂性（β = 0.139，P < 0.05）对目标复杂性产生显著影响。行业环境复杂性对目标复杂性的影响不显著。行业多元化与目标复杂性呈显著的倒 U 形关系。回归结果再次支持了本章大部分假设。

实证结果表明，从目标复杂性的四个子维度来看，目标重视变异度、目标实现变异度、目标完整变异度 1 和目标完整变异度 2 的影响因素各不同，并非所有内外部环境复杂性变量对目标复杂性四个维度都产生影响。从目标复杂性来看，政府环境复杂性、社会环境复杂性、组织间关系复杂性、组织结构复杂性、组织内部关系复杂性是目标复杂性的重要影响因素，行业环境复杂性对目标复杂性有正向影响但并不显著。前述回归分析中，行业环境复杂性对目标复杂性的四个子维度的影响也并不显著。这可能意味着，在动态多变的行业环境中生存发展已成为复杂组织习以为常的自然状态。目前对复杂组织的目标复杂性产生重要影响的是除行业环境复杂性之外的其他因素。行业多元化与目标复杂性显著正相关，二者的倒 U 形关系也显著。这可能是由于目前我国有些复杂组织还处于行业多元化的经验积累阶段，且可能存在不考虑企业实际情况，跟风或盲目扩张的现象。在经验不足及非理性扩张的双重影响下，我国复杂组织的行业多元化行为并未带来溢价效应，从而对目标复杂性产生正向影响。不过也有复杂组织能够在成长中不断积累多元化投资的经验，使多元化战略行为对组织产生溢价效应。在加入内外部环境复杂性变量后，从企业所有权性质来看，国有企业基本上比非国有企业的目标重视变异度、目标实现变异度及目标完整变异度高，不过无显著差异。这一结论可能表明，我国经济发展中还存在体制障碍，不过，在各种因素的综合影响下，企业所有权性质的影响正在弱化。

第七节　研究讨论

以往关于组织目标复杂性的研究大多集中在个体或组织层面的单个或少数几个影响目标实现度的因素分析上，对组织目标体系的复杂性研究较少，对复杂组织目标复杂性的影响因素的探索更为鲜见。本章以复杂组织目标体系为研究对象，从组织内外部环境复杂性探索了目标复杂性的影响因素，初步识别出当前经济环境下，组织内外部环境中影响目标复杂性的敏感性变量。从回归结果可得出以下方面。

首先，从宏观和中观层面来讲，外部环境复杂性大多显著正向影响目标复杂性。其中，组织间关系复杂性显著影响目标复杂性各维度，是目标复杂性的关键外部影响因素。各类信息技术的发展早已改变了企业生态模式，随企业生态模式改变的是企业间的关联状态。在互联网环境下，企业间的关联从点线式、分割式、相互影响小的状态转化到网络化、无边界、相互影响大的状态。关联状态的复杂化使企业的产出状态也日趋复杂化。在网络经济环境中，如何更好地管理组织间关系以降低目标复杂性是一个需要思考的问题。政府环境复杂性除对目标完整变异度 2 产生并不显著的正向影响外，对目标复杂性的其他方面都产生显著的正向影响。政府的职能转变和政策简便度是一国规制性、规范性制度的重要体现。规制性、规范性制度越能被较好地执行,企业发展中的制度环境不确定性或制度障碍就越少,企业就能越好地成长,目标复杂性就越低。社会环境复杂性除对目标重视变异度产生不显著的正向影响外,对目标复杂性的其他方面都产生显著的正向影响。合同及产权保护、市场上物质资本及人力资本的可获得性是复杂组织实现目标所需的制度保护和资源支持。制度保护越好和资源支持越高,组织目标复杂性无疑会越低。尽管行业环境复杂性与目标复杂性各维度的相关系数均显著,回归结果却显示行业环境复杂性对目标复杂性的各维度均不产生显著的正向影响。可能的原因是,能够成长为复杂组织的企业是经受了一定行业环境磨砺的企业,组织对行业环境复杂性已产生一定免疫力。也有可能是在网络环境下,组织间关系复杂性弱化了行业环境复杂性对目标复杂性的影响。

其次,从微观层面来讲,内部环境复杂性均显著正向影响目标复杂性。其中,行业多元化与目标复杂性的各个方面均呈倒 U 形关系,是目标复杂性的关键内在影响因素。多元化战略是组织规避风险、发现新利润源的重要手段和体现。若组织多元投资经验不足或实力不够等,其多元化程度越高,目标复杂性越高。若组织在多元化投资方面积累的有效经验越多及实力越强,其多元化程度越高,目标复杂性越低。多元化战略需要足够的组织资源和能力的支撑。一定时期内,组织资源的积累和能力的提升是有限的。当组织的多元化战略与其资源和能力匹配时,多元化的溢价效应才更有可能产生。互联网环境下,投资机会繁多。若企业跟风式或抱着"挣钱就走"的赌徒心理进行不理性的多元化投资,更是难以产生多元化投资的溢价效应。组织结构复杂性除对目标完整变异度 2 不产生显著的正向影响外,对目标复杂性的其他方面均产生显著的正向影响。组织结构复杂性是组织复杂性最基本的体现。并非组织规模越大,组织实力就越强。在复杂环境下,只有拥有更具柔性的、能产生协同效应的组织结构才能更好应对各种复杂性,从而降低目标复杂性。组织内部关系复杂性对组织目标的影响主要在于,其对目标完整变异度 2 产生最显著的影响。合作者间的关系状态决定合作意愿,合作意愿强才能引发一致行动。组织内部关系复杂性高,会降低内部合作及实现组织目标的意愿和减少一致性行动。网络环境下,组织内部成员不再是简单的雇员,而是更加渴望人本主义和注重个性追求的创意精英。在这种情况下,复杂组织内部关系管理就更为重要。

第三篇
复杂组织效能评估

组织效能是评价组织战略绩效的重要标准。在实践中，有些复杂组织能顺应环境变化而不断发展，也有些复杂组织未能顺应时代变迁而日渐衰退。那么，如何实现与维持复杂组织的基业长青？这一直是管理者苦苦寻求答案的实际难题（陈凌等，2011）。恰当评估组织效能和明确提升组织效能的途径是一个可以思考的方向。实践和理论也早已证明恰当的组织效能评估对组织持续发展具有重要意义。目标为组织发展确立了方向，效能则是检验方向是否正确、目标是否实现的关键标准。组织效能是在一定时期内，组织与内外部因素相互作用关系的状态或结果，会随着组织环境与组织形式的变化而不断演化，并且在组织发展的不同阶段呈现不同的特点。

以持续发展为导向的复杂组织需与内外部环境不断互动，才能实现组织与环境的共同演化和发展。探讨复杂组织效能的演化过程、组织效能评估体系的构建、组织效能提升的影响因素等或许可为复杂组织持续发展提供新的洞见与参考价值。依据环境决定观、战略选择观与系统动力观，本篇试图通过典型案例研究和统计分析，回答以下问题：随着环境的变化，组织效能呈现什么样的演化路径？复杂组织效能呈现何种属性与特征，它与简单组织效能有何异同？组织效能包含哪些维度？应基于什么逻辑构建以持续发展为导向的复杂组织效能评估标准体系？如何提升组织效能？

第七章
复杂组织效能的演化：以海尔为例

组织效能是在组织与内外部环境协同演化情境下，由复杂组织内外各要素在相互作用之下涌现出的，具有抽象性、多维性、情境性等复杂性特征的行为、能力、状态与结果的总和。组织效能会随着组织环境与组织形式的变化而不断演化，并且在不同阶段呈现不同特点。本章在对组织效能相关研究进行简要回顾的基础上，构建了组织效能演化分析的理论模型，并结合对海尔集团效能演化过程的分析，进一步探讨与归纳了复杂组织效能的演化机理和本质特征。

第一节 问题提出

在实践中，有些复杂组织能随环境变化而不断发展，如苹果公司、海尔集团等。不过，也有些复杂组织未能随时代变迁而日渐衰退，如柯达、索尼、诺基亚等。那么，如何实现与维持复杂组织的基业长青？管理者一直在苦苦寻求答案（陈凌等，2011）。复杂组织是由众多相互作用的要素构成的复杂系统。复杂组织的持续发展在一定程度上依赖其在与内外环境互动情况下，在组织目标、战略管理、绩效评价等方面进行持续的变革。因此，探讨复杂组织效能的演化过程或许可为复杂组织持续发展提供新的洞见与参考价值。

组织效能一直是实践界和学术界探讨的重点。现有研究从理性目标、系统资源、内部过程、竞争价值框架、评估清单及非有效等视角对组织效能的定义、测量与评估标准等进行了许多探讨（Cunningham，1977；

Cameron, 1986; Kraft & Jauch, 1988; Martz, 2008; Hartnell et al., 2011; Fischbacher-Smith, 2014)。不过，现有研究仍存在两个不足：一是未对组织效能随环境变化而不断演化的过程进行深入研究；二是现有研究的对象为简单组织，不能揭示复杂组织效能在复杂条件下具有的新特点。

本章将复杂组织作为研究对象，从外部环境、战略选择、结构变革与组织效能共同演化的角度，选取海尔集团进行纵向历史分析，以探讨复杂组织效能的演化机理与本质特征。本章试图回答以下问题：随着环境的复杂化，组织效能呈现什么样的演化路径？在组织效能演化的不同阶段，外部环境、战略选择、组织结构如何影响组织效能的演化？复杂组织效能呈现何种属性与特征？它与简单组织效能有何异同？

第二节 组织效能演化的不同观点

一 环境决定观

在环境决定观的指导下，权变理论、制度理论、种群生态学、资源依赖理论等理论学说都对组织环境与组织（效能）的关系进行了解释。权变理论认为，不存在最佳意义上的组织形式，只有当组织与外部环境实现最好匹配时，这样的组织才是最有效的（Lawrence，1993）。Lawrence 和 Lorsch（1967）认为，当外部环境不确定性与组织结构的分化程度以及整合水平相匹配时，组织才能达到良好的运行状态。制度理论认为，组织之所以会依照环境要求而行事是为了获得合法性。组织为了取悦外部利益相关者而建立内部结构与过程（达夫特，2014）。这样做的结果是组织行为方式规范化，组织现象趋同化。与权变理论强调技术、结构这些有形要素不同，制度理论更强调组织利益相关者的文化、价值观、情感、认知、期望等无形要素对组织行为的约束（DiMaggio & Powell，1991）。种群生态学站在组织种群的分析层次，对利用相似资源进行类似活动的一系列组织（即种群）的行为进行研究。种群生态学借鉴了生物科学"优胜劣汰、适者生存"的观点，认为一类组织之所以能存活下来，是因为这类组织更加适应环境。相较于权变理论和制度理论，种群生态学更加强调外部环境的支配地位，甚至认为种群是受丛林法则支配的毫无自主性的一类组织形式（费显政，2006）。资源依赖理论体现了环境与组织关系的资源交换观点。Pfeffer 和 Salancik（1978）认为，组织必须适时改变自身的结构与行为模式，以便获取外部环境资源，并要将环境依赖性最小化。为降低依赖性，组织在处理与其他组织的关系时，可通过权力运作，使其他组织更加依赖自己，而自己在最大程度上不对其他组织产生依赖。环境决定观下的理论学说都强调外部环境对组织（如结构、权力安排、效能等）的作用，主张组织变革应与外部环境变化相匹配。

二 战略选择观

组织是由人运营的。组织行为在一定程度上反映了组织中人的意志、理念、价值观、偏好等。战略选择观强调领导者、管理者或者决策者对组织与组织（如战略、结构、效能等）演化的制约作用。Child（1997）认为，组织管理者有设定组织环境的能力，组织效能是由支配联盟成员的战略决策决定的。Miles 和 Snow（1978）认为，高层管理者或决策者充当了环境与组织联系的纽带，其作用表现在：①组织只会对高层管理者或决策者认为重要的事物做出反应；②高层管理者或决策者有权决定组织应该对哪些事物做出反应；③高层管理者或决策者决定了战略、结构和绩效的范围。Wernerfelt（1984）与 Barney（1991）等学者认为，组织内部资源与能力是组织获取与维持竞争优势的决定因素。Coase（1937）认为，企业存在的原因是，企业内组织交易的成本低于市场组织交易的成本。Williamson（1975，1985）发展了科斯的观点，认为在有限理性和机会主义的行为假定之下，具有不同交易属性的交易应与不同的治理结构相匹配。在企业内部组织交易，并将这些不同属性的交易与不同治理结构相匹配的人正是战略管理研究者"眼中"的管理者。从这个方面来说，交易成本经济学与战略管理理论都认可人的战略选择在组织生存与发展过程中起的重要作用。

三 系统动力观

系统动力观认为，组织的持续发展受制于系统要素间的相互作用。商业生态系统理论是系统动力观的代表。商业生态系统理论认为，组织形式正在演变为由组织共同体与环境相互作用而形成的生态系统，这种生态系统跨越了传统的地区、部门与行业的边界（Moore，1993，1996）。在商业生态系统中，组织间的依赖性和互动性不断增强，组织间的合作关系对组织运行产生很大影响。此外，商业生态系统有可能促使管理者从传统的命令发布者转变为推动生态系统要素良性发展的关系协调者，管理者角色转变可能影响组织战略变革，并最终影响组织成败。组织与环境协同演化观也是从系统角度探讨组织演变。演化理论最早起源于生物学领域，而后被引入社会经济、组织分析与战略管理等领域。借鉴生物学领域对"协同演化"的理解（Van Valen，1983），组织与环境间关系的"协同演化"可被视为组织与环境在较长时间范围内进行的持续互动与演变，并存在演化路径相互纠缠的现象（李大元、项保华，2007）。按照组织与环境协同演化的观点，组织的绩效与结果状态是组织与环境在互动演化过程中自然涌现出来的。可以看出，组织与环境互动共生、协同演化的观点与系统要素相互作用推动组织系统演变的观点是高度契合的。

第三节　组织效能演化的理论模型

组织的持续发展既受环境影响，也受人的因素的影响，同时在复杂条件下各类因素又是相互作用的。因此，本研究综合环境决定观、战略选择观及系统动力观三种视角，认为组织内外各要素的相互作用决定了组织效能的涌现，并影响组织效能演化。

首先，考虑外部环境的影响。外部环境包括但不限于对组织效能产生直接影响的行业环境因素，包括原材料、市场、市场资源等；对组织效能发挥作用的宏观环境因素，包括政府、社会文化、经济形势、技术以及金融资源等；对组织效能产生影响的国际环境因素，包括海外市场、人力资源、政府管制、经济形势、技术环境、制度环境、文化价值观、社会习俗等（达夫特，2014）。

其次，考虑组织战略的影响。为提高组织效能水平，组织会在环境与其协同演化过程中，设定指引组织经营方向的组织战略。组织战略是组织在竞争性环境中提升组织效能的计划（达夫特，2014）。竞争战略包括成本领先、差异化与集中化战略（Porter，1980），组织层战略包括探索型、防御型、分析型与反映型战略（Miles & Snow，1978）。为聚焦研究内容，本研究的组织战略是指企业层面战略，在实证中仅如实描述案例企业在不同演化阶段实施的战略。

最后，考虑组织结构的影响。组织结构是组织存在的"骨架"。外部环境、战略选择的变化都会直接或者间接地体现为组织结构变革。此外，无论是钱德勒的"结构跟随战略"假说（Chandler，1962），还是"环境-战略-结构-绩效"分析框架，都表明组织结构会对组织效能产生重要影响（Lenz，1980；Kaynak & Kuan，1993；Lee，2010）。因此，本章将组织结构纳入理论模型。

综上分析，本章构建了外部环境、战略选择、结构变革与组织效能相互作用、共同演化的理论模型（见图7-1）。

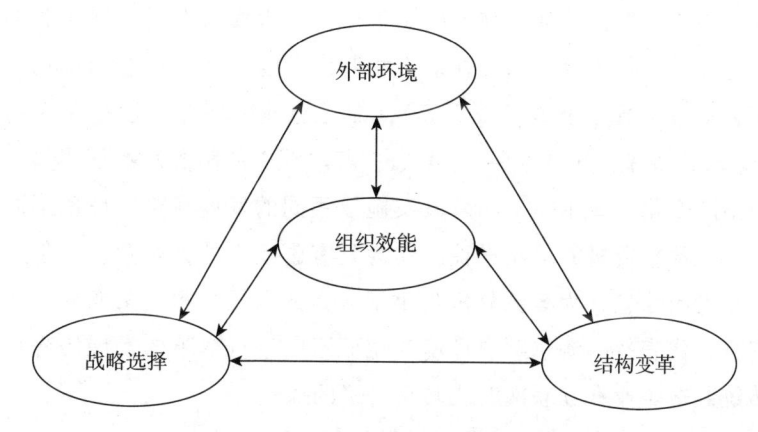

图7-1 组织效能演化的理论模型

第四节 研究设计

一 研究方法

本研究采用案例分析法探讨在复杂组织发展过程中，组织效能的演化路径以及组织效能在不同阶段所呈现的特征。选用案例分析法的原因如下。第一，案例分析法特别适用于研究探索性问题（Eisenhardt，1989）。前人较少对组织效能演化问题进行探讨，可供借鉴的理论学说与分析思路比较欠缺。运用案例分析法有助于从内外影响因素与组织效能相互作用的角度揭示组织效能的演化机理。第二，案例分析法特别适用于探讨牵涉因素较多的复杂问题（郑伯埙、黄敏萍，2008）。复杂组织效能受多个因素影响，而且因素之间及各因素与复杂组织效能之间存在复杂的因果关系。运用案例分析法有助于厘清在特定情境下各因素与复杂组织效能之间的相互作用关系。

二　案例选择

根据典型性原则以及案例分析的基本要求（罗伯特·K.殷，2010），本章选取海尔进行纵向案例研究。选取海尔作为案例分析对象的原因如下。第一，海尔符合本章所界定的复杂组织。经过30多年的发展，海尔已从创立之初资不抵债、濒临破产的小工厂转变为横跨多项品牌业务的全球性集团企业。海尔不仅内部存在众多相互作用的要素（如组织结构、子公司、创新平台、节点小微、微店等），而且与外部环境要素存在密切关联（在全球布局品牌、开展业务）。第二，海尔发展的阶段性特征明显。随着环境的不断变化，海尔在不同阶段实施了不同的发展战略，呈现不同的特点。第三，数据资料的可获得性。作为具有影响力的大企业，海尔定期向社会公众发布信息，为案例分析提供了丰富的数据资料。第四，海尔的发展历程具有代表性。海尔顺应环境变化而不断进行变革的发展历程反映了中国传统制造企业在互联网时代转型升级的探索。

第五节　资料收集与处理

本章从多个渠道对海尔效能演化的相关数据资料进行收集。①文献资料。课题组运用关键词检索法对国内外数据库进行在线检索，获取有关海尔正式出版或发表的文献资料，如书籍、期刊、学位论文等。②内部文件。从海尔官网、公司年报、会议文件、内部刊物（如《海尔人》）等提取了内部资料，并按照时间顺序进行了初步整理。③网络资料。运用国内外主流搜索引擎（百度与Google）对互联网上有关海尔的新闻报道、专题访谈、咨询报告进行了收集。

在收集文献资料之后，本章参照扎根理论（Glaser & Strauss，1967）的操作步骤对文献资料进行了处理。①筛选资料。将来自不同渠道的文献资料进行对比，当发生冲突时，由课题组两位成员讨论是否有必要删除或者保留该文献资料。②关键词定位。仔细研读所选定的文献资料，找出与外部环境、战略选择、结构变革、组织效能有关的关键词，如国际市场、政府、同行业、战略、结构、变革、市场份额、品牌价值等。③提取概念，形成范畴。从文献资料中提取核心概念，并在确定各概念所在类属的基础上，建立各类属之间的关联。④结合理论模型，构建分析框架。

第六节　案例分析

经过30多年的发展，海尔已从制造家电产品的传统企业转变为面向全社会孵化创客的平台企业。在互联网时代，海尔致力于成为各节点通过网络互联互通各项资源、在后电商时代与用户价值交互、具有共创共赢生态圈特征的互联网企业。① 从1984年创业至今，海尔发展历程可分为五个阶段②：1984~1991年的名牌战略发展阶段、1991~1998年的多元化战略发展阶段、1998~2005年的国际化战略发展阶段、2005~2012年的全球化品牌战略发展阶段、2012年至今的网络化战略发展阶段。随着海尔的日趋复杂，其组织效能及影响因素也在相互作用中协同演化。

一　名牌战略发展阶段

（1）外部环境。在经济体制方面，十二届三中全会以后，政府提出构建"有计划的商品经济"体制；在企业管制方面，政府实施"扩大企业自主权，推行厂长（经理）负责制"的管理方针；在行业竞争方面，市场对家电需求不断高涨，很多同行业企业不顾质量，盲目生产，导致产品积压、濒临倒闭。

（2）战略选择。在国家改革开放以及市场供不应求的背景下，海尔采取了"引进技术、质量至上"的名牌战略。比较典型的事件是：①海尔从德国引进生产技术和生产设备，开始生产符合国际标准的电冰箱；②1985年，张瑞敏先生带领员工砸掉76台不合格电冰箱，从此确立了"要么不干，要干就要争第一"的名牌战略；③在产品服务上，海尔形成了"星级

---

① 观点来自海尔集团官网，网址：http://www.haier.net/cn/about_haier/。
② 五个阶段的划分参照了胡泳和郝亚洲所著《海尔创新史话（1984~2014）》一书。

服务"的售后服务理念，创立了多个海尔产品的子品牌。

（3）结构变革。海尔的结构变革主要体现在：在组织结构方面，为顺应政府规制与市场需求，海尔构建了具有厂长（经理）负责制特点的直线职能制组织结构；在成员结构方面，海尔确立了"先造人才，再造名牌"的人才培养方案，在人才选聘、干部晋升上坚持公平、公正；在产品结构方面，海尔专注于做好一个冰箱产品，较少向其他领域拓展业务。

（4）组织效能。海尔组织效能主要体现在：在营业收入方面，海尔从1984年的巨额亏损发展到1985年的销售额大增；在产品质量方面，海尔拿下了同行业全国质量评比的金牌，先后获得政府表彰的"金马奖"与"国家质量管理奖"。

二　多元化战略发展阶段

（1）外部环境。海尔面临的外部宏观环境发生重要变化，主要表现在三个方面：1992年，邓小平南方谈话、党的十四大报告等从根本上确立了从计划经济转变为社会主义市场经济的总方针；1993年，政府提出了以产权制度改革和企业制度创新建立市场经济微观基础的思路，确立了以"产权清晰、权责明确、政企分开、管理科学"为特征的现代企业制度；中国资本市场开始兴起，上海证券交易所（1990年）和深圳证券交易所（1991年）先后成立。

（2）战略选择。为抓住国家宏观经济快速发展的机遇，海尔开启了多元化战略：从1991年开始，海尔先后兼并了青岛电冰柜总厂和青岛空调器总厂，成立集团公司；海尔在青岛建立了当时国内规模最大的家电工业园；海尔集团上市，开始转变为具有现代企业制度特征的大企业。在企业内部经营战略方面，海尔在集团内部推广 OEC（Overall Every Control and Clear）工作法，并运用此法激活"休克鱼"。

（3）结构变革。在组织结构方面，海尔于1996年将直线职能制结构变革为事业部制结构，有助于上下级职能部门以及同级各部门之间的信息沟通；在成员结构方面，海尔集团推行"自主管理班组"，开始将生产目标、产品质量、问题责任等落实到小组成员上；在产品结构方面，企业品牌开始从白色家电渗透进黑色家电、米色家电、信息家电等多个领域。

（4）组织效能。在营业收入方面，海尔1998年的销售额为168亿元；

在产品质量方面,海尔先后通过ISO9001与ISO14001认证;在企业形象方面,1998年,海尔被英国《金融时报》评为"亚太地区声望最佳企业";在产品研发方面,海尔1998年的新产品开发贡献率达到74%。

三 国际化战略发展阶段

(1) 外部环境。这一阶段,海尔面临较大的环境变化。在国际经济环境方面,中国正式加入世界贸易组织,重返世界经济舞台;在国际技术环境方面,全球经济兴起,"互联网泡沫"形成,许多互联网公司成立;在国内政府政策方面,国家确立了"有进有退,有所为有所不为"的宏观经济政策,以及开始推行"政企分开、政资分开"的国企改革总路线;在行业环境方面,许多国际品牌涌入中国市场,本土民族品牌受到冲击。

(2) 战略选择。1997年,海尔提出"海尔中国造"的口号,国际化战略应运而生。国际化战略主要包括以下三个方面:一是市场国际化,企业产品销往全球主要经济地区;二是营销国际化,构建自己的海外营销与服务网络;三是产品国际化,打造具有国际知名度的品牌产品。与很多企业的国际化路径不同,海尔坚持"先难后易"与"三个1/3"划定格局的原则,成功打入国际市场。1999年,海尔开始实施"走出去"(通过整合全球资源,实现国际化,把产品卖到海外去)、"走进去"(使国际市场上的品牌本土化,让用户认可海尔产品)、"走上去"(依托本土化,使国际化产品成为名牌)相结合的"三步走"战略,形成了海外研发、海外制造、海外销售"三位一体"的国际化战略布局。

(3) 结构变革。海尔结构变革主要是流程再造。在流程再造的第一阶段,海尔提出了"SST"机制(也被称为"市场链"),即"索酬"、"索赔"和"跳闸"。索酬是指海尔在为客户提供优质服务的基础之上,获得报酬;索赔是指海尔内部各环节之间,如不能很好地协作,则可向运行效率低下的部门或工序索取赔偿;跳闸是指如果既不能索酬也不能索赔,则第三方就会介入,实施"跳闸"功能。在流程再造的第二阶段,海尔建立了"战略性事业单位"(Strategy Business Unit)。这种与用户需求直接联结的组织结构,使员工在为用户创造价值的同时实现自我价值,有利于提升企业绩效。

(4) 组织效能。在财务绩效方面,2001年,海尔的全球销售额超过600亿元,出口创汇达到4.2亿美元。在品牌形象方面,2001年,海尔的品牌价值评估为 436 亿元，成为中国家电行业第一品牌；2003 年，海尔成为中国唯一一家跃居世界最有价值品牌排行榜百强企业。在市场占有率方面，2001 年，海尔冰箱在全球冰箱市场中稳居第一名。

四　全球化品牌战略发展阶段

（1）外部环境。在全球经济形势方面，2008 年 9 月，雷曼兄弟申请破产保护，产生于美国的次贷危机开始演变为全球性的金融危机。金融危机促使欧美国家反思自己的经济增长模式，提出"去杠杆化""再工业化"战略等。在国内经济政策方面，政府出台了刺激内需的"家电下乡""以旧换新"等多项政策，中国家电行业开始产能扩张。在国内行业环境方面，中国家电企业开始走出国门，行业竞争边界开始扩展到国际市场。在国内技术环境方面，许多互联网公司开始推出智能手机、平板电脑等移动终端，移动互联网时代来临。

（2）战略选择。在国内外环境快速变化背景下，海尔于 2005 年正式实施全球化品牌战略：在海外市场方面，率先抢占欧美市场，并从欧美市场扩展至南亚、中东和澳洲等市场；在产品业务方面，拓展了业务范围，开始从冰箱、空调等延伸到微波炉、电视机、手机等新兴业务；在海外品牌方面，通过收购海外企业或者增持海外企业股份的方式，强势打入海外市场，并培育自主品牌的成长；在产品研发方面，利用平台优势整合全球研发资源，并与专利提供者共享研发成果。

（3）结构变革。在组织结构方面，海尔进行了两次变革。2007 年，海尔发起了"1000 天流程再造"革命：①从组织上打造成卓越运营的企业；②从流程上集结成能快速响应市场的信息化系统；③从人员上培养具有高技能、高素质的人才队伍。2010 年，海尔推出了按单聚散的"人单合一"双赢模式，要成为一个平台型企业，按照用户的需求组织人员和资源。在人才管理方面，海尔推出了"能本管理"模式和"自主经营体"概念。"能本管理"指以员工创新能力为核心，凸显人力资本价值。"自主经营体"指以用户需求为中心，实现"参与约束"与"激励相容"的有机结合。

（4）组织效能。在财务绩效方面，海尔全球销售额从 2005 年的 1039 亿元，增加到 2011 年的 1509 亿元。海尔 2012 年的年度报告显示，其营业收入 798.57 亿元，同比增长 8.13%；盈利能力继续提升，毛利率达到 25.24%；

现金流量净额达到55.19亿元。在品牌价值方面，海尔共有四类产品在全球市场跃居第一。欧睿国际（Euromonitor International）调查显示，海尔大型家用电器2012年在全球市场的品牌零售量份额为8.6%，连续四次位居第一。在公司治理有效性方面，海尔获得"金圆桌奖"之"最佳董事会""最受尊敬上市公司""最佳内部治理上市公司"等奖项。在技术创新方面，截至2012年底，海尔在国内申请专利稳居家电行业第一名。在产品竞争力方面，海尔共有四项业务位居行业第一。

五 网络化战略发展阶段

（1）外部环境。在全球经济环境方面，许多制造业巨头相继倒下，制造业企业开始寻求转型之路。在全球技术环境方面，大数据、云计算、物联网、智能机器人等新兴科技高速发展。在国内经济政策方面，十八届三中全会以后，政府提出"要使市场在资源配置中起决定性作用"，要建立"国有资本、集体资本、非公有资本等交叉持股、相互融合的混合所有制经济"，开启了新一轮国企混改序幕。在行业竞争环境方面，电子商务企业不断挤占传统企业的市场份额，转型升级已成为传统企业面临的难题。

（2）战略选择。在互联网时代以及中国经济"新常态"背景下，海尔集团于2012年12月正式推出了网络化战略。网络化战略包括两方面内容：网络化市场、网络化企业。网络化市场是指用户的网络化、营销体系的网络化。网络化企业是指打造"三无"特征的企业：企业无边界，要成为以自主经营体为细胞的并联生态圈；管理无领导，要在集团内部构建具有自治特征的"小微"；供应链无尺度，要创建由关键节点构成的复杂网络。

（3）结构变革。为向互联网平台企业转型，海尔对组织结构进行了变革：在运营层面，通过海尔官网、海尔用户社区等实时掌握用户需求；通过研发资源平台、资源云平台等为全流程创造用户体验提供资源保障；通过大数据运营平台推进虚实结合的互动营销模式；通过供应链模块化和智能化实现精准高效的个性化定制；探索"创客""小微主""平台主"有机结合的运营机制实现企业的转型升级。在网络化战略指导下，海尔试图打造以"企业平台化、员工创客化、用户个性化"为特征的生态系统。

（4）组织效能。在财务绩效方面，海尔2015年1~6月实现营业收入419.20亿元；盈利能力持续提升，整体毛利率提升2.8个百分点；净利润提升 0.86 个百分点。在市场份额方面，海尔 2015 年 1~6 月实现冰箱、洗衣机和热水器等产品份额位居行业第一。在品牌价值方面，2015 年，海尔已连续六年成为全球销量最大的家用电器品牌，入围由世界品牌实验室评选的《世界品牌 500 强》的前 100 名，并且跃居全球白色家电行业第一名。在研发创新方面，2015 年，海尔在创新体验、国家级大奖、发明专利与标准话语权四个维度上均为行业第一。在供应链竞争力方面，2015 年 7 月，海尔推出的"家电智能制造综合试点示范"项目被确定为工业和信息化部 2015 年智能制造试点示范项目。

六 海尔组织效能的演化过程

海尔发展过程表明，随着组织外部环境、战略选择、结构变革的演化，组织效能包含的内容越来越新颖化、多样化（见表 7-1）。

表 7-1 海尔组织效能的演化过程

	外部环境	战略选择	结构变革	组织效能
名牌战略	商品经济； 扩大企业自主权； 同行业竞争	技术引进； 质量竞争	直线职能制； 人才选聘； 单一产品	扭亏为盈； 产品质量提升
多元化战略	市场经济； 现代企业制度； 资本市场	企业兼并； 集团上市； OEC 工作法	事业部制； "自主管理班组"； 多种业务	收入增长；质量认证；企业形象良好；产品研发能力较强
国际化战略	中国入世； "互联网泡沫"； 政府管制放松； 国企改革； 行业竞争国际化	"三个国际化"； "先难后易"； "三个 1/3"； "三步走"； "三位一体"	"市场链"； "战略性事业单位"	收入增速； 品牌价值提升； 全球市场份额增长
全球化品牌战略	金融危机； "家电下乡"； 参与国际竞争； 移动互联网	海外市场竞争； 产品业务拓展； 海外品牌培育； 研发资源整合	"1000 天流程再造"； "人单合一"； "能本管理"； "自主经营体"	收入持续增加； 市场份额扩大； 品牌价值提升； 治理效率提高； 自主创新能力突出
网络化战略	制造业发展艰难； 新兴科技高速发展； 市场配置资源； 国企混改	网络化市场； 网络化企业	"企业平台化"； "员工创客化"； "用户个性化"	收入增速放缓； 市场份额保持； 品牌价值提升； 研发能力增强； 供应链竞争凸显

资料来源：作者整理。

第一，从外部环境变化来看，外部环境对组织效能产生作用的表现形式越来越多元化。在成长初期，行业环境是影响海尔效能最重要的因素，影响形式也比较单一，国内政府政策、国家整体经济形势对海尔效能的作用也比较单一，而国际环境对海尔效能基本没有什么大影响。在快速发展阶段，情况发生明显变化。行业环境对海尔效能影响程度较大且影响形式多样，政府政策、经济形势、技术革新、金融资源等因素都成为海尔效能的重要影响因素，海外市场环境对海尔效能的提高产生重要影响。

第二，从战略选择来看，海尔发展战略"从被动适应到主动变革"的动态变化促进了其组织效能的变革和提升。在成长初期，海尔发展战略选择、实施是被动的，如采取名牌战略是因为顾客对产品质量需求的提高威胁到了海尔的存亡。在高速成长阶段，海尔发展战略选择、实施、变革是主动的，而且是自我颠覆的，如经过国际化战略和全球化品牌战略之后，海尔规模越来越大，许多"大企业病"在集团内部蔓延开来。在此背景下，海尔主动进行变革，实施网络化战略，又再一次颠覆了先前的发展战略。不断变革发展战略带来一次次的海尔效能提升。

第三，从结构变革来看，海尔组织结构的柔性化、动态化、网络化不断助力效能的变革和提升。在名牌战略阶段，海尔采用了具有高度纵向控制特征的直线职能制结构。随着集团业务多元化和进军国际市场，海尔组织结构又进行了新一轮再造，更加强调用户在企业价值创造中的作用。不仅如此，随着网络经济、互联网经济、知识经济等的不断发展，海尔又对组织结构进行了网络化、虚拟化变革，使得组织结构更加具有动态性特征。组织结构的变化为海尔带来效能的提升。

第四，从组织效能来看，组织效能的表现形式越来越复杂多样，而且整体效能水平在不断提升。在海尔发展初期阶段，组织的效能主要体现在财务绩效、产品质量等方面。在海尔高速成长阶段，不仅在财务绩效、产品质量等经济绩效方面表现不俗，而且在企业声誉、研发能力、品牌价值、供应链竞争等非经济绩效方面也有明显提升。组织效能各方面的表现是相辅相成、相互促进的。

第七节 研究讨论

在复杂条件下,组织持续发展实际上就是组织在内外影响因素共同作用之下不断提高组织效能的过程。本章从多个理论视角探讨组织效能演化过程,为"在组织内外部因素共同作用下,组织如何获得持续发展"提供了新的解释。接下来,本节将对复杂组织效能的演化机理和本质特征进行讨论。

一 复杂组织效能的演化机理

复杂组织效能是随内外部驱动因素的变化而变化的。组织效能是组织具有的,为了能实现与外部宏观环境力量和利益相关者有关的长期目标,而由组织选择与利用最合适的组织战略、结构、文化、资源和能力(Dikmen et al.,2005)。组织效能是组织在一段时期内呈现的行为、能力、状态与结果,是外部环境、组织战略、组织结构等综合影响的产物。组织效能在外部环境、战略选择、结构变革与组织效能等因素协同作用下呈现动态变化过程,在此过程中,各要素与组织效能之间是"冲突"、"匹配"与"共进"关系。

首先,从外部环境与组织效能的关系来看,外部环境是组织效能演化的外部诱导因素。在组织发展的不同阶段,以持续发展为导向的复杂组织会依照环境需求的不同而不断调整发展战略,从而呈现不同的效能特征。例如,当外部环境因素对组织规制性力量更明显时,组织需要对其持续发展有直接或间接影响的利益相关者诉求做出反应。当国际环境因素变化时,组织又需要对国际市场上的利益相关者诉求做出反应。

其次,从战略选择与组织效能的关系来看,战略选择是组织效能演化的内部驱动因素。组织战略是为获取竞争优势而进行的一系列协调行动,明确了"组织要做什么"和"组织不做什么"。当海尔战略决策者意识到品牌声誉与业务多元化对组织持续发展至关重要时,以持续发展为导向的海尔就实施了名牌战略与多元化战略,组织效能才有了相应的变革和水平提升。

再次,从结构变革与组织效能的关系来看,结构变革是组织效能演化的组织权变因素。组织结构是体现各单元间职能、权限与责任动态关系的框架。无论是外部环境诱导的变化还是战略选择驱动的变化都会体现为组织结构的变化。相应地,组织效能随组织结构的变革而在不同发展阶段有不同的特征。

最后,从各要素间的互动关系来看,组织效能的演化是各要素之间"冲突"、"匹配"与"共进"关系的结果。其中,"冲突"是指各利益相关者的诉求可能是相互矛盾的;"匹配"是指各影响因素之间也存在彼此和谐、步调一致的现象;"共进"是指各要素间的相互作用促使组织效能经由单一转变为多元、低级转变为高级、静态转变为动态的演化路径。

二 复杂组织效能的本质特征

复杂组织效能是组织在内外部因素相互作用下,涌现出的绩效或结果状态。除了具有简单组织效能所具有的一般属性外,复杂组织效能还具有区别于简单组织效能的本质特征。本章从效能表现形式、效能影响因素、效能评估体系结构三个方面对复杂组织效能的本质特征进行简要归纳。

第一,从效能表现形式来看,复杂组织效能具有多样性特征。案例分析表明,在不同发展阶段,海尔组织效能有不同的表现形式,如在名牌战略和多元化战略阶段,海尔主要表现为经济绩效[①]良好;而在其他战略阶段,海尔在非经济绩效方面同样有不俗的表现。

第二,从效能影响因素来看,复杂组织效能影响因素具有情境性与动态性特征。情境性是指复杂组织效能影响因素具有阶段性差异,即在不同发展阶段,复杂组织效能的影响因素都具有明显差异。动态性是指不同组织效能影响因素在不同阶段对复杂组织效能演化产生不同影响。

第三,从效能评估体系结构来看,复杂组织效能具有网络层次性特征。层次性是指复杂组织效能有多层评估指标,而且各层评估指标具有多样性。组织效能是一个难以直接观察的,依赖主观偏好而进行定义的抽象构念(Cameron,1978)。许多学者从人际关系、开放系统、内部过程、理性目标等视角构建了具有层次性特征的效能指标(或标准)体系。网络性

[①] 这里的"经济绩效"主要包括财务绩效与市场绩效,下文的"非经济绩效"包括除经济绩效之外的其他绩效。

是指复杂组织效能评估指标间是相互作用关系。这种相互作用不仅体现在同一层次指标间的相互影响关系，而且也体现在不同层次指标间的相互影响关系。

总体而言，复杂组织效能是以复杂组织为载体，在内外各影响因素共同作用下呈现的行为、功能、状态与结果的总和，不仅具有简单组织效能所具有的抽象性、多维性、矛盾性、结果性等基本属性，而且也具有区别于简单组织效能的多样性、情境性、动态性、网络层次性等本质特征，分别体现了复杂组织效能体系的内容复杂性、关系复杂性及结构复杂性。

第八章

复杂组织效能的评估标准体系

复杂组织效能是组织在一段时期内呈现的行为、能力、状态与结果，是外部环境、组织战略、组织结构等综合影响的产物。随着环境和组织的演化，复杂组织效能评估标准体系也在不断演化。复杂组织效能评估标准[①]体系与简单组织效能评估标准体系不同，其在评估模型之间、评估模型与评估维度之间、评估标准之间的关系等方面都具有复杂性特征。从单一视角或者单一层面构建的评估标准体系，并不适用于复杂组织效能。本章在筛选评估标准的基础上，提出在当前环境下以持续发展为导向的复杂组织效能评估的理论模型，并据此构建以持续发展为导向的复杂组织效能的评估标准体系。

第一节 问题提出

在复杂组织管理实践中，管理者往往面临以下困惑与不解：为了推动组织的持续发展，应基于什么逻辑构建和采用适用于本组织的效能评估标准体系？在构建过程中，如何避免对不同利益主体诉求的"顾此失彼"？这两个问题实际上是关于复杂组织效能评估标准体系构建的逻辑起点与内容结构。很显然，在复杂条件下，基于合理的逻辑起点，建构具有特殊性

---

① 评估标准（Criteria）不同于评估指标（Indicators）。标准与评估对象存在确定性联系，它们体现出评估对象的特征或属性，而指标是与标准变量存在联系，它易受到操控或容易被毁坏（Scriven, 1959, 2007）。

与一般性的复杂组织效能评估标准体系对于管理者克服上述难题，实现复杂组织的持续发展具有重要的现实意义。

复杂组织效能表明了复杂组织不同方面的整体绩效（Tatum et al.，1996）。复杂组织效能评估标准体系是从多个视角对复杂组织效能进行的系统性评价。已有关于组织效能评估标准体系的研究将简单组织作为研究对象，从单一视角将组织视为理性系统、自然系统、开放系统或封闭系统，从而提出组织效能评估的理性目标模型（Price，1972）、人际关系模型（Quinn & Rohrbaugh，1981）、系统资源模型（Yuchtman & Seashore，1967）以及内部过程模型（Pfeffer，1977）。这些模型在特定情境下有其适用性。然而，这些模型并不适用于处在复杂环境中的复杂组织效能评估。以持续发展为导向的复杂组织效能评估标准体系的构建应在综合多个视角基础上，构建符合情境、逻辑一致的综合性评估框架。

以持续发展为导向的复杂组织效能评估标准体系的构建是一个复杂过程。在构建评估标准体系时，首先需考虑如何将复杂组织与复杂组织效能构念进行操作化（Steers，1977），其次需构建复杂组织效能的评估模型，最后要确定各评估模型的评估维度、评估标准与评估指标。基于上述分析，本章首先运用内容分析法与聚类分析法对效能评估标准进行筛选；然后在对复杂组织与复杂组织效能进行操作化的基础上，构建复杂组织效能评估的理论模型；最后构建复杂组织效能的评估标准体系。本章试图回答以下3个问题：以持续发展为导向的复杂组织效能评估标准体系建构的逻辑起点是什么？效能评估标准体系包含哪些子模型？这些子模型与其评估维度、评估标准、评估指标之间是何种关系？

第二节 评估标准体系构建过程

本章复杂组织效能的评估标准体系构建包括以下三个阶段。

第一阶段，评估标准的初步筛选。学者们已从不同视角提出了不同效能评估标准，且各评估标准适用的层次（个体、团队与组织）存在差异。因此，本章运用内容分析法与聚类分析法对效能评估标准进行筛选。

第二阶段，评估标准体系理论模型的构建。理解组织与组织效能是处理组织效能评估问题的前提条件（Goodman & Pennings，1979）。本章基于复杂系统理论、资源基础观、资源依赖理论、利益相关者理论等，从5个视角对复杂组织构念进行了操作化，并构建了体现复杂组织、复杂组织效能与复杂组织效能评估标准体系三者关系的理论模型。

第三阶段，评估标准体系构建。本章分别对一级评估思想、二级评估模型、三级评估维度与四级评估标准的构建依据进行了详细阐述，至此，构建体现各层级间及同级评估标准间关系的复杂组织效能评估标准体系。

第三节 评估标准的初步筛选

评估标准的筛选工作包括五个部分。第一，确定评估标准筛选的分析方法。组织效能评估标准具有数量多样性与关系复杂性，适合运用内容分析法对评估标准进行提炼，并运用聚类分析法呈现各评估标准之间的关系。第二，限定文献资料的来源。为保证评估标准筛选的可靠性，限定了文献资料的来源。第三，文献资料的广泛收集。运用关键词检索法对国内外数据库进行了检索，初步确定了内容分析的文献资料。第四，文献资料的编码。在建立编码规则的基础上，对文献资料进行了编码。第五，编码数据的统计分析。运用频数（频率）与R型（系统）聚类分析法对编码数据进行分析，筛选出适用于组织效能评估的主要标准。

一 分析方法

本章选择内容分析法与聚类分析法对效能评估标准进行筛选，基于以下两方面考虑：①内容分析法是一种"质性分析"与"量化研究"相结合的分析方法（姜丽群，2013），不仅可对文献资料中"隐藏"的效能评估标准进行提炼，而且可对评估标准的总体分布状况进行考察，以解决组织效能评估标准的"数量众多"问题；②聚类分析法是一种从统计学角度呈现变量与变量间相似性或者差异性的分析方法，有助于从整体上推断各评估标准之间的类属关系，以解决效能评估标准之间"关系杂乱"问题。

内容分析法是一种对研究对象的内容进行分析，透过现象看本质的科学方法（邱均平、邹菲，2004），包括以下步骤：①提出研究问题，明确分析范围；②收集文献资料，建立语料库；③文献资料编码；④统计分析。聚类分析法是一种按照一定标准，将数据集分割成不同类别，以使同类数据相似性达到尽可能大,并让不在同类中的数据差异性也达到尽可能大的研究方法(杨小兵,2005)。根据分类对象不同,聚类分析可划分为 Q 型聚类与 R 型聚类;根据合并算法不同,聚类分析可划分为系统聚类和逐步聚类。本章是对评估标准进行聚类,故选择 R 型(系统)聚类分析法。

二 资料来源

不同学者对组织效能有不同界定,而且许多学者未明确提出组织效能的评估标准。因此,本章对文献资料来源进行如下限定:①文献资料应来源于公开发表的学术期刊、专著或学位论文,不包括书评与短论;②文献资料应对组织效能做出明确界定或明确说明;③文献资料应对组织效能或组织效能评估标准进行理论分析或实证研究。

三 资料收集

根据文献资料的筛选标准,运用关键词对国内外数据库进行了检索。检索采用的中文关键词包括组织效能、组织有效性、企业效能、企业有效性、组织结果、组织效果;英文关键词包括 Organizational Effectiveness、Organizational Assessment、Evaluative Criteria。文献检索的数据库包括中国知网、维普期刊网、万方数据、EBSCO、JSTOR、ProQuest Dissertations & Theses、Science Direct、Springer、Web of Science、Wiley。Georgopoulos 和 Tannenbaum(1957)较早对组织效能进行了明确定义,并给出了组织效能的评估标准。因此,文献资料检索的时间范围限定在 1957~2015 年。经过检索,共 77 篇文献资料符合本章的界定(见附录 3)。

四 文献资料编码

文献资料编码包含两个部分:第一部分是对基本信息进行编码;第二部分是对效能评估标准进行编码。

第一部分的详细编码规则如下。①作者姓名。若为英文文献,则以作者姓名进行编码;若为中文文献,则以汉语拼音进行编码。②出版物类型。若为期刊文章或书的章节,则编码为 1;若为硕士、博士学位论文,则编码为 2;若为会议论文,则编码为 3;若为其他,则编码为 4。③出版年份。直接以出版年份进行编码。④效能评估维度。若为单维，则编码为1；若为多维，则编码为2；若作者未明确说明，则编码为3；若为单维与多维的综合，则编码为4。⑤效能评估视角。若为目标视角，则编码为1；若为系统资源视角，则编码为2；若为内部过程视角，则编码为3；若为战略成员视角，则编码为4；若为竞争价值视角，则编码为5；若为综合性视角，则编码为6；若为其他视角，则编码为7。

第二部分的编码规则为：若文献资料含有或者提及了本章确定的评估标准或评估标准的同义词，则编码为1，否则为0。本章在 Campbell (1974)[①] 研究基础上，对评估标准进行了定义，并编制了评估标准编码的参照（见表 8-1）。

表 8-1 组织效能评估标准编码的参照

评估标准	标准定义
整体效能（Overall Effectiveness）	采用单一标准对效能进行整体评价
生产率	组织提供的产品或服务的数量或容量（Volume）
效率	收益与成本的比率
利润	扣除成本与债务之后的销售收入
质量	主要产品或服务的质量
事故（Accident）	工作事故的发生频率
增长	现在状态与以前状态的比较
缺勤	意料之外的缺勤
离职	自愿解约的频率与数量；人事变动
满意度	个体对公平奖赏的感知程度
动机	个体从事以目标为导向的行为或活动的倾向性
士气	组织成员通过额外努力去实现组织目标的倾向性
控制	管理控制的程度与分布
冲突/凝聚力	口头或身体冲突、低质量协调与沟通/彼此协作、开放式沟通、协调工作
灵活性/适应性	组织变革其标准化运行程序以适应环境变化
目标一致性（Goal Consensus）	所有个体都感知到相同目标的程度

---

① Campbell (1974) 较早对效能评估标准进行全面归纳，在理论分析与实证研究中都被广泛引用，具有较高的可靠性与较好的参考性。

续表

评估标准	标准定义
角色与规范的一致性（Role and Norm Congruence）	成员角色在多大程度上与规范相匹配
管理任务技能（Managerial Task Skills）	管理者处理工作任务的技能水平
管理人际技能（Managerial Interpersonal Skills）	管理者应对上级、同事、下属的技能水平
信息管理与沟通	关键信息的聚集、分析与分布
准备就绪（Readiness）	组织能够成功执行被要求任务的能力
环境利用（Utilization）	组织与环境互动，获取稀缺性资源的能力
外部实体的评估（Evaluations by External Entity）	外部环境个体或者组织所进行的评价
稳定性	结构、功能与资源的维持
目标的内化（Internalization）	个体对组织目标的接受与内化
人力资源价值（Value）	组织成员的总体价值
计划与目标设置	组织愿景、使命、战略设置
强调成就（Achievement Emphasis）	是否鼓励成员实现个体价值
参与和共享（Participation and Shared）	公平、开放、分享的组织氛围
强调培训与开发	人力资源的开发与管理
其他	—

五 统计分析

在对效能评估标准进行编码之后，运用频数（频率）与 R 型（系统）聚类分析法对效能评估标准进行了统计分析，结果如表 8 - 2 和表 8 - 3 所示。

表 8 - 2 基本信息的统计分析

内容	特征分布	频数（频率，%）
出版物类型	期刊文章或书的章节	70（90.9）
	硕士、博士学位论文	5（6.5）
	会议论文	0（0.0）
	其他	2（2.6）

续表

内容	特征分布	频数（频率，%）
评估维度	单维	4（5.2）
	多维	43（55.8）
	作者未明确说明	28（36.4）
	单维与多维的综合	2（2.6）
评估视角	目标视角	4（5.2）
	系统资源视角	3（3.9）
	内部过程视角	2（2.6）
	战略成员视角	3（3.9）
	竞争价值视角	6（7.8）
	综合性视角	14（18.2）
	其他视角	45（58.4）

从表8-2可看出以下方面。

首先，从出版物类型来看，学术界对组织效能评估标准的研究成果主要发表在学术期刊与学术专著上，很少以硕士、博士学位论文，会议论文或者其他方式进行呈现。

其次，从评估维度来看，学者们偏好从多维角度对组织效能进行测量与评估，而且有不少学者并未对组织效能的测量与评估做明确说明。

最后，从评估视角来看，学者们已将传统的单一视角扩展为综合性视角，也提出了一些其他视角。从综合性视角构建以持续发展为导向的复杂组织效能评估标准体系是可行的。

总体来说，学者们对效能评估标准做了探索性研究，研究成果比较丰富。然而，已有研究在评估维度、评估视角等方面尚未形成一致意见。

表8-3 各评估标准的统计分析

评估标准	频数（频率，%）	评估标准	聚类
适应性/灵活性	26（33.8）	整体效能	1
生产率/效率	22（28.6）	利润	2
环境利用	20（26.0）	生产率	3

续表

评估标准	频数（频率，%）	评估标准	聚类
人力资源价值	18（23.4）	人力资源价值	4
满意度	18（23.4）	激励	4
整体效能（绩效）	17（22.1）	士气（氛围）	4
利润	17（22.1）	满意度	5
增长	16（20.8）	离职	4
控制	15（19.5）	增长	4
计划与目标设置	14（18.2）	缺勤	4
冲突/凝聚力	13（16.9）	适应性/灵活性	6
士气（氛围）	13（16.9）	控制	4
外部实体的评估	13（16.9）	环境利用	6
质量（品质、形象）	13（16.9）	质量	4
信息管理与沟通	13（16.9）	信息管理与沟通	4
离职	12（15.6）	管理人际技能	4
稳定性	11（14.3）	冲突/凝聚力	4
管理任务技能	11（14.3）	参与和共享	4
强调成就	10（13.0）	稳定性	4
管理人际技能	8（10.4）	意外事件	4
目标的内化	8（10.4）	计划与目标设置	4
参与和共享	6（7.8）	目标一致性	4
缺勤	6（7.8）	目标的内化	4
强调培训与开发	6（7.8）	角色与规范的一致性	4
目标一致性	6（7.8）	外部实体的评估	4
意外事件	5（6.5）	管理任务技能	4
角色与规范的一致性	5（6.5）	强调培训与开发	4
激励	4（5.2）	强调成就	4
其他	11（14.3）	其他	7

从表8-3可以看出以下方面。

第一，从频数（频率）总体分布来看，学者们对不同评估标准的认可度存在差异。最多的学者（33.8%）认为适应性/灵活性是效能评估标准的重要构成。频数（频率）数值分布是不均衡的，说明学者们对不同效能评估标准有明显不同的偏好。

第二，从频数大于10的评估标准来看，大部分学者强调组织与环境的关系、组织内部成员的发展、组织目标的实现以及组织的有序运行。这不仅与Steers（1977）对效能评估标准的频率分析结果相一致，而且也验证了竞争价值框架提出的效能评估标准（Quinn & Rohrbaugh，1981）。

第三，从聚类结果来看，除了整体效能、利润、生产率、满意度、适应性/灵活性、环境利用以及其他评估标准之外，其余的效能评估标准被归为一个类别。这说明整体效能等以及其他评估标准之间差异性较大，其余的效能评估标准之间相似性较大，也再次验证了学术界主要从上述四个方面确定组织效能的评估标准。

第四节 评估标准体系理论模型的构建

经过组织效能评估标准的初步筛选，本章提炼出了适用于组织效能评估的"普适性"标准。不过，这忽略了组织特征对组织效能评估标准选择的影响，也没有体现出各评估标准之间的逻辑联系。本节将对复杂组织与复杂组织效能两个概念进行操作化，然后提出评估标准体系构建的理论模型。

一 理论模型构建依据

复杂组织是一个具有抽象性与动态性特征的构念。虽然很多学者从不同角度对复杂组织的内涵与外延进行了探索，但仍然存在局限。本章的目的不是对其下一个能"放之四海而皆准"的定义，而是对其操作化做出初步尝试。如前所述，在复杂条件下，简单层级制结构的U型组织可演化为复杂层级制结构的M型组织；复杂层级制结构的M型组织可演化为复杂网络制结构的N型组织；复杂网络制结构的N型组织也会呈现许多具有复杂性特征的新型组织形式。也就是说，复杂组织是复杂层级组织、复杂网络组织与复杂新型组织并存的集合体。不仅如此，经典范式阶段的组织理论将复杂组织视为具有内部环境复杂性特征的组织；系统范式阶段的组织理论将复杂组织视为具有内外部环境复杂性特征且与内外部环境相互依存的组织；复杂范式阶段的复杂组织理论将复杂组织视为具有内外部环境复杂性特征且与环境相互作用、共同演化的复杂动态网络。也就是说，复杂组织是一元层次上的复杂组织个体、二元层次上的复杂组织系统、多元层次上的复杂组织巨系统的集合体。

本章从 5 个角度对复杂组织构念进行操作化：第一，从"理性人"角度看，可被操作化为为实现特定目标而设计的、与其他组织形式具有明显区别的"理性系统"；第二，从"自然人"角度看，可被操作化为由正式与非正式结构组成的、与其他组织形式具有共同属性的"自然系统"；第三，从"个体人"角度看，可被操作化为具有一定边界（即使难以明确界定）、由多元要素在相互作用之下构成的"封闭系统"；第四，从"系统人"角度看，可被操作化为成长在复杂环境中，从环境获取必要生存与发展资源的"开放系统"（理查德、戴维斯，2011）；第五，从"复杂人"角度看，可被操作化为由存在网络关系的大量元素组成、具有复杂性特征并与环境互动且共同演化的"复杂系统"。

复杂组织的操作化与复杂组织效能的操作化在一定程度上应是相互对应的。因此，本章相应地对复杂组织效能构念进行操作化：第一，从"理性人"角度看，可被操作化为为实现特定的复杂组织目标，由复杂组织内部各要素在相互作用之下涌现出的状态或者结果；第二，从"自然人"角度看，可被操作化为复杂组织内部各要素在非正式互动关系中呈现的人际关系或者组织氛围；第三，从"个体人"角度看，可被操作化为复杂组织充分利用其拥有的资源和能力生产产品或提供服务的平稳性与有序性；第四，从"系统人"角度看，可被操作化为复杂组织对外部环境变化做出及时反应，并不断获取生存性资源的行为或者状态；第五，从"复杂人"角度看，可被操作化为复杂组织满足内外部利益相关者冲突性利益诉求，并与内外部利益相关者协同共生的能力。以上 5 个角度的复杂组织效能构念操作化与理性目标模型、人际关系模型、内部过程模型、开放系统模型、战略成员模型相对应。这 5 个评估模型兼顾了复杂组织的内部与外部、成员与自身、运营过程与绩效结果以及短期增长与长远发展。

二 理论模型构建过程

复杂组织与复杂组织效能的操作化为评估标准体系构建提供了 5 个可供参照的理论模型。本节在前人研究基础上，将 5 个模型联系起来，构建以持续发展为导向的复杂组织效能评估的理论模型。学者们对各种效能评估模型做了有益尝试，如 Quinn 和 Rohrbaugh（1981）提出的竞争价值框架、Martz（2008）构建的评估清单模型等。其中，竞争价值框架被学术界广泛认可。因此，本章在对竞争价值框架修正和借鉴的基础上，提出以持续发展为导向的复杂组织效能评估标准的理论模型。

竞争价值框架的构建过程包含三个阶段。第一阶段，请专家对初步选定的 29 个效能评估标准[①]进行筛选。筛选标准包括：排除不在组织层次上的评估标准；排除由几个标准复合而成的评估标准；排除不是标准，而是已经被操作化的指标；排除不是对组织绩效进行评估的标准。第二阶段，请专家对第一阶段筛选后的 16 个评估标准进行两两比较，判断它们之间的相似性，判断尺度为 1（非常不相似）到 7（非常相似）。第三阶段，运用 INDSCAL 算法提炼出组织效能的三维度模型，并将此三维度模型用图形展示（见图 8-1）。

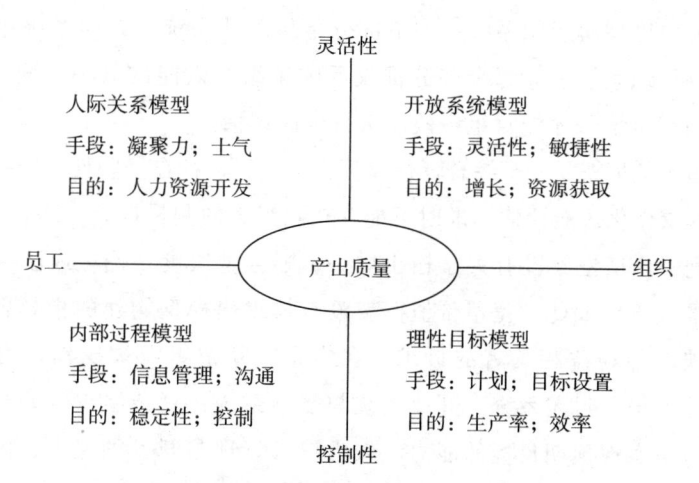

灵活性

人际关系模型
手段：凝聚力；士气
目的：人力资源开发

开放系统模型
手段：灵活性；敏捷性
目的：增长；资源获取

员工 ——— 产出质量 ——— 组织

内部过程模型
手段：信息管理；沟通
目的：稳定性；控制

理性目标模型
手段：计划；目标设置
目的：生产率；效率

控制性

图 8-1 复杂组织效能评估的竞争价值框架

资料来源：参见 Quinn 和 Rohrbaugh（1981：136）。

竞争价值框架表明了组织效能评估标准的 3 对相互竞争的价值观：第一，强调组织员工的福利还是组织自身的发展；第二，强调组织灵活性还是组织控制性；第三，强调组织运营过程还是绩效结果。3 对价值观的不同排列形成了 4 个效能评估模型，即开放系统模型、人际关系模型、内部

---

① 这 29 个评估标准来源于 Campbell（1974）对效能评估标准进行的归纳。

过程模型与理性目标模型。通过比较这3对价值观不同的配对方式，可发现此4个评估模型间的对立统一关系。①上半部分与下半部分是对立的。上半部分评估模型从自然系统视角理解组织系统，强调组织的分化性（Differentiation）、自发性（Spontaneity）和灵活性等属性；下半部分评估模型从理性系统视角理解组织系统，强调组织的整合化（Integration）、正式化（Formalization）和控制化等特征（Quinn & Rohrbaugh, 1983）。②左半部分与右半部分是对立的。左半部分是从封闭系统视角理解组织系统，强调组织的有界性、内部性与静态性等属性；右半部分是从开放系统视角理解组织系统，强调组织的无界性、外部性与动态性等特征。③左上部分与右下部分是对立的。左上部分是从自然系统与封闭系统相结合的角度理解组织系统；右下部分是从理性系统与开放系统相结合的角度理解组织系统。④右上部分与左下部分是对立的。右上部分是从自然系统与开放系统相结合的角度理解组织系统；左下部分是从理性系统与封闭系统相结合的角度理解组织系统。⑤每个部分都仅反映了组织效能的某一方面，4个评估模型的有机统一才能对组织效能进行全面评估。

竞争价值框架是一个综合评估模型，不过，仍存在局限性。Lee（2004）认为，在操作化效能评估标准时可能存在相当大的测量误差。Martz（2008）指出，竞争价值框架没有关于输出质量、财务健康度、伦理或法律考量的评估标准。不仅如此，竞争价值框架没有体现出模型构建的指导思想，也没有反映出各利益相关者的诉求。在本章，复杂组织被操作化为理性系统、自然系统、封闭系统、开放系统与复杂系统；复杂组织效能被操作化为复杂组织实现预期目标的能力、人力资源管理与开发的能力、内部平稳运行的能力、处理与外部环境关系的能力、应对内外部利益相关者诉求的能力。可见，复杂组织效能评估标准体系是在持续发展思想观念指导下，对复杂组织内部与外部适应性、局部与整体适应性、过程与结果适应性、短期与长期适应性进行的整体评价。因此，本章构建了以持续发展为导向的复杂组织效能评估标准体系的理论模型（见图8-2）。

根据复杂组织所处环境特征，本章对竞争价值框架进行了修正：①将竞争价值框架的"员工还是组织""控制性还是灵活性"两种对立价值观修正为"封闭系统还是开放系统""理性系统还是自然系统"；②将"持续发展"作为复杂组织效能评估标准体系构建的指导思想；③将复杂系统

```
                        自然系统
                          │
  债权人、供应商            │            社会环境
        人际关系模型 │ 开放系统模型
       ┌─────────────────────────┐
       │ 复杂系统理论（组织整体） │
       │ 资源基础观（组织内部）   │
       └─────────────────────────┘
  封闭系统 ─────────  持续发展  ───────── 开放系统
       ┌─────────────────────────┐
       │ 资源依赖理论（组织外部）     │
       │ 利益相关者理论（组织内外部） │
       └─────────────────────────┘
        内部过程模型 │ 理性目标模型
  政府、顾客              │            社区、自然环境
                          │
                        理性系统
```

图 8-2　复杂组织效能评估的理论模型

注：直线代表对立价值观；外圆代表组织边界；内圆代表理论模型构建的指导思想；方框代表理论模型构建的理论基础。

理论、资源基础观、资源依赖理论以及利益相关者理论作为复杂组织效能评估标准体系构建的理论基础；④除了开放系统模型、人际关系模型、内部过程模型、理性目标模型4个模型之外，增加了战略成员模型。相比传统的组织效能评估模型，本章构建的理论模型更能体现复杂组织效能的特征，具有综合性和一般性相结合的特点。

第五节　评估标准体系构建

为有效构建复杂组织效能评估标准体系，本节首先对复杂组织效能评估标准体系构建的原则进行说明，然后分别对一级指导思想、二级评估模型、三级评估维度以及四级评估标准的构建依据进行阐述，最后将评估标准体系进行合成。

一　评估标准体系构建原则

第一，评估标准具有普适性，但并不排除情境性。本章构建的是具有一般适用性特点的复杂组织效能评估标准体系，管理者可根据实际需要对评估标准进行筛选、修正或者增减。

第二，评估体系由评估模型、评估维度与评估标准构成，不包含评估指标。各评估标准可能有一系列评估指标与其对应，不同复杂组织在不同情境下可能适用完全不同的评估体系。因此，本章仅在评估标准层次上构建复杂组织效能的评估标准体系。

第三，评估标准限定在组织层次上。本章构建的评估标准体系建立在组织层次上，这会将属于个体层次和团队层次的评估标准排除在外，如员工满意度、团队工作氛围等。

第四，评估标准体系可对各评估模型进行综合。本章将复杂组织与复杂组织效能进行了操作化，对竞争价值框架进行了修正。在此基础上构建的评估标准体系可对各评估模型进行合理综合。

二　一级指导思想的提出依据

在复杂条件下，内外部环境力量会对复杂组织提出不同要求。从"理性人"角度看，复杂组织是为实现特定目标而被创造出来的实体，是否如期实现预期目标成为判断组织运行状况的重要尺度；从"自然人"角度看，复杂组织是调整自己适应所处环境以求生存的社会群体，能否建立良性的人际关系成为判断组织效能水平的重要标准；从"个体人"角度看，复杂组织是具有一定有界性与独立性的个体，能否促进自身平稳发展成为判断复杂组织存在意义的重要指标；从"系统人"角度看，复杂组织是与外界物质、信息、资源相联系的开放系统，能否从外部环境获取必要资源成为判断复杂组织成长能力的重要内容；从"复杂人"角度看，复杂组织是具有内部环境复杂性、外部环境复杂性以及内外部环境相互作用复杂性特征的复杂系统，能否在实现自身发展的同时促进外部环境与自身协同发展就成为判断组织持续发展能力的重要因素。总体而言，复杂组织是拥有多样化人格特征的组织系统，无论是追求目标实现、建立和谐人际关系、维持有序运行、获取环境资源，还是促进协同发展，其根本目的都在于促进复杂组织的持续发展。因此，本章将复杂组织的持续发展作为构建复杂组织效能评估标准体系的指导思想。

三 二级评估模型的构建依据

复杂组织可以通过很多途径实现持续发展。第一，从外部环境资源角度看，复杂组织可以通过不断提高获取外部环境资源的能力，降低自身对外部环境的依赖性。复杂组织从外部环境获取稀缺性资源，并加以高效利用的能力成为组织效能评估标准体系不可缺少的组成部分。第二，从内部成员角度看，复杂组织可以通过增强内部成员的凝聚力和士气，促进组织人力资源开发。复杂组织成员间的非正式系统会对组织效能产生重要影响。第三，从内部运行过程角度看，复杂组织可以通过改进内部运作流程、机制、信息沟通方式提高组织内部运行的平稳性。复杂组织内部的有序运行是将关键资源与能力转化为竞争优势的重要保障。第四，从预期目标实现角度看，复杂组织可以通过设定计划与目标，实现组织增长、利润提高与效率改进。复杂组织预期目标的实现对于体现组织存在意义起着至关重要的作用。第五，从内外部利益诉求角度看，复杂组织可以通过满足对组织持续发展具有重要影响的关键利益相关者的诉求，获取利益相关者的认可与支持。复杂组织满足其利益相关者的诉求是提高组织效能的必要条件之一。综上所述，本章认为开放系统模型、人际关系模型、内部过程模型、理性目标模型、战略成员模型是构建复杂组织效能评估标准体系的基础，且5个模型相互作用、缺一不可。

四 三级评估维度的选择依据

（1）开放系统模型的评估维度。学者们基于一般系统理论对组织如何提升获取外部环境资源的能力提出很多观点。Yuchtman 和 Seashore（1967）将组织效能定义为组织开发环境以获取稀缺性资源的谈判地位，认为组织效能评估标准不是单维而是多维系列标准。Seashore 和 Yuchtman（1967）采用因子分析法归纳出组织效能的10个评估维度，即营业额、生产成本、新员工生产率、员工的年轻度、业务混合、人力资源发展、强调管理、维护费用、员工生产率、市场渗透。Cunningham（1978）认为组织效能评估维度包括组织搜寻与适应外部环境的能力；组织运用资源创造产出以及维护系统的能力；组织议价以及最优化资源使用的能力。总体而言，开放系统模型评估的是组织与环境的互动关系，这种互动关系表现为两个方面：一是组织运用各种谈判技能，从外部环境获取必要资源；二是组织感知环境变化，做出积极应对。因此，本章将"议价能力"与"应变能力"作为开放系统模型的评估维度。

（2）人际关系模型的评估维度。学者们已从不同角度对组织效能的人际关系模型进行了探讨。Baker 等（1997）认为，人际关系模型的作用在于考察组织内非正式系统对员工动机、绩效与工作满意度的影响，其评估维度来源于领导与下属间关系质量、组织成员间的工作气氛等方面，如员工获得授权与表达个人观点等。Martz（2008）认为组织效能的人际关系模型主要是对组织内部人员之间的冲突关系与凝聚力进行评价。上述分析表明，人际关系模型将组织视为由人所构建的社会群体，认为成员间的非正式关系对组织的生存与发展产生重要影响。在复杂组织中，成员间的非正式关系主要表现为上下级关系与同级间关系。因此，本章将"上下级关系"与"同级间关系"作为人际关系模型的评估维度。

（3）内部过程模型的评估维度。许多学者从内部过程视角对组织效能评估进行了探索。在竞争价值框架的内部过程评估模型中，Quinn 和 Rohrbaugh（1981，1983）归纳出了 3 个评估标准，包括信息管理与沟通、控制、稳定性。Quinn 和 Spreitzer（1991）在竞争价值框架基础上，归纳出了集中化、控制、惯例性、正式化、稳定性、可持续性、秩序以及可预测的绩效结果 8 个评估标准。达夫特（2014）认为，内部过程模型追求内部的有序运行，并在动态环境中尽量维持这种平稳状态。综合学者们的观点，本章认为组织内部的有序运行取决于各项工作任务或者业务单元之间的构成状况与信息沟通方式。因此，本章将"组织惯例"与"信息沟通"作为内部过程模型的评估维度。

（4）理性目标模型的评估维度。理性目标模型是学术界评估组织效能的视角之一。Georgopoulos 和 Tannenbaum（1957）认为，在对组织效能进行评估时，必须将组织实现目标程度以及组织目标实现方法纳入评估体系中。Keeley（1978）将组织目标视为组织试图实现的未来状态，认为组织目标评估模型包含 3 个维度：第一个维度是组织期望实现的终极目标，即正式目标；第二个维度是组织正在试图实现的目标，即操作性目标；第三个维度是组织实现目标的有形手段，即目标实现手段。综合学者们的观点，本章认为，理性目标是组织努力达到的一种理想状态（达夫特，2014）。相比其他评估模型，理性目标模型更加强调组织的产出目标以及测评组织在何种程度上实现了这些目标（Price，1972）。因此，本章将"产出状况"与"绩效表现"作为理性目标模型的评估维度。

（5）战略成员模型的评估维度。Goodman 和 Pennings（1979）认为，在组织内部存在一个体现组织内外各战略成员利益诉求的支配联盟。这个支配联盟就是各利益集团讨价还价的舞台。可见，战略成员是对组织资源输入、转化、维持和产出等过程产生重要影响的主体。战略成员模型主要考察组织内外利益相关者对组织运行状态或绩效结果的满意程度。由于战略成员可从内外两个方向进行确定，故本章将"内部满意"与"外部满意"作为战略成员模型的评估维度。① 其中，"内部满意"维度主要考察组织对所有者与员工的诉求的满足程度；"外部满意"维度主要考察组织对债权人、供应商、政府、顾客、社区、自然环境、社会环境的诉求的满足程度。

五　四级评估标准的选择依据

（1）开放系统模型的评估标准。组织与环境的互动关系表现在两个方面：一是组织运用各种谈判技能，从外部环境获取必要资源；二是组织感知外部环境变化，做出积极应对。第一种能力是指组织为了持续发展，从外部环境获取诸如金融资源、物质资源、人力资源、知识与技术等的讨价还价能力，可称之为"议价能力"。本章选取"所处地位"与"竞合技能"作为"议价能力"的评估标准。其中，"所处地位"是指组织在商业关系网络中所处的地位；"竞合技能"是指组织在商业网络关系中采用的竞合策略。第二种能力是指为了持续发展，复杂组织及时响应外部环境变化而进行变革的能力，可称之为"应变能力"。本章选取"环境感知能力"与"组织反应能力"作为"应变能力"的评估标准。其中，"环境感知能力"是指组织是否能够理解与感知外部环境变化的

---

① 本章是从复杂组织角度提出"战略成员模型"的评估维度与评估标准，下同。

真实信息，强调组织被动接收环境发出的信息；"组织反应能力"是指组织在接收信息之后，是否能够及时做出反应，强调组织进行变革的主动性。

（2）人际关系模型的评估标准。人际关系模型是从自然系统与封闭系统价值观相结合视角，探讨由人构成的社会群体的属性、行为与功能。人际关系模型包含两个评估维度：上下级关系与同级间关系。本章选取"领导授权"与"下属参与"作为"上下级关系"维度的评估标准。"领导授权"是指在完成工作任务时，领导者基于对下属的充分信任，赋予其相关职责权限，使其能自主处理事务；"下属参与"是指下属员工或者机构积极参与组织决策，表达自己的观点、意见和建议。本章选取"利益共享"和"组织凝聚力"作为"同级间关系"维度的评估标准。"利益共享"是指组织成员在组织中创造价值，组织会在组织成员间进行公平的价值分配，"利益共享"是物质层面的表现；"组织凝聚力"是指组织成员之间互助协作、和谐友善、价值认同等的关系状态，"组织凝聚力"是精神层面的表现。

（3）内部过程模型的评估标准。内部过程模型是从理性系统与封闭系统价值观相结合角度评估复杂组织内部有序运行的能力。本章将内部过程模型划分为两个评估维度：组织惯例与信息沟通。其中，在"组织惯例"维度中，本章主要选取"工作程序标准化"和"规章制度正规化"两项评估标准。"工作程序标准化"是指组织内部各项工作任务是否分工明确、各项工作任务的操作是否标准；"规章制度正规化"是指组织内部的工作描述、职务说明、规章条例等是否明确、清晰。在"信息沟通"维度中，本章主要选取"纵向信息沟通"与"横向信息沟通"两项评估标准。"纵向信息沟通"是指组织内部不同层级间的各工作任务之间的纵向控制、行政命令等是否合理有效；"横向信息沟通"是指同一层级间的各工作任务之间的横向联系、信息反馈等是否合理有效。

（4）理性目标模型的评估标准。理性目标模型目的在于考察组织是否有效地生产产品，是否较好地满足顾客需求，实现预期利润。本章将理性目标模型划分为"产出状况"与"绩效表现"两个评估维度。在"产出状况"方面，本章选取"生产率"与"效率"两个评估标准。其中，"生产率"是指每单位资源投入所生产出的产品数量。如果相同数量的资源投入产生了更多的产品，则生产率提高。"效率"是指组织生产单位产品所耗用的资源量（Sandefur，1983）。如果组织能比其他组织采用更少的资源生产出同样的产品，则其具有效率优势（Steers，1977）。在"绩效表现"方面，本章选取"财务绩效"与"市场绩效"两个评估标准。其中，"财务绩效"考察组织的财务状况，如利润、ROA、ROI等；"市场绩效"评价组织的市场表现，如销售额、市场份额等。

（5）战略成员模型的评估标准。战略成员模型考察组织在多大程度上满足了内外利益相关者的诉求。战略成员模型包括"内部满意"与"外部满意"两个评估维度。"内部满意"维度体现组织对所有者与员工的诉求的满足，将"所有者权益"与"员工发展和福利"作为评估标准。"外部满意"维度体现组织对债权人、供应商、政府、顾客、社区、自然环境与社会环境的诉求的满足，将"偿债能力"、"交易关系质量"、"法律法规遵从性"、"产品或服务质量"、"社区事务贡献"、"环境保护"与"社会责任承担"作为评估标准。其中，"所有者权益"是指组织是否充分保障了所有者获取收益的基本权益。"员工发展和福利"是指组织为员工提供的薪酬津贴、职业发展机会以及工作环境。"偿债能力"是指组织对债权人偿还债务的及时性与安全性。"交易关系质量"是指组织是否能在合约期限内向供应商支付款项，维持与供应商的良好交易关系。"法律法规遵从性"是指组织是否遵照政府颁布的法律法规与规章制度开展业务。"产品或服务质量"是指组织是否为顾客提供高质量的产品与服务。"社区事务贡献"是指组织是否对社区事务做出贡献。"环境保护"是指组织是否做到了资源节约与环境友好。"社会责任承担"是指组织是否承担了必要的社会责任。

第六节　评估标准体系的合成

为构建逻辑一致、系统综合的以持续发展为导向的复杂组织效能评估标准体系，本节对上文的一级指导思想、二级评估模型、三级评估维度以及四级评估标准进行综合（见表8-4）。

表 8-4 复杂组织效能的评估标准体系

一级指导思想	二级评估模型	三级评估维度	四级评估标准
复杂组织效能：持续发展	开放系统模型：外部资源获取	议价能力	所处地位
			竞合技能
		应变能力	环境感知能力
			组织反应能力
	人际关系模型：人力资源开发	上下级关系	领导授权
			下属参与
		同级间关系	利益共享
			组织凝聚力
	内部过程模型：内部平稳运行	组织惯例	工作程序标准化
			规章制度正规化
		信息沟通	纵向信息沟通
			横向信息沟通
	理性目标模型：预期目标实现	产出状况	生产率
			效率
		绩效表现	财务绩效
			市场绩效
	战略成员模型：利益相关者评价	内部满意	所有者权益
			员工发展和福利
		外部满意	偿债能力
			交易关系质量
			法律法规遵从性
			产品或服务质量
			社区事务贡献
			环境保护
			社会责任承担

第七节 研究讨论

本章初步提出了以持续发展为导向的复杂组织效能的评估标准，构建了评估标准体系的理论模型，筛选了各评估模型的评估维度与评估标准，并最终建立起具有综合性与一般性特征的复杂组织效能评估标准体系。接下来，本章对研究结果进行简要讨论。

第一，从组织效能评估标准的筛选过程与结果来看，学者们对组织效能评估标准的理解是不断发展的。组织效能的评估视角已从传统的目标视角泛化开来，开始呈现多视角综合以及新视角涌现的趋势。学者们主要从组织的外部适应性与内部适应性两个角度选择组织效能的评估标准。虽然学者们从不同角度提出了较为繁杂的评估标准，但广为学术界认可的评估标准主要来源于组织与环境的关系、组织内部成员的发展、组织目标的实现以及组织的有序运行四个方面。这四个方面的评估标准从整体上体现了组织的外部适应性与内部适应性。

第二，从复杂组织、复杂组织效能构念操作化与效能评估理论模型构建的关系来看，三者在逻辑上是一致的。在特定条件下，复杂组织可被操作化为理性系统、自然系统、封闭系统、开放系统与复杂系统；复杂组织效能可被操作化为复杂组织实现预期目标的能力、人力资源管理与开发的能力、内部平稳运行的能力、处理与外部环境关系的能力、应对内外部利益相关者诉求的能力。相应地，复杂组织效能评估标准体系是由理性目标模型、人际关系模型、内部过程模型、开放系统模型与战略成员模型构成的整体评估框架。三者之间逻辑的一致性进一步验证了复杂组织与复杂组织效能构念操作化是复杂组织效能评估标准体系构建的基本依据。

第三，从复杂组织效能的各评估模型间关系来看，各评估模型间是对立统一关系。对立关系是指各评估模型的研究视角在某种程度上是相互矛盾的，统一关系是指各评估模型的评估内容在某种意义上是相互补充的：开放系统模型强调了复杂组织从外部环境获取必要生存资源的能力；人际关系模型强调了复杂组织为内部员工的发展而创造平等、互助与和谐的非正式关系，开发员工人力资源的能力；内部过程模型强调了复杂组织内部在高效沟通的基础上，能够维持自身平稳有序运行的能力；理性目标模型强调了复杂组织在一定生产技术条件下产出产品或提供服务，满足顾客需求的能力；战略成员模型强调了复杂组织满足各利益相关者异质性需求的能力。从上述分析可发现，各评估模型在评估视角上存在对立统一性，在评估内容上存在互补性。

第四，从评估标准体系整体特征来看，效能评估标准体系是以复杂组织持续发展为指导思想，由理性目标模型、人际关系模型、内部过程模型、开放系统模型与战略成员模型及其评估维度与评估标准构成的复杂系统。复杂组织是由内外多个要素在相互作用下构成的复杂系统。复杂组织效能是复杂组织在成长与发展过程中呈现的行为、能力、状态与结果的总和。复杂组织效能评估标准体系是由多个评估模型在互动关系下构成的复杂系统。这不仅验证了复杂组织与复杂组织效能的复杂性特征，而且也说明从单一视角或者单一层面构建复杂组织效能评估标准体系是不完整、不全面的。

总体而言，复杂组织效能的评估标准体系会随着情境的变化而变化。本章在持续发展思想的指导下，构建了具有综合性与一般性特征的复杂组织效能评估标准体系，可能并不适用于特定的组织形式。在复杂组织效能评估实践中，管理者可以根据情境的变化对评估标准体系进行修改与完善。

第九章
复杂组织效能的影响因素

复杂组织效能是在内外各因素共同作用之下呈现的行为、能力、状态与结果的总和。复杂组织效能评估标准体系是多维的。那么企业该如何提升组织效能？已有研究从很多视角对此问题进行了探索。本章运用元分析法与回归分析法，对已有文献资料中组织效能影响因素与组织效能关系的实证研究结果以及调节变量对二者关系的调节作用进行检验，从而为下一章构建系统动力学模型提供实证依据。

第一节 问题提出

复杂组织是具有动态性、开放性特征的复杂系统。组织的持续发展受组织内外部条件变化的影响。复杂组织的持续发展在很大程度上是组织系统顺应内外需求变化而不断进行的变革过程。那么，企业如何才能保持情境变化与效能演化的一致性？这不仅是研究者关注的焦点问题，而且是管理者不得不应对的实际难题之一。组织效能是组织在一定时期内总体的运行状态与绩效表现，受很多因素影响。为探索情境变化与效能演化的一致性问题，本章重点探讨组织效能有哪些影响因素，这些因素是如何影响组织效能的。

组织效能是多维构念。从构成维度来看，组织效能可分为人力资源开发能力、平稳运行能力、外部环境资源获取能力以及预期目标实现能力等多个维度（Cameron，1986）。从组织效能影响因素来看，其影响因素包括外部环境、目标和战略、规模、技术、文化等权变因素以及体现组织存在性的组织结构（达夫特，2014）。此外，各影响因素与效能各维度的关系研究结果存在非一致性。例如，Aktaş 等（2011）研究发现，组织文化与组织效能之间存在中高度的正相关关系；王辉等（2011）认为组织文化与组织效能之间存在低度的正相关关系。那么，组织效能包含哪些维度？各维度受哪些因素影响？各影响因素与效能各维度关系研究结果的差异表现在哪些方面？差异程度如何？本章运用元分析法与回归分析法对组织效能影响因素与组织效能的关系以及调节变量对二者关系的调节作用进行检验。

第二节 变量设定与研究假设

元分析法是对变量关系效应值进行统计分析的定量分析法；回归分析法是基于经典回归分析模型对变量关系进行假设检验的计量分析法。因此，在运用元分析法与回归分析法对组织效能影响因素与组织效能的关系以及调节变量对二者关系的调节作用进行检验之前，本章首先对文献资料中组织效能影响因素、组织效能与调节变量的测量维度进行归类，而后结合已有研究的实证结果提出组织效能影响因素与组织效能关系的研究假设以及调节变量对二者关系调节作用的研究假设。

一 主效应关系及其研究假设

学术界对组织效能的定义与测量未形成一致意见（Quinn & Rohrbaugh, 1981；Martz, 2008；Hartnell et al., 2011；Fischbacher-Smith, 2014）。为便于运用元分析法与回归分析法对主效应及调节作用进行检验，本章不对组织效能的定义与测量维度做具体限定，仅对文献中的组织效能测量维度进行归类。Hartnell 等（2011）在综合已有测量维度的基础上，将组织效能细分为三类：①员工满意度，表明员工对组织的认知，将组织承诺、工作满意度等作为测量变量；②运营效能，体现组织的创新性生产过程以及产品或服务质量；③财务效能，即组织对营业收入与盈利能力的追求。Jain 等（2011）将组织效能测量维度归纳为：①利润与增长效能；②资源获取效能；③感知的整体效能；④人力资源效能。

借鉴已有研究成果，本章将组织效能归纳为以下六类：①人力资源效能，指组织在员工士气、人员留任、员工满意、组织承诺以及组织支持等方面的总体表现；②运营效能，指组织在新产品开发、服务质量、运营效率、流程改进等方面的总体表现；③适应效能，指组织在市场份额、销售增长、竞争能力、创新发展等方面的总体表现；④财务效能，指组织在成本管理、利润增长、盈利能力等方面的总体表现；⑤整体效能，指组织在目标实现、稳定性控制、内部流程优化、人员发展、事件处理等方面的总体表现，且以单维测量为主；⑥其他，指组织在上述内容之外的其他方面的总体表现。

组织效能是关于组织绩效的价值判断（Quinn & Rohrbaugh，1981，1983），受多种因素影响。Hansen 和 Wernerfelt（1989）指出，社会、政治、经济和技术等环境因素，结构、系统、规模、历史等组织因素，技能、个性、年龄等成员因素以及决策实践、沟通信息流、目标实现、人力资源管理、领导力、团队过程、工作条件等组织气氛因素都对组织效能产生影响。PhD（2007）发现，非物质因素（如目标一致性、参与决策、文化、氛围与管理战略等）对组织效能具有预测作用。贺小格（2014）将组织效能视为组织系统质涌现的结果，认为组织效能主要受组织环境、组织资源、组织能力和组织机制四个因素影响。

借鉴已有关于组织效能影响因素的分类方法，本章将其影响因素归纳为八类：①组织文化，指组织价值观、道德规范、行为准则等对效能的影响；②人力资源管理实践，指员工态度、员工行为、员工激励等对效能的影响；③组织规模、结构和战略，成员构成、物理与非物理结构、战略类型等对效能的影响；④组织环境（其本身就是一种情境），指宏观环境、行业环境等对效能的影响；⑤管理者（领导）特质，指领导风格、高管团队个性、企业家精神等对效能的影响；⑥心理特征（氛围），指心理契约、情感状态、工作氛围等对效能的影响；⑦知识管理和组织学习，指知识系统创建、核心能力创造等对效能的影响；⑧其他，指上述内容之外的其他方面因素对效能的影响。

在组织效能的不同实证研究中，同一组变量关系的研究结果往往具有非一致性。①关系方向的非一致性。Smith（2006）认为，组织结构与组织效能存在低度正相关关系；Zheng 等（2010）指出，组织结构与组织效能存在低度负相关关系。②关系强度的非一致性。Angle 和 Perry（1981）认为，组织承诺与员工离职率之间存在中度的负相关关系；Koys（2001）研究发现，组织承诺与员工离职率之间存在低度的负相关关系。可知，组织效能影响因素与组织效能的关系既有正向也有负向，且同向关系之间也会存在较大差异。

组织效能影响因素与组织效能既存在相关关系，也存在因果关系，而且各影响因素（本章下文均指组织效能影响因素）与组织效能包含不同测量维度，故存在以下四种情形：①各影响因素与组织效能的相关关系；②各影响因素与组织效能维度的相关关系；③各影响因素与组织效能的因果关系；④各影响因素与组织效能维度的因果关系。结合上文对变量关系非一致性的分析，本章可提出如下假设。

H1A：各影响因素与组织效能的相关关系（正向关系与负向关系）研究结果存在显著差异。

H1B：各影响因素与组织效能维度的相关关系（正向关系与负向关系）研究结果存在显著差异。

H1C：各影响因素与组织效能的因果关系（正向因果与负向因果）研究结果存在显著差异。

H1D：各影响因素与组织效能维度的因果关系（正向因果与负向因果）研究结果存在显著差异。

二 调节作用及其研究假设

各影响因素与组织效能关系研究结果的非一致性在一定程度上归因于研究情境的差异。借鉴陈立敏和王小瑕（2014）的分类方法，本章将调节因素归纳为4个方面：①文献发表，包括期刊影响因子与出版年份2个调节变量；②研究对象，包括研究对象所在国家、所属类型Ⅰ、所属类型Ⅱ、所在行业4个调节变量；③变量测量，包括抽样对象、抽样方法、量表类型、测量方式4个调节变量；④研究方法，包括有效样本量、分析方法2个调节变量。

1. 文献发表

（1）期刊影响因子。陈立敏和王小瑕（2014）发现高质量期刊可能更倾向于发表自变量与因变量关系结果显著的研究成果。因此，本章假设：发表于不同影响力期刊的独立研究结果，影响因素与组织效能关系存在显著差异（H2）。进一步地，这种差异表现在3个方面：①变量特征（变量维度数、变量条目数、变量信度）的差异；②关系类型（自变量与因变量关系还是中介变量与因变量关系，正向关系还是负向关系）的差异；③关系强度（相关关系强度、因果关系强度）的差异。

（2）出版年份。虽然学术界对效能的概念界定、评估标准等内容进行了诸多探讨，但未提出一个"单一的、简单的效能模型或理论"，Goodman等（1983）建议学术界暂停对效能进行研究。在此观点影响下，20世纪80年代，效能研究趋于冷淡。进入21世纪，效能研究才焕发出新的活力。因此，本章假设：来源于不同出版年份的独立研究结果，影响因素与组织效能关系存在显著差异（H3，进一步的差异假设同H2）。

2. 研究对象

（1）研究对象所在国家。程聪和谢洪明（2013）认为，处在发达国家文化背景的企业在效能水平方面可能优于处在其他国家文化背景的企业。Wang（2002）研究发现，中国企业的CEO领导特质与组织承诺存在中高度正相关关系。Colbert等（2014）却发现，多国企业的高管团队（或者CEO）个性与组织承诺存在低度正相关关系。因此，本章假设：来源于不同国家文化背景的样本，影响因素与组织效能关系存在显著差异（H4，进一步的差异假设同H2）。

（2）研究对象所属类型Ⅰ。类型Ⅰ是指研究者选取的研究对象是企业组织还是非企业组织，抑或是两者混合。组织效能作为具有情境性特征的构念，影响因素与组织效能的关系可能受研究对象所属组织类型的影响。Gregory等（2009）研究发现，医疗机构的组织文化与病人满意度的关系不显著。其他以企业组织为对象的实证研究往往得出组织文化与员工满意之间存在中高度正相关关系的结论。因此，本章假设：所属不同类型Ⅰ的样本，影响因素与组织效能关系存在显著差异（H5，进一步的差异假设同H2）。

（3）研究对象所属类型Ⅱ。类型Ⅱ是指研究者选取的研究对象是营利性组织还是非营利性组织，抑或是两者混合。Judge（1994）研究发现，在非营利性医院中，环境资源稀缺性（Environmental Scarcity）、组织规模、董事会外部代表（Outsider Representation）与财务绩效、社会绩效都具有显著的相关关系。其他以营利性组织为研究对象的实证研究很少探讨影响因素与社会绩效的关系。因此，本章假设：所属不同类型Ⅱ的样本，影响因素与组织效能关系存在显著差异（H6，进一步的差异假设同H2）。

（4）研究对象所在行业。张骁和胡丽娜（2013）认为，当研究对象是制造业企业时，研究者倾向于选择新产品开发、质量提高、销售增长、ROA、市场份额等作为因变量（Yilmaz & Ergun，2008）；当研究对象是服务业企业时，研究者更倾向于选择员工满意度、顾客满意度、员工离职率等作为因变量。这会使得相同的影响因素与组织效能关系的实证结果产生差异。因此，本章假设：所属不同行业的样本，影响因素与组织效能关系存在显著差异（H7，进一步的差异假设同H2）。

3. 变量测量

（1）抽样对象。一些学者将领导或主管作为抽样对象，分析领导或主管特质对组织效能的影响（Colbert et al.，2014；Taylor et al.，2014）；也有学者将下属员工作为抽样对象，探讨心理契约与学习型组织等对组织效能的影响（Jeong et al.，2007；朱晓妹、王重鸣，2006）。此外，也有学者以领导或主管与下属员工的混合样本作为研究对象，分析组织环境、规模与战略等对组织效能的影响（Dikmen et al.，2005；Zheng et al.，2010）。可见，不同抽样对象适用于完全不同的情境。因此，本章假设：来自不同抽样对象的样本，影响因素与组织效能关系存在显著差异（H8，进一步的差异假设同H2）。

（2）抽样方法。在组织效能的实证研究中，许多研究不是按照随机原则进行抽样的。如Acquaah和Tukamushaba（2015）采用了两个相互独立的样本，一个样本来自加纳的公共部门，另一个样本来自乌干达的公共与私人部门，针对每一个部门样本，作者都有意选取了5个领导或主管与5个下属员工作为调查对象，故其抽象方法不是随机抽样。因此，本章假设：不同抽样方法产生的样本，影响因素与组织效能关系存在显著差异（H9，进一步的差异假设同H2）。

（3）量表类型。李氏5点量表是实证分析常用的量表类型，但在组织效能的实证研究中，学者们往往不是分析单一自变量与单一因变量的关系，而是研究多维自变量与多维因变量的关系。也就是说，一项独立研究可能采用多种李氏量表，这会对研究结果产生影响。因此，本章假设：不同量表类型产生的样本，影响因素与组织效能关系存在显著差异（H10，进一步的差异假设同 H2）。

（4）测量方式。在实证分析中，研究者采用的测量方式主要有：第一，静态测量，如研究者通过调查领导或主管、下属员工的主观感知或者通过查找档案记录收集数据资料；第二，动态测量，如研究者通过比较组织运营的实际状况与期望目标之间的差异，或者比较本企业与同行业中其他企业的差异以获取数据资料。这两种测量方式会产生不同的数据结构，可能对研究结果产生影响。因此，本章假设：不同测量方式产生的样本，影响因素与组织效能关系存在显著差异（H11，进一步的差异假设同 H2）。

4. 研究方法

（1）有效样本量。研究者可能会选取不同的抽样对象与抽样方法，这会使得不同研究基于不同数量级的样本量。此外，元分析法将各项独立文献的样本量作为合并效应值的权重，这会导致合并效应值偏向于样本量更大的效应值。因此，本章假设：来源于不同有效样本量的样本，影响因素与组织效能关系存在显著差异（H12，进一步的差异假设同 H2）。

（2）分析方法。在实证研究中，许多学者会综合运用相关与回归分析法，报告相关系数和回归系数，但有部分学者只选用相关或回归分析法，只报告相应的系数，这会导致效应值缺失，进而对检验结果产生影响。因此，本章假设：不同分析方法产生的分析数据，影响因素与组织效能关系存在显著差异（H13，进一步的差异假设同 H2）。

第三节 研究设计

一 研究方法

1. 元分析法

元分析法（Meta Analysis）是一种对文献资料进行再分析的方法，其基本原理是通过统计、计量方法对同一研究主题之下的多项独立实证研究结果进行再分析以获取普适性的研究结论（Glass，1976）。元分析法是一种对独立研究结果进行统计分析，对差异来源进行检验，并对相似性结果进行合成的方法（罗杰、冷卫东，2013）。

相比文献综述法，元分析法具有以下优点（利普西，2008）。①增强统计有效性。在多项独立文献中，研究者可能由于测量方法、测量工具、统计指标的不同对同一研究问题有不同的结论。元分析是对多项独立研究结果基于统计分析法的再分析，可有效减少抽样误差和测量误差，从而提高研究结论在统计学上的有效性（程聪，2013）。②构建新的研究假设。在多项独立研究中，研究者由于主客观条件的限制可能仅关注变量与变量之间的因果关系，忽略了其他情境变量，如测量方式、行业特征、文化环境等因素对变量关系的影响。元分析能在整合研究结果的基础上，全面探讨影响某组变量关系的调节因素，从而提出新的研究假设。③综合评价与分析独立研究结果之间的分歧。元分析不只是对不同研究结果进行综合，也会为综合研究结论提出客观的、一致性的自检标准。

总体而言，元分析特别适合于文献资料的再分析，为综合组织效能的实证研究结果提供新的思路。不过，在以往的元分析中，学者们往往采用类方差分析法检验调节变量对自变量与因变量关系的调节作用（赖弘毅、晁钢令，2014）。这会导致调节变量二元化，限制调节变量的选择范围。此外，各调节变量之间存在交互效应（程聪、谢洪明，2013），类方差分析法无法对交互效应进行有效分析。因此，可将自变量与因变量关系的效应值作为被解释变量，将调节变量作为解释变量，采用回归分析模型（多元线性、Probit 与 Logit 模型等）对调节作用进行检验以提高检验结果的有效性。

元分析法包括以下 5 个步骤。①确定研究主题。不同学者对同一研究问题会进行大量实证研究，导致元分析研究的问题有丰富的实证研究结果。②搜索文献资料。确定元分析研究问题后，全面收集与研究问题相关的文献资料。③文献编码。在搜索完毕后，根据研究问题特点确定文献编码规则，提出一套完善的编码程序。在文献编码阶段，选取文献资料的来源、名称、作者、发表年份、自变量、因变量、相关系数、均值、标准差等作为编码对象。④综合分析。编码完成后，对编码所得数据进行统计分析，并对效应值进行合并。⑤结论讨论。结合效应值合并分析结果得出研究问题客观、全面、有说服力的结论。

2. 回归分析模型

调节作用是对自变量与因变量关系差异性的考察，有必要对差异表现和差异来源进行分析，从而确定回归模型的解释变量与被解释变量。因此，本章分别运用多元线性回归模型和二元 Logit 模型对调节作用进行检验。在组织效能实证研究中，各独立研究的差异表现为变量特征（变量维度数、变量条目数和变量信度）、关系类型（自变量与因变量关系还是中介变量与因变量关系，正向关系还是负向关系）与关系强度（相关关系强度与因果关系强度）3 个方面，差异来源表现为文献发表、研究对象、变量测量和研究方法 4 个方面。因此，本章回归分析模型的解释变量与被解释变量进行如下设定。

解释变量：①期刊影响因子，以复合影响因子进行编码。②出版年份，以文献发表的年份进行编码。③研究对象所在国家。将所在国家划分为发达国家、发展中国家、混合或其他，引入两个虚拟变量：若为发达国家则编码为 1，否则为 0；若为发展中国家则编码为 1，否则为 0。④研究对象所属类型Ⅰ。将所属类型Ⅰ划分为企业组织、非企业组织、混合或其他，引入两个虚拟变量：若全部为企业组织则编码为 1，否则为 0；若全部为非企业组织则编码为 1，否则为 0。⑤研究对象所属类型Ⅱ。将所属类型Ⅱ划分为营利性组织、非营利性组织、混合或其他，引入两个虚拟变量：若全部为营利性组织则编码为 1，否则为 0；若全部为非营利性组织则编码为 1，否则为 0。⑥研究对象所在行业。将所在行业划分为制造业、服务业、混合或其他，引入两个虚拟变量：若全部为制造业则编码为 1，否则为 0；若全部为服务业则编码为 1，否则为 0。⑦抽样对象。将抽样对象划分为领导或主管、下属员工、混合或其他、组织本身，引入 3 个虚拟变量：若全部为领导或主管则编码为 1，否则为 0；若全部为下属员工则编码为 1，否则为 0；若全部为混合或其他则编码为 1，否则为 0。⑧抽样方法。将抽样对象划分为简单随机抽样与其他，引入虚拟变量：若为简单随机抽样，则编码为 1，否则为 0。⑨量表类型。将量表类型划分为李氏 5 点量表、李氏 7 点量表、混合或其他，引入两个虚拟变量：若全部为李氏 5 点量表，则编码为 1，否则为 0；若全部为李氏 7 点量表，则编码为 1，否则为 0。⑩测量方式。将测量方式划分为静态测量、动态测量、其他，引入两个虚拟变量：若为静态测量，则编码为 1，否则为 0；若为动态测量，则编码为 1，否则为 0。⑪有效样本量。直接以论文报告的样本量进行编码。⑫分析方法。将分析方法划分为相关分析、回归分析、相关与回归分析、其他，引入 3 个虚拟变量：若为相关分析，则编码为 1，否则为 0；若为回归分析，则编码为1，否则为0；若为相关与回归分析，则编码为1，否则为0。

被解释变量：第一，变量特征方面。①影响因素维度数与组织效能的维度数；②影响因素条目数与组织效能的条目数；③影响因素的内部一致性信度和组织效能的内部一致性信度。以上三种变量特征都采用多元线性回归模型进行分析。第二，关系类型方面。①自变量与因变量关系和中介变量与因变量关系。引入一个虚拟变量：若为自变量与因变量关系类型则编码为1，否则为0。②正向关系和负向关系。引入一个虚拟变量：若为正向关系类型则编码为1，否则为0。以上两种关系类型都采用二元Logit模型进行分析。第三，关系强度方面。①相关系数绝对值；②回归系数绝对值。以上两种关系强度都采用多元线性回归模型进行分析。

二 资料采集与分析

本研究从2015年6月至2015年9月运用关键词检索法对相关文献资料进行了在线搜索，检索的中文关键词包括组织效能、组织有效性、企业效能、企业有效性、组织结果、组织效果；英文关键词包括Organizational Effectiveness、Organizational Assessment、Evaluative Criteria。文献检索的数据库包括中国知网、维普期刊网、万方数据、EBSCO、JSTOR、ProQuest Dissertations & Theses、Science Direct、Springer、Web of Science、Wiley。

Quinn 和 Rohrbaugh（1981）较早对组织效能进行了实证研究。因此，本章将检索时间范围限定为1981~2015年，对初始文献按照以下规则进行筛选。①研究方法为实证分析法，包括相关分析、回归分析、路径分析与结构方程模型等。②文献须报告相关系数与回归系数，或者根据统计学公式可转换为相关系数与回归系数的数据。③如果同一样本用于多项独立研究，则选取一个独立研究结果。经过筛选，共计61篇文献（35篇英文文献和26篇中文文献）（见附录1）符合本章的筛选规则。在此之后，本章参照编码规则对变量进行了编码（见附录2），共产生了来自96485个样本的170个效应值。在得到基本效应值之后，运用Stata 13 MP软件进行了效应值合并、异质性检验与发表偏倚分析。各项分析的算法如下。

（1）效应值合并。相关系数与回归系数一般不满足正态分布，需将二者转化为Fisher z值。公式如下：

$$ES_{z_i} = z_i = 0.5 \times \ln\left[\frac{1+r_i}{1-r_i}\right]$$

$$v_{z_i} = \frac{1}{n_i - 3}$$

$$w_{z_i} = n_i - 3$$

$$SE_{z_i} = \frac{1}{\sqrt{n_i - 3}}$$

其中，n_i 为独立研究样本量，v_{z_i} 表示转换后的方差，w_{z_i} 表示各独立样本在合并效应值中的权重，SE_{z_i} 表示转换后的标准误。

计算出 Fisher z 值之后，利用如下公式计算出合并效应值：

$$\overline{ES_{z_r}} = \frac{\sum_{i=1}^{k} \frac{z_i}{v_{z_i}}}{\sum_{i=1}^{k} \frac{1}{v_{z_i}}} \quad \frac{\sum_{i=1}^{k} w_{z_i} \cdot ES_{z_i}}{\sum_{i=1}^{k} w_{z_i}}$$

$$v_{z_r} = \frac{1}{\sum_{i=1}^{k} w_{z_i}}$$

合并效应值的 95% 置信区间为 $\overline{ES_{z_r}} \pm 1.96\ (\sqrt{v_{z_r}})$。在求得合并效应值之后，利用如下公式将合并效应值转换为相关系数：

$$r = \frac{e^{2\overline{ES_{z_r}}} - 1}{e^{2\overline{ES_{z_r}}} + 1}$$

（2）异质性检验。本书采用 Q 统计量（Q 统计量是自由度为 $k-1$ 的卡方分布）对效应值的异质性进行检验，公式如下：

$$Q = \sum_{i=1}^{k} \frac{(ES_{z_i} - \overline{ES_{z_r}})^2}{v_{z_i}} = \sum_{i=1}^{k} w_{z_i}(ES_{z_i} - \overline{ES_{z_r}})^2 = \sum_{i=1}^{k} w_{z_i} ES_{z_i}^2 - \frac{\sum_{i=1}^{k}(w_{z_i} ES_{z_i})^2}{\sum_{i=1}^{k} w_{z_i}}$$

（3）发表偏倚（Publication Bias）。在元分析中，漏斗图是很多报告发表偏倚[①]分析方法的常用工具。漏斗图基于的假设是效应量的精度随着样本量的增加而增加，精度低的小样本分布在漏斗图底部，且向周围分散；

[①] 在以往的元分析中，研究者一般采用失安全系数（Fail-safe Number）判定发表偏倚，但有学者认为，"失安全系数法不是一种识别发表偏倚的方法，而是一种能否确定发表偏倚可以忽略的方法"（罗杰、冷卫东，2013），因此本书不再使用失安全系数法评估发表偏倚。

精度高的大样本分布在漏斗图顶部，且向中间集中（罗杰、冷卫东，2013）。也就是说，无发表偏倚的样本会呈现倒置的漏斗形态。漏斗图检验发表偏倚的缺点在于主观性太强，故本书采用 Egger 法对发表偏倚进行对称性检验。

第四节 假设检验与结果分析

一 主效应关系检验

为更好地对组织效能影响因素与组织效能关系研究结果进行效应值合并与异质性检验，本书将相关系数效应值和回归系数效应值均划分为正向关系与负向关系两部分，共产生了4项数据资料。

1. 相关关系效应值分析

根据效应值合并与异质性检验公式，运用 Stata 13 MP 软件对各影响因素与效能维度的相关系数效应值进行了合并，并对异质性进行了检验（见表 9-1）。表 9-1 上半部分展示了各影响因素与组织效能相关关系效应值的合并结果。

首先，从效应值合并结果来看，影响因素与组织效能既存在中度正相关关系（$r=0.45$，且 95% 置信区间不包含 0），也存在低度负相关关系（$r=-0.27$，且 95% 置信区间不包含 0）。人力资源管理实践与组织效能既存在中度正相关关系（$r=0.40$，且 95% 置信区间不包含 0），也存在中低度负相关关系（$r=-0.30$，且 95% 置信区间不包含 0）。其他影响因素与组织效能既存在低度正相关关系（$r=0.37$，且 95% 置信区间不包含 0），也存在低度负相关关系（$r=-0.26$，且 95% 置信区间不包含 0）。心理特征（氛围）与组织效能既存在低度正相关关系（$r=0.34$，且 95% 置信区间不包含 0），也存在低度负相关关系（$r=-0.22$，且 95% 置信区间不包含 0）。管理者（领导）特质与组织效能既存在中度正相关关系（$r=0.39$，且 95% 置信区间不包含 0），也存在低度负相关关系（$r=-0.34$，且 95% 置信区间不包含 0）。组织文化与组织效能存在高度正相关关系（$r=0.55$，且 95% 置信区间不包含 0），但低度负相关关系（$r=-0.33$，且 95% 置信区间包含 0）是不可信的。组织规模、结构和战略与组织效能存在高度正相关关系（$r=0.52$，且95%置信区间不包含0），但低度负相关关系（$r=-0.13$，且95%置信区间包含0）是不可信的。知识管理和组织学习与组织效能存在高度正相关关系（$r=0.59$，且95%置信区间不包含0），且负相关关系缺失。组织环境与组织效能既存在高度正相关关系（$r=0.66$，且95%置信区间不包含0），也存在低度负相关关系（$r=-0.33$，且95%置信区间不包含0）。

其次，从异质性检验结果来看，影响因素与组织效能的正相关关系（$Q=3570.33$，$P<0.001$）与负相关关系（$Q=336.35$，$P<0.05$）研究结果都存在明显差异。人力资源管理实践与组织效能的正相关关系（$Q=1021.64$，$P<0.001$）与负相关关系（$Q=184.3$，$P<0.001$）研究结果都存在明显差异。其他影响因素与组织效能的正相关关系（$Q=434.29$，$P<0.001$）研究结果存在明显差异，但负相关关系（$Q=6.23$，$P>0.05$）研究结果差异不显著。心理特征（氛围）与组织效能的正相关关系（$Q=27.48$，$P<0.001$）研究结果存在明显差异，但负相关关系（$Q=7.96$，$P>0.05$）研究结果差异不显著。管理者（领导）特质与组织效能的正相关关系（$Q=253.38$，$P<0.001$）研究结果存在明显差异。组织文化与组织效能的正相关关系（$Q=67.05$，$P<0.001$）与负相关关系（$Q=9.85$，$P<0.01$）研究结果都存在明显差异。组织规模、结构和战略与组织效能的正相关关系（$Q=10.3$，$P<0.05$）与负相关关系（$Q=5.71$，$P<0.05$）研究结果都存在明显差异。知识管理和组织学习与组织效能的正相关关系（$Q=177.54$，$P<0.001$）研究结果存在明显差异。组织环境与组织效能的正相关关系（$Q=3.4$，$P>0.05$）与负相关关系（$Q=0.01$，$P>0.05$）研究结果都不存在明显差异。可知，各影响因素与组织效能的相关关系研究结果中仅有部分存在显著差异。因此，假设H1A得到部分验证。

表9-1下半部分展示了各影响因素与组织效能维度相关关系效应值的合并结果。

首先，从效应值合并结果来看，各影响因素与组织效能的总体合并结果与上半部分相同，即正相关关系数合并结果为0.45，负相关关系数合并结果为-0.27。影响因素与财务效能既存在低度正相关关系（$r=0.28$，且95%置信区间不包含0），也存在低度负相关关系（$r=-0.27$，且95%置信区间不包含0）。影响因素与其他效能存在低度正相关关系（$r=0.36$，且

表 9-1 影响因素与组织效能的相关系数效应值分析

	k	n	r	LCI	UCI	Q	Z	I²
A2	35/14	20176/10826	0.40/−0.30	0.33/−0.38	0.47/−0.21	1021.64***/184.3***	10.19***/6.63***	96.70/92.90
A8	22/4	17834/5466	0.37/−0.26	0.30/−0.32	0.43/−0.19	434.29***/6.23 (n.s.)	9.44***/6.99***	95.20/51.90
A6	6/5	1386/1263	0.34/−0.22	0.23/−0.29	0.45/−0.14	27.48***/7.96 (n.s.)	5.57***/5.54***	81.80/49.8
A5	22/1	5220/125	0.39/−0.34	0.30/−0.49	0.47/−0.18	253.38***/0.00	8.19***/3.91***	91.70/—
A1	23/2	18564/939	0.55/−0.33	0.49/−0.60	0.61/0.00	67.05***/9.85***	14.76***/1.93 (n.s.)	96.70/89.80
A3	5/2	1023/463	0.52/−0.13	0.44/−0.35	0.59/0.1	10.3*/5.71*	10.93***/1.14 (n.s.)	61.20/82.50
A7	7	2802	0.59	0.44	0.71	177.54***	6.47***	96.60
A4	2/2	232/324	0.66/−0.33	0.50/−0.43	0.77/−0.23	3.4 (n.s.)/0.01 (n.s.)	6.40***/6.21***	70.60/0.00
A	122/30	67237/19406	0.45/−0.27	0.41/−0.32	0.48/−0.22	3570.33***/336.35*	21.77***/9.71***	96.60/91.4
O4	18/4	16043/498	0.28/−0.27	0.20/−0.35	0.37/−0.18	421.05***/2.72 (n.s.)	6.25***/6.04***	96.00/0.00
O6	16/2	3549/324	0.36/−0.17	0.26/−0.46	0.45/0.15	159.23***/8.81*	6.60***/1.06 (n.s.)	90.60/88.60
O1	33/21	22883/17600	0.46/−0.30	0.40/−0.36	0.52/−0.23	938.32***/321.21*	12.97***/8.46***	96.60/93.80
O5	39/3	13966/984	0.49/−0.20	0.44/−0.26	0.53/−0.13	450.95***/1.1***	17.15***/6.19***	91.60/0.00
O2	9	8096	0.48	0.39	0.55	140.62***	9.68***	94.30
O3	7	2700	0.63	0.41	0.78	311.09***	4.83***	98.10
O	122/30	67237/19406	0.45/−0.27	0.41/−0.32	0.48/−0.22	3570.33***/336.35*	21.77***/9.71***	96.60/91.40

注：k 为效应值数；n 为有效样本量；r 为相关系数的合并效应值；LCI 为置信区间下限；UCI 为置信区间上限；Q 为异质性检验统计量（表示各研究效应值的分布是否具有同质性）；Z 为差异性检验统计量；I² 为异质性检验统计量（表示异质性部分在效应值总的变异值中所占的比重）。A 代表影响因素，包括组织文化（A1），人力资源管理实践（A2），组织规模、结构和战略（A3），组织环境（A4），管理者（领导）特质（A5），心理特征（A6），知识管理和组织学习（A7），其他（A8）。O 代表组织效能，包括人力资源效能（O1），运营效能（O2），适应效能（O3），财务效能（O4），整体效能（O5），其他（O6）。n.s. 表示 P > 0.05，* 表示 P < 0.05，** 表示 P < 0.01，*** 表示 P < 0.001。

95%置信区间不包含0),但低度负相关关系($r=-0.17$,且95%置信区间包含0)是不可信的。影响因素与人力资源效能既存在中度正相关关系($r=0.46$,且95%置信区间不包含0),也存在低度负相关关系($r=-0.30$,且95%置信区间不包含0)。影响因素与整体效能既存在中度正相关关系($r=0.49$,且95%置信区间不包含0),也存在低度负相关关系($r=-0.20$,且95%置信区间不包含0)。影响因素与运营效能存在中度正相关关系($r=0.48$,且95%置信区间不包含0)。影响因素与适应效能存在高度正相关关系($r=0.63$,且95%置信区间不包含0)。

其次,从异质性检验结果来看,影响因素与组织效能相关关系检验结果与上半部分相同,不予赘述。影响因素与财务效能的正相关关系($Q=421.05$,$P<0.001$)与负相关关系($Q=2.72$,$P<0.001$)研究结果都存在明显差异。影响因素与其他效能的正相关关系($Q=159.23$,$P<0.001$)与负相关关系($Q=8.81$,$P<0.05$)研究结果都存在明显差异。影响因素与人力资源效能的正相关关系($Q=938.32$,$P<0.001$)与负相关关系($Q=321.21$,$P<0.05$)研究结果都存在明显差异。影响因素与整体效能的正相关关系($Q=450.95$,$P<0.001$)与负相关关系($Q=1.1$,$P<0.001$)研究结果都存在明显差异。影响因素与运营效能的正相关关系($Q=140.62$,$P<0.001$)研究结果存在明显差异。影响因素与适应效能的正相关关系($Q=311.09$,$P<0.001$)研究结果存在明显差异。可见,影响因素与组织效能维度的相关关系研究结果均存在显著差异。因此,假设H1B得到验证。

2. 因果关系效应值分析

根据效应值合并与异质性检验公式,对各影响因素与组织效能维度关系的回归系数效应值进行了合并,并对异质性进行了检验(见表9-2)。

表9-2上半部分展示了各影响因素与组织效能因果关系效应值合并结果。

首先,从效应值合并结果来看,影响因素与组织效能既存在低度正向因果关系($b=0.30$,且95%置信区间不包含0),也存在低度负向因果关系($b=-0.18$,且95%置信区间不包含0)。组织规模、结构和战略与组织效能存在低度正向因果关系($b=0.17$,且95%置信区间不包含0),但低度负向因果关系($b=-0.07$,且95%置信区间包含0)是不可信的。

表 9-2 影响因素与组织效能的因果关系效应值分析

	k	n	b	LCI	UCI	Q	Z	I²
A3	9/2	3778/463	0.17/-0.07	0.09/-0.17	0.25/0.04	38.16***/1.26 (n.s.)	4.13***/1.28 (n.s.)	79.00/20.9
A1	23/2	16612/939	0.35/-0.12	0.27/-0.18	0.43/-0.05	738.28***/0.03 (n.s.)	7.85***/3.63***	97.00/0.00
A8	24/4	20255/5466	0.29/-0.19	0.22/-0.30	0.35/-0.08	442.46***/16.04***	8.28***/3.21**	94.80/81.30
A2	31/10	20587/10714	0.28/-0.22	0.21/-0.30	0.35/-0.14	919.76***/118.72***	7.10***/5.42***	96.70/92.40
A5	23/1	5491/125	0.23/-0.15	0.18/-0.32	0.27/0.03	55.24***/0.00	9.94***/1.67 (n.s.)	60.20/—
A6	5/5	1218/1263	0.24/-0.22	0.17/-0.28	0.31/-0.17	6.89 (n.s.)/0.36 (n.s.)	6.37***/8.07***	42.00/0.00
A4	3/2	2192/324	0.35/-0.04	0.13/-0.15	0.53/0.07	17.4***/0.03 (n.s.)	3.05**/0.71 (n.s.)	88.50/0.00
A7	11	4026	0.48	0.32	0.61	350.97***	5.46***	97.20
A	129/26	74159/19294	0.30/-0.18	0.26/-0.23	0.33/-0.13	3210.36***/236.24***	16.00***/7.24***	96.00/89.40
O4	16/4	15979/498	0.18/-0.09	0.08/-0.19	0.28/0.02	466.06***/4.26 (n.s.)	3.60***/1.62 (n.s.)	96.80/29.60
O5	44/3	19328/984	0.29/-0.26	0.24/-0.49	0.34/0.00	562.07***/37.14***	11.03***/1.93 (n.s.)	92.30/94.60
O6	22/2	5221/324	0.27/-0.02	0.18/-0.13	0.37/0.08	300.62***/0.2 (n.s.)	5.26***/0.45 (n.s.)	93.00/0.00
O2	8	8072	0.30	0.11	0.48	541.9***	3.00**	98.70
O1	33/17	22883/17488	0.30/-0.20	0.25/-0.25	0.35/-0.14	513.21***/172.58***	10.61***/6.97***	93.80/90.70
O3	6	2676	0.64	0.37	0.81	403.89***	4.05***	98.80
O	129/26	74159/19294	0.30/-0.18	0.26/-0.23	0.33/-0.13	3210.36***/236.24***	16.00***/7.24***	96.00/89.40

注：b 为标准化回归系数的合并效应值，其他同表 9-1。

组织文化与组织效能既存在低度正向因果关系（$b=0.35$，且95%置信区间不包含0），也存在低度负向因果关系（$b=-0.12$，且95%置信区间不包含0）。其他影响因素与组织效能既存在低度正向因果关系（$b=0.29$，且95%置信区间不包含0），也存在低度负向因果关系（$b=-0.19$，且95%置信区间不包含0）。人力资源管理实践与组织效能既存在低度正向因果关系（$b=0.28$，且95%置信区间不包含0），也存在低度负向因果关系（$b=-0.22$，且95%置信区间不包含0）。管理者（领导）特质与组织效能存在低度正向因果关系（$b=0.23$，且95%置信区间不包含0），但低度负向因果关系（$b=-0.15$，且95%置信区间包含0）是不可信的。心理特征（氛围）与组织效能既存在低度正向因果关系（$b=0.24$，且95%置信区间不包含0），也存在低度负向因果关系（$b=-0.22$，且95%置信区间不包含0）。组织环境与组织效能存在低度正向因果关系（$b=0.35$，且95%置信区间不包含0），但低度负向因果关系（$b=-0.04$，且95%置信区间包含0）是不可信的。知识管理和组织学习与组织效能存在中度正向因果关系（$b=0.48$，且95%置信区间不包含0），负向因果关系发生缺失。

其次，从异质性检验结果来看，影响因素与组织效能的正向因果关系（$Q=3210.36$，$P<0.001$）与负向因果关系（$Q=236.24$，$P<0.001$）研究结果都存在明显差异。组织规模、结构和战略与组织效能的正向因果关系（$Q=38.16$，$P<0.001$）研究结果存在明显差异，但负向因果关系（$Q=1.26$，$P>0.05$）研究结果差异不显著。组织文化与组织效能的正向因果关系（$Q=738.28$，$P<0.001$）研究结果存在明显差异，但负向因果关系（$Q=0.03$，$P>0.05$）研究结果差异不显著。其他影响因素与组织效能的正向因果关系（$Q=442.46$，$P<0.001$）与负向因果关系（$Q=16.04$，$P<0.01$）研究结果都存在明显差异。人力资源管理实践与组织效能的正向因果关系（$Q=919.76$，$P<0.001$）与负向因果关系（$Q=118.72$，$P<0.001$）研究结果都存在明显差异。管理者（领导）特质与组织效能的正向因果关系（$Q=55.24$，$P<0.001$）研究结果存在明显差异。心理特征（氛围）与组织效能的正向因果关系（$Q=6.89$，$P>0.05$）与负向因果关系（$Q=0.36$，$P>0.05$）研究结果都不存在显著差异。组织环境与组织效能的正向因果关系（$Q=17.4$，$P<0.001$）研究结果存在明显差异，但负向因果关系（$Q=0.03$，$P>0.05$）研究结果差异不显著。知识管理和组织学习与组织效能的正向因果关系（Q = 350.97，P < 0.001）研究结果存在明显差异。可见，各影响因素与组织效能的因果关系研究结果中仅有部分存在显著差异。因此，假设 H1C 得到部分验证。

表 9 - 2 下半部分列出了各影响因素与组织效能维度因果关系效应值的合并结果。

首先，从效应值合并结果来看，影响因素与组织效能的总体合并结果与上半部分相同，即正向因果关系合并结果为 0.30，负向因果关系合并结果为 - 0.18。影响因素与财务效能存在低度正向因果关系（$b = 0.18$，且 95% 置信区间不包含 0），但低度负向因果关系（$b = - 0.09$，且 95% 置信区间包含 0）是不可信的。影响因素与整体效能存在低度正向因果关系（$b = 0.29$，且 95% 置信区间不包含 0），但低度负向因果关系（$b = - 0.26$，且 95% 置信区间包含 0）是不可信的。影响因素与其他效能存在低度正向因果关系（$b = 0.27$，且 95% 置信区间不包含 0），但低度负向因果关系（$b = - 0.02$，且 95% 置信区间包含 0）是不可信的。影响因素与运营效能存在低度正向因果关系（$b = 0.30$，且 95% 置信区间不包含 0）。影响因素与人力资源效能既存在低度正向因果关系（$b = 0.30$，且 95% 置信区间不包含 0），也存在低度负向因果关系（$b = - 0.20$，且 95% 置信区间不包含 0）。影响因素与适应效能存在高度正向因果关系（$b = 0.64$，且 95% 置信区间不包含 0）。

其次，从异质性检验结果来看，影响因素与组织效能因果关系检验结果与上半部分相同，不予赘述。影响因素与财务效能的正向因果关系（Q = 466.06，P < 0.001）研究结果存在明显差异，负向因果关系（Q = 4.26，P > 0.05）研究结果不存在明显差异。影响因素与整体效能的正向因果关系（Q = 562.07，P < 0.001）与负向因果关系（Q = 37.14，P < 0.001）研究结果都存在明显差异。影响因素与其他效能的正向因果关系（Q = 300.62，P < 0.001）研究结果存在明显差异，但负向因果关系（Q = 0.2，P > 0.05）不存在明显差异。影响因素与运营效能的正向因果关系（Q = 541.9，P < 0.001）研究结果存在明显差异。影响因素与人力资源效能的正向因果关系（Q = 513.21，P < 0.001）与负向因果关系（Q = 172.58，P < 0.001）研究结果都存在明显差异。影响因素与适应效能的正向因果关系（Q = 403.89，P < 0.001）研究结果存在明显差异。可见，影

响因素与组织效能维度的因果关系研究结果中仅有部分存在显著差异。因此，假设 H1D 得到部分验证。

3. 发表偏倚分析

为进一步检验文献资料的发表偏倚情况，本书运用 Stata 13 MP 软件对 4 项数据资料进行了漏斗图检验，并采用 Egger 法对漏斗图的对称性进行了检验（见图 9-1 与表 9-3）。图 9-1 表明，无论是影响因素与组织效能的相关关系（正向关系与负向关系）还是因果关系（正向关系与负向关系），各效应值大都集中散落于倒置漏斗的顶部，且大致呈对称分布，基本满足发表偏倚要求，不过，仍需进一步检验。

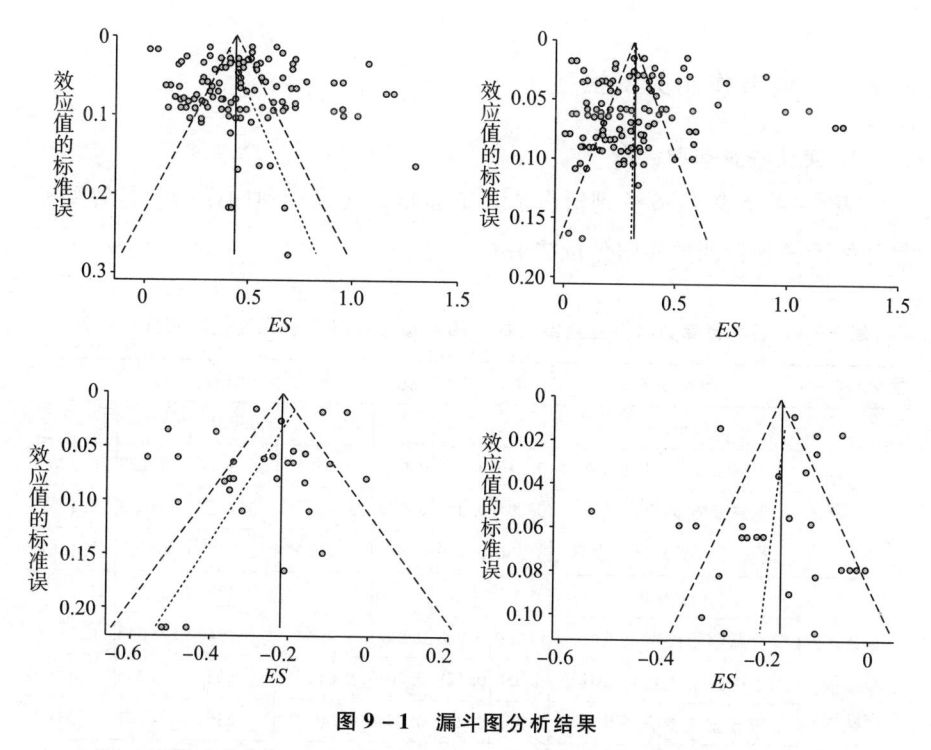

图 9-1　漏斗图分析结果

注：子图均为带有伪95%置信限的漏斗图。左上图为影响因素与组织效能正相关关系数据分析结果；右上图为影响因素与组织效能负相关关系数据分析结果；左下图为影响因素与组织效能正向因果关系数据分析结果；右下图为影响因素与组织效能负向因果关系数据分析结果。

从表 9-3 可看出，无论是影响因素与组织效能的相关关系（正向关系与负向关系）还是因果关系（正向关系与负向关系），小样本检验的 P 值均大于 0.05（$P=0.059$；$P=0.078$；$P=0.900$；$P=0.601$），且截距的

95%置信区间均包含0，说明研究结果不存在发表偏倚。

表9-3 漏斗图的对称性检验

	k	Coef.	Std. Err.	P	95% Conf. Interval	
相关关系（正向）	122	1.6358	0.8583	0.059	-0.0636	3.3351
相关关系（负向）	30	-1.7117	0.9357	0.078	-3.6285	0.2051
因果关系（正向）	129	-0.1038	0.8254	0.900	-1.7370	1.5295
因果关系（负向）	26	-0.5410	1.0201	0.601	-2.6463	1.5643

注：k为独立研究个数，Coef. 为偏倚系数，Std. Err. 为偏倚系数标准误，P为小样本检验的显著性概率值，95% Conf. Interval 为截距的95%置信区间。

二 调节作用关系检验

1. 变量特征回归分析

表9-4至表9-6分别给出了基于逐步多元线性回归模型的各解释变量作用于变量特征的回归分析结果。

表9-4 各解释变量与自变量维度数、因变量维度数的多元线性回归分析结果

被解释变量	解释变量	R	R^2	ΔR^2	F	ΔF	B	Beta
自变量维度数	Constant					3.077		
	下属员工 & 组织本身	0.216	0.046	0.038	5.801*	5.801*	1.629	0.306**
	制造业 & 混合或其他	0.295	0.087	0.072	5.622**	5.236*	1.053	0.193*
	混合或其他 & 组织本身	0.330	0.109	0.086	4.759**	2.857††	0.592	0.160††
因变量维度数	Constant					0.423		
	回归分析 & 其他	0.260	0.068	0.068	5.794*	5.794*	1.543	0.310**
	发展中国家 & 混合或其他	0.358	0.128	0.061	5.811**	5.503*	1.355	0.435***
	服务业 & 混合或其他	0.450	0.202	0.074	6.600***	7.256**	1.261	0.338**
	制造业 & 混合或其他	0.504	0.254	0.052	6.553***	5.317*	1.218	0.245*
	领导或主管 & 组织本身	0.533	0.284	0.030	6.031***	3.197††	-0.724	-0.184††

注：†表示 P<0.15；††表示 P<0.1；*表示 P<0.05；**表示 P<0.01；***表示 P<0.001，下表同。

表9-4上半部分给出了各解释变量与自变量维度数的回归分析结果。从分析结果可知，相对于组织本身将下属员工作为抽样对象、相对于混合

或其他将制造业作为研究对象所在行业、相对于组织本身将混合或其他作为抽样对象 3 个解释变量对自变量维度数均有显著的预测力，可有效解释 10.9% 的变异量。这说明，在不同研究情境（抽样对象、研究对象所在行业）下，各独立研究选取的自变量测量维度是不同的。

表 9-4 下半部分给出了各解释变量与因变量维度数的回归分析结果。从分析结果可知，相对于其他方法将回归分析作为分析方法、相对于混合或其他将发展中国家作为研究对象所在国家、相对于混合或其他将服务业作为研究对象所在行业、相对于混合或其他将制造业作为研究对象所在行业、相对于组织本身将领导或主管作为抽样对象 5 个解释变量对因变量维度数均有显著的预测力，可有效解释 28.4% 的变异量。这说明，在不同研究情境（分析方法、研究对象所在国家、研究对象所在行业、抽样对象）下，各独立文献选取的因变量测量维度是不同的。

表 9-5 各解释变量与自变量条目数、因变量条目数的多元线性回归分析结果

被解释变量	解释变量	R	R^2	ΔR^2	F	ΔF	B	Beta
自变量条目数	Constant				1.977			
	营利性组织 & 混合或其他	0.280	0.079	0.079	10.159**	10.159**	8.000	0.183*
	静态测量 & 其他	0.372	0.138	0.060	9.474***	8.178**	13.081	0.308***
	李氏 5 点量表 & 混合或其他	0.454	0.206	0.068	10.136***	10.011**	18.268	0.405***
	混合或其他 & 组织本身	0.491	0.241	0.035	9.226***	5.362*	8.303	0.196*
	发展中国家 & 混合或其他	0.524	0.275	0.034	8.723***	5.332*	-16.940	-0.399**
	相关与回归分析 & 其他	0.545	0.297	0.022	8.029***	3.582††	8.943	0.177*
	服务业 & 混合或其他	0.561	0.314	0.017	7.404***	2.863††	-7.879	-0.173††
因变量条目数	Constant				3.991			
	营利性组织 & 混合或其他	0.330	0.109	0.109	9.685**	9.685**	-6.093	-0.400**
	非企业组织 & 混合或其他	0.381	0.146	0.036	6.641**	3.313††	10.419	0.411**
	企业组织 & 混合或其他	0.465	0.217	0.071	7.096**	6.988*	6.857	0.403**
	发展中国家 & 混合或其他	0.500	0.250	0.034	6.342***	3.412††	3.240	0.202††

表 9-5 上半部分给出了各解释变量与自变量条目数的回归分析结果。结果表明，相对于混合或其他将营利性组织作为研究对象所属类型Ⅱ、相

对于其他测量将静态测量作为测量方式、相对于混合或其他将李氏5点量表作为量表类型、相对于组织本身将混合或其他作为抽样对象、相对于混合或其他将发展中国家作为研究对象所在国家、相对于其他将相关与回归分析作为分析方法、相对于混合或其他将服务业作为研究对象所在行业7个解释变量对自变量条目数均有显著的预测力，且总和解释率达到31.4%。这说明，在不同研究情境（研究对象所属类型Ⅱ、测量方式、量表类型、抽样对象、研究对象所在国家、分析方法、研究对象所在行业）下，各独立文献选取的自变量测量条目是不同的。

表9-5下半部分给出了各解释变量与因变量条目数的回归分析结果。从分析结果可知，相对于混合或其他将营利性组织作为研究对象所属类型Ⅱ、相对于混合或其他将非企业组织作为研究对象所属类型Ⅰ、相对于混合或其他将企业组织作为研究对象所属类型Ⅰ、相对于混合或其他将发展中国家作为研究对象所在国家4个解释变量对因变量条目数均有显著的预测力，且总和解释率达到25.0%。这说明，在不同研究情境（研究对象所属类型Ⅱ、研究对象所属类型Ⅰ、研究对象所在国家）下，各独立文献选取的因变量测量条目是不同的。

表9-6 各解释变量与自变量信度、因变量信度的多元线性回归分析结果

被解释变量	解释变量	R	R^2	ΔR^2	F	ΔF	B	Beta
自变量信度	Constant					0.917		
	非企业组织 & 混合或其他	0.213	0.045	0.045	5.665*	5.665*	-0.075	-0.386***
	李氏5点量表 & 混合或其他	0.311	0.097	0.051	6.314**	6.692*	-0.044	-0.385**
	简单随机抽样	0.367	0.135	0.038	6.076**	5.156*	0.038	0.281**
	领导或主管 & 组织本身	0.407	0.165	0.030	5.742***	4.233*	-0.029	-0.185*
	企业组织 & 混合或其他	0.440	0.194	0.028	5.523***	4.047*	-0.038	-0.286*
	相关与回归分析 & 其他	0.464	0.215	0.022	5.216***	3.162††	-0.026	-0.200*
	李氏7点量表 & 混合或其他	0.485	0.235	0.020	4.968***	2.944††	-0.032	-0.204††
	影响因子	0.504	0.254	0.019	4.766***	2.798††	0.007	0.147††
因变量信度	Constant					0.872		
	李氏5点量表 & 混合或其他	0.274	0.075	0.075	6.673*	6.673*	-0.050	-0.327**
	制造业 & 混合或其他	0.378	0.143	0.068	6.768**	6.421*	0.062	0.266*

表9-6上半部分给出了各解释变量对自变量信度的回归分析结果。从分析结果可知，相对于混合或其他将非企业组织作为研究对象所属类型Ⅰ、相对于混合或其他将李氏5点量表作为量表类型、简单随机抽样、相对于组织本身将领导或主管作为抽样对象、相对于混合或其他将企业组织作为研究对象所属类型Ⅰ、相对于其他将相关与回归分析作为分析方法、相对于混合或其他将李氏7点量表作为量表类型、影响因子8个解释变量对自变量信度均有显著的预测力，且总和解释率达到25.4%。这说明，在不同研究情境（研究对象所属类型Ⅰ、量表类型、抽样方法、抽样对象、分析方法、影响因子）下，各独立文献中的自变量测量信度存在差异。

表9-6下半部分给出了各解释变量对因变量信度的回归分析结果。从分析结果可知，相对于混合或其他将李氏5点量表作为量表类型、相对于混合或其他将制造业作为研究对象所在行业两个解释变量对因变量信度具有显著的解释力，且总和解释率达到14.3%。这说明，在不同研究情境（量表类型、研究对象所在行业）下，各独立文献中的因变量测量信度存在差异。

2. 关系类型回归分析

表9-7给出了基于"向前""条件"①的二元Logit模型的各解释变量作用于关系类型的回归分析结果。

表9-7上半部分给出了各解释变量对变量关系类型（自变量与因变量关系还是中介变量与因变量关系）的回归分析结果。首先，从显著性水平来看，出版年份、研究对象所在国家、测量方式和有效样本量对关系类型的选择均有关键预测力。其中，研究对象所在发达国家与混合或其他相比，或者动态测量与其他测量方式相比，研究者更可能采用中介变量与因变量的关系模型。其次，从模型适配度来看，P值小于0.001，且Hosmer-Lemeshow检验值不显著，说明由各解释变量建立的回归模型具有理想的适配度。此外，关联强度系数也说明各解释变量与被解释变量存在低度关系，可分别解释总变异的20.2%、33.4%。上述分析表明，在不同研究情境（出版年份、研究对象所在国家、测量方式和有效样本量）下，各独立文献选择的实证分析模型存在差异。

---

① "向前""条件"是运用IBM SPSS Statistics 19进行Logit回归分析时的功能选择。

表 9-7 各解释变量对关系类型的二元 Logit 模型回归分析结果

被解释变量	解释变量		B	标准误	Wald	Exp（B）	模型适配度	关联强度
正向关系与负向关系	Constant		623.231	194.869	10.229**	4.634E270	$\chi^2 = 29.588***$；Hosmer-Lemeshow = 5.255（n.s.）	Cox & Snell $R^2 = 0.202$；Nagelkerke $R^2 = 0.334$
	出版年份		-0.309	0.097	10.183**	0.734		
	研究对象所在国家				8.209*			
		发达国家 & 混合或其他	-1.224	0.795	2.374†	0.294		
		发展中国家 & 混合或其他	0.689	0.772	0.797（n.s.）	1.991		
	测量方式				6.878*			
		静态测量 & 其他	-0.220	0.598	0.135（n.s.）	0.803		
		动态测量 & 其他	-2.169	0.877	6.118*	0.114		
	有效样本量		0.000	0.000	2.774††	1.000		
自变量与因变量关系还是中介变量与因变量关系	Constant		-143.415	71.801	3.990*	0.000	$\chi^2 = 22.839**$；Hosmer-Lemeshow = 8.061（n.s.）	Cox & Snell $R^2 = 0.160$；Nagelkerke $R^2 = 0.251$
	出版年份		0.072	0.036	3.978*	1.074		
	量表类型				5.281††			
		李氏 5 点量表 & 混合或其他	1.256	0.558	5.059*	3.512		
		李氏 7 点量表 & 混合或其他	0.521	0.750	0.483（n.s.）	1.684		
	测量方式				4.089†			
		静态测量 & 其他	0.987	0.488	4.089*	2.684		
		动态测量 & 其他	19.633	13389.503	0.000（n.s.）	3.362E8		

表9-7下半部分给出了各解释变量对变量关系类型（正向关系还是负向关系）的回归分析结果。首先，从显著性水平来看，出版年份、量表类型以及测量方式对关系类型的选择均有关键预测力。其中，李氏5点量表与混合或其他量表相比，静态测量与其他测量方式相比，更容易得出正向关系的研究结果。其次，从模型适配度来看，P值小于0.01，且Hosmer-Lemeshow检验值不显著，说明由各解释变量建立的回归模型具有理想的适配度。此外，关联强度系数也说明各解释变量与被解释变量存在低度关系，可分别解释总变异的16.0%、25.1%。上述分析表明，在不同研究情境（出版年份、量表类型以及测量方式）下，各独立文献研究结果在变量关系方向上存在差异。

3. 关系强度回归分析

表9-8给出了基于逐步多元线性回归模型的各解释变量作用于关系强度的回归分析结果。

表9-8 各解释变量与关系强度的多元线性回归分析结果

被解释变量	解释变量	R	R^2	ΔR^2	F	ΔF	B	Beta
相关系数	Constant				-8.499			
	相关与回归分析 & 其他	0.298	0.089	0.089	11.801**	11.801**	-0.193	-0.384***
	发达国家 & 混合或其他	0.378	0.143	0.054	9.977***	7.518**	-0.097	-0.243*
	非企业组织 & 混合或其他	0.409	0.168	0.025	7.984***	3.570††	0.106	0.191*
	出版年份	0.434	0.188	0.021	6.842***	3.012††	0.005	0.168††
回归系数	Constant				-13.707			
	发达国家 & 混合或其他	0.473	0.224	0.224	32.942***	32.942***	-0.130	-0.350**
	静态测量 & 其他	0.517	0.268	0.044	20.664***	6.729*	0.041	0.126†
	回归分析 & 混合或其他	0.556	0.309	0.041	16.717***	6.728*	0.141	0.220**
	出版年份	0.576	0.331	0.022	13.761***	3.688††	0.007	0.231**
	有效样本量	0.592	0.351	0.020	11.901***	3.314††	2.941E-5	0.190*
	非企业组织 & 混合或其他	0.621	0.386	0.016	9.040***	3.101††	0.141	0.312**
	营利性组织 & 混合或其他	0.635	0.403	0.017	10.106***	1.352	0.093	0.283**
	发展中国家 & 混合或其他	0.643	0.413	0.017	9.415***	3.161	0.070	0.211††

表9-8上半部分给出了各解释变量对相关系数的回归分析结果。从分

析结果可知，相对于其他将相关与回归分析作为分析方法、相对于混合或其他将发达国家作为研究对象所在国家、相对于混合或其他将非企业组织作为研究对象所属类型Ⅰ、出版年份4个解释变量对相关系数的变化均有显著的解释力，且总和解释率为18.8%。这说明，在不同研究情境（分析方法、研究对象所在国家、研究对象所属类型Ⅰ、出版年份）下，各独立文献对相关关系的研究结果存在差异。

表9-8下半部分给出了各解释变量对回归系数的回归分析结果。从分析结果可知，相对于混合或其他将发达国家作为研究对象所在国家、相对于其他测量将静态测量作为测量方式、相对于混合或其他将回归分析作为分析方法、出版年份、有效样本量、相对于混合或其他将非企业组织作为研究对象所属类型Ⅰ、相对于混合或其他将营利性组织作为研究对象所属类型Ⅱ、相对于混合或其他将发展中国家作为研究对象所在国家8个解释变量对回归系数的变化均有显著的解释力，且总和解释率为41.3%。这说明，在不同研究情境（研究对象所在国家、测量方式、分析方法、出版年份、有效样本量、研究对象所属类型Ⅰ、研究对象所属类型Ⅱ）下，各独立文献对因果关系的研究结果存在差异。

4. 调节作用检验结果汇总

表9-9对各项回归分析结果进行了汇总，并报告了调节作用假设的检验结果。表9-9表明，在组织效能影响因素的实证研究中，各独立文献在变量特征、关系类型、关系强度方面存在明显差异，而且这种差异在一定程度上归因于各独立研究所处的研究情境。

表9-9 调节作用检验结果汇总

被解释变量		解释变量	检验结果
变量特征①	自变量维度数	抽样对象、研究对象所在行业	假设H8、H7得到部分验证
	因变量维度数	分析方法、研究对象所在国家、研究对象所在行业、抽样对象	假设H13、H4、H7、H8得到部分验证
变量特征②	自变量条目数	研究对象所属类型Ⅱ、测量方式、量表类型、抽样对象、研究对象所在国家、分析方法、研究对象所在行业	假设H6、H11、H10、H8、H4、H13、H7得到部分验证

续表

	被解释变量	解释变量	检验结果
变量特征②	因变量条目数	研究对象所属类型Ⅱ、研究对象所属类型Ⅰ、研究对象所在国家	假设 H6、H5、H4 得到部分验证
变量特征③	自变量信度	研究对象所属类型Ⅰ、量表类型、抽样方法、抽样对象、分析方法、影响因子	假设 H5、H10、H9、H4、H13、H2 得到部分验证
	因变量信度	量表类型、研究对象所在行业	假设 H10、H7 得到部分验证
关系类型	自变量与因变量关系还是中介变量与因变量关系	出版年份、研究对象所在国家、测量方式和有效样本量	假设 H3、H4、H11、H12 得到部分验证
	正向关系还是负向关系	出版年份、量表类型以及测量方式	假设 H3、H10、H11 得到部分验证
关系强度	相关系数	分析方法、研究对象所在国家、研究对象所属类型Ⅰ、出版年份	假设 H13、H4、H5、H3 得到部分验证
	回归系数	研究对象所在国家、测量方式、分析方法、出版年份、有效样本量、研究对象所属类型Ⅰ、研究对象所属类型Ⅱ	假设 H4、H11、H13、H3、H12、H5、H6 得到部分验证

第五节 研究结论和讨论

如何提升复杂组织效能是学界和实践界非常关注的一个问题。学者们从不同视角对组织效能测量维度及其影响因素和影响机制进行了诸多有益的探索。本章运用元分析法与回归分析法对上述问题的已有研究进行了总结和归纳，得出了初步结果。根据研究结果，本章提出以下研究结论和讨论。

首先，从主效应检验结果看，组织效能与其影响因素具有关系复杂性特征。这种关系复杂性特征表现在以下四个方面。第一，测量维度的多元性。不仅组织效能包含多个测量维度，而且其影响因素也可以按照不同分类标准归纳为不同类别。第二，关系多样性。在组织效能影响因素实证研究中，研究情境不同，组织效能影响因素的研究结果会存在明显分歧。第三，关系方向的不确定性。组织效能影响因素效应值合并结果表明，在不同研究情境下，即使是同一组变量关系也可能得出完全相反的结果。这可能是因为不同独立研究在不同情境下选择了不同的测量量表与计分方式。如对领导风格与人力资源效能关系进行实证研究，不同独立研究可以选择变革型领导、家长式领导、战略型领导等作为解释变量，同时可以选择组织支持感、组织承诺、离职倾向等作为被解释变量。在这种情况下，实证研究的结果是不一致的。此外，研究者选用的计分方式（正向计分与反向计分）也会对相关与回归分析结果产生影响。第四，关系强度的差异性。各亚组异质性检验表明，无论是组内还是组间，组织效能影响因素研究结果都存在明显差异。这说明在不同研究情境下，组织效能与其影响因素间存在错综复杂的关系，简单双变量的实证研究并不能完全揭示各影响因素对组织效能的作用机制。

其次，从调节效应检验结果看，组织效能影响因素的调节效应具有复杂性特征。第一，被解释变量的多样性。被解释变量的多样性表明了各独立文献研究结果的差异。在本章中，各独立文献研究结果的差异表现为变量特征、关系类型与关系强度三个方面。这说明，在不同研究情境下，各独立文献可能会对组织效能及其影响因素进行不同的变量测量、构建不同的实证分析模型、得出不同的研究结论。第二，解释变量的多样性。回归结果表明，12个调节因素对组织效能及其影响因素关系具有显著预测作用。这说明，组织所处情境对组织效能提高产生重要影响。当情境变化与效能演化相匹配时，管理者实施的效能提升策略才会达到预期效果。第三，调节作用的区分性。无论是对于变量特征、关系类型还是关系强度，各调节因素的调节作用都具有针对性。不是所有的调节因素同时对被解释变量产生影响，而是部分关键情境因素对组织效能及其影响因素的关系具有显著调节作用。这说明，在研究组织效能影响机制时，只需探讨关键情境因素的调节作用。

总而言之，在不同情境下，组织效能与其影响因素间存在复杂性关系。从单一视角对组织效能及其影响因素进行研究和测量，运用传统抽样调查与统计分析方法对组织效能的影响因素和机制进行探讨会缺乏针对性和说服力。因此，在复杂条件下，不仅要从多个视角对复杂组织效能及其影响因素进行探究，而且要运用新颖的研究方法全面探讨各影响因素之间以及各影响因素与复杂组织效能之间多向的、动态的因果反馈关系。

第十章
复杂组织效能影响因素的系统模型

复杂组织效能是组织内部众多要素相互作用涌现的结果，受很多因素影响。第九章探讨了组织效能与其影响因素之间的单向关系（相关关系与因果关系）以及调节因素对二者关系的影响。不过，这并不能完全揭示各影响因素之间以及组织效能与各影响因素之间的互动反馈关系。本章运用系统动力学方法构建以持续发展为导向的复杂组织效能影响因素的系统模型，分析各因素对复杂组织效能的具体影响机制。

第一节 问题提出

组织效能表明组织应对内外部需求的实际状态与结果，组织的持续发展离不开组织效能的不断提高（Hubbard，2009）。那么，组织应如何提高组织效能？提高组织效能的途径很多，如改善组织与外部环境关系、发掘组织人力资源潜力等。不过，在复杂条件下，复杂组织的局部改善并不一定意味着复杂组织效能的提高，甚至有可能导致复杂组织效能的降低。复杂组织是由众多要素构成的复杂系统，复杂组织效能是组织系统各要素在相互作用之下呈现的行为、能力、状态与结果的总和。因此，探讨各影响因素之间以及各影响因素与复杂组织效能之间的互动反馈关系是寻找提高复杂组织效能途径的重要手段。

学者们对组织效能的影响因素及其作用机制进行了很多探讨，取得了丰硕成果（Duncan，1973；Osborn & Hunt，1974；Hirsch，1975；Kraatz & Zajac，2001；Dikmen et al.，2005；王辉等，2011；Klein et al.，2013；

Zhu et al., 2013; Acquaah & Tukamushaba, 2015)。不过，仍存在一些不足。首先，从研究内容来看，已有研究较少考虑复杂组织效能影响因素的多样性。一开始，学者们侧重对组织效能的影响因素进行描述性分析，较少对因素的作用机制进行实证分析。后来，学者们弥补了前人研究的不足，进行了实证研究。不过，后来的实证研究较少考虑复杂组织效能的多维性和影响因素的多样性。其次，从研究方法来看，大部分学者采用统计分析法。统计分析法更多用于探讨较少自变量与因变量的关系，无法研究自变量间及自变量与因变量间的互动关系。

本章基于复杂系统理论，将复杂组织视为由众多相互作用的要素构成的复杂系统，运用系统动力学方法构建系统动力学模型，在初值设定基础上进行模拟分析、敏感性测试与政策方案设计。本章研究期望回答以下 4 个问题：复杂组织效能受哪些因素影响？在众多因素影响下，复杂组织效能呈现怎样的变化轨迹？各影响因素是如何共同作用于复杂组织效能的？哪些是对复杂组织效能产生影响的关键因素？

第二节　影响因素分类

学术界对组织效能影响因素有多种不同分类方法。组织效能是组织内外各因素共同作用的结果。本章按照组织效能影响因素来源不同，将复杂组织效能影响因素划分为外部环境和组织内部影响因素两类。

一　外部环境影响因素

组织持续发展离不开环境，需不断与外部环境发生物质、能量和信息交换。学者们对组织外部环境影响因素分类进行了探讨。Osborn 和 Hunt（1974）将外部环境影响因素划分为 3 类：①宏观环境，指一个规定性的地理区域的一般文化情境，包含经济、教育、合法－政治、社会文化 4 类因素；②聚合环境，包含协会、利益集团以及在宏观环境中运行的其他因素；③任务环境，是与目标设计和目标实现有关联的环境部分，包括与组织发生直接关系的环境因素。Daft（2007）认为组织外部环境包含行业、原材料、人力资源、金融资源、市场、技术、经济形势、政府、社会文化和国际环境。Robbins 和 Coulter（2001）将组织环境划分为具体环境和一般环境,具体环境包括顾客、供应商、竞争者和压力集团等;一般环境包括经济条件、政治和法律条件、社会文化条件、人口状况、技术条件和全球条件等。

组织效能的涌现离不开外部环境的驱动。Hansen 和 Wernerfelt（1989）研究发现,企业所在的外部市场因素、企业相对于竞争者的地位、企业资源数量与质量对组织效能有重要影响。Dikmen 等（2005）认为,商业环境（供应商、合伙人、顾客、投资者、竞争者、监督者和分包商等）与宏观环境（国家政治经济条件,法令限制,环境的、技术的和社会文化的挑战等）因素对组织效能都存在明显驱动作用。刘芸等（2012）认为外部宏观环境复杂性表现在技术、经济和政治方面;外部微观环境复杂性表现在利益相关者、产品销售、压力集团方面。

综上分析,本章将复杂组织效能外部环境影响因素概括为两类。①行业环境。行业环境因素是指与复杂组织发生直接联系的驱动复杂组织效能涌现的所有因素,包括顾客、供应商、竞争者以及压力集团等。②宏观环境。宏观环境因素是指与复杂组织发生直接或间接联系的驱动复杂组织效能涌现的所有因素,包括社会经济环境、政治法律环境、文化环境和技术环境等。

二 组织内部影响因素

复杂组织由许多相互联系、相互作用的子系统构成。Hatch 和 Cunliffe（2012）认为,组织是由文化子系统、物理结构子系统、技术子系统和社会结构子系统构成的相互依赖、相互作用的复杂系统。Daft（2007）认为,组织系统包含结构维度（Structural Dimensions）与情境维度（Contextual Dimensions）。结构维度是指组织结构与工作制度安排,如正规化、专业化、职权层级、集权化、职业化和人员比率。情境维度是指隐藏在组织结构与工作过程之中的一系列互相重叠的因素,如文化、环境、目标和战略、规模以及技术。本章综合上述观点,将组织系统划分为战略与目标、结构与规模、文化和价值观、技术、权力政治与冲突 5 个子系统。

学者们对组织效能的内部影响因素进行了探讨。Hansen 和 Wernerfelt（1989）研究发现,(外部)环境因素、组织因素（结构、系统、规模、历史）、成员因素（技能、个性、年龄）以及组织气氛因素（决策实践、沟通信息流、目标实现、人力资源管理、领导力、团队过程、工作条件）对组织效能均产生重要影响。McGivern 和 Tvorik（1997）通过构建绩效模型发现，组织联盟与文化、组织能力与学习、产业结构与战略集团、组织资源、领导与愿景是组织绩效的决定因素。Carmeli 和 Tishler（2004）认为，管理能力、人力资本、内部审计、劳工关系、企业文化和感知的企业声誉对组织效能均有显著解释力。PhD（2007）发现，目标一致性、参与决策、文化、氛围、管理战略等非物质因素可有效预测组织效能。

综合现有研究发现，本章将复杂组织效能内部影响因素归纳为以下三类：①组织因素，如组织战略、结构、文化、资源、能力、技术等；②成员因素，如技能、性格、年龄等人口统计特征；③组织气氛因素，如领导下属关系、人力资源开发能力、团队凝聚力、工作条件等。

第三节　影响机制的理论模型

学术界对于由什么因素决定了组织效能主要有三种观点。第一，环境决定观。环境决定观认为，（外部）环境影响组织战略实施以及效能实现。第二，战略选择观。战略选择观认为，高层管理团队的战略决策影响了组织在一段时期内的绩效与结果。第三，系统动力观。系统动力观认为，组织效能在各因素的共同作用之下演变与发展。本章综合上述三种观点，认为组织效能是组织内外部因素共同作用的结果。

内外部因素都会对复杂组织效能产生复杂的驱动作用。那么，哪些因素是促进复杂组织效能提高的根本动力？李柏洲（2003）认为，组织发展的动力来源于外部市场需求与内部管理者、员工的需要，即组织持续发展的动力来源于组织环境与组织自身。贺小格（2014）在中国情境下进行的实证研究发现，组织环境、组织资源、组织能力与组织机制决定了组织效能的质涌现，且环境因素最为重要，其次是组织能力，最后是组织机制和组织资源。综合上述学者观点，本章认为，外部环境因素与内部各因素的相互作用共同决定了复杂组织效能的涌现。据此，本章提出复杂组织效能影响因素作用机制的理论模型（见图10-1）。

图10-1表示，组织效能是外部环境、组织资源、组织能力、组织机制等核心要素共同作用的结果。其中，环境影响因素是组织效能变化的外

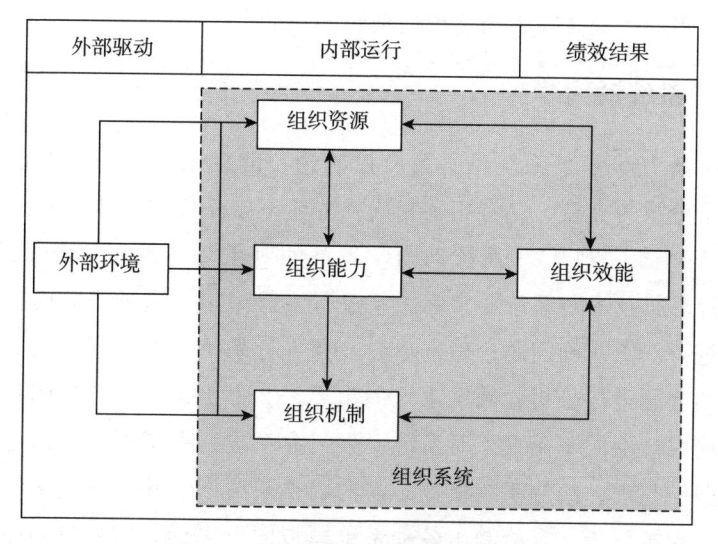

图 10-1　影响因素作用机制的理论模型

部驱动力,内部影响因素是组织效能变化的内部作用力,外部驱动力通过内部要素作用于组织效能。此外,组织效能与内外部驱动力之间存在互动反馈关系。

第四节　研究方法

本章选择系统动力学建模法探讨复杂组织效能影响因素的作用机制。本章选择系统动力学建模法进行研究基于以下考虑。第一,系统动力学建模对于探讨各变量之间的复杂因果关系具有显著优势。系统动力学建模能较好地将变量之间的因果关系用变量关系方程表达,便于在初值设定基础上进行模拟分析,可以清晰地呈现多个变量之间的互动反馈关系。第二,系统动力学建模可以有效揭示对系统运行产生影响的关键因素。系统动力学建模可以通过改变参数,模拟各子系统对参数变化的敏感性,从而揭示对系统运行产生影响的关键因素。

系统动力学是通过绘制因果回路图和存量流量图来建立结构模型,并在对变量关系方程赋值的基础上进行模拟运算。在建模过程中,由于各种因果回路关系的复杂性,建模者很难说明建模的规范化过程,这会影响到其他人对模型的理解。为使建模过程规范化,本章运用贾仁安(2014)及其团队提出的流率基本入树建模法构建 SD 模型。

一 系统动力学

系统动力学基于系统论，汲取控制论、信息论等思想，以定性为先导，定量分析为支持，二者相辅相成，分析复杂系统的内部结构及其动态行为（王其藩，2009）。系统动力学考察的对象是系统结构与系统行为，需借助计算机技术对系统要素间关系进行实验模拟。这种实验模拟可按以下步骤进行。①明确问题，确定边界。在进行系统动力学建模之前，应对所研究的问题进行分析，确定系统的边界。②提出假设，绘制图形。在相关文献研究结论的基础上，对系统要素间关系进行合理假设，结合对关键变量的归纳整理，绘制系统模拟必需的因果回路图、存量流量图等。③参数设定，模拟分析。在绘制出各种系统模拟图形之后，对变量初始值、关系方程、反馈回路、约束条件、模拟时限等内容进行设定，并进行模拟分析。④模型测试，政策研究。经过初步分析之后，对模型的可靠性、灵敏度、稳定性等进行测试，并在此基础上设计政策方案，提出政策建议。

二 流率基本入树及嵌运算

如何按照明确有序的步骤建立存量流量图结构模型是系统动力学建模中会遇到的一个难题。按照以往经验，在具体建立模型之前，会给出一个反映系统关键变量间关系的理论模型。在此理论模型的引导下，不断对存量流量图结构模型进行修正，直至理想状态为止。此种建模方法不仅费时费力，而且模型的可靠性也不能保证。为规范系统动力学流图的建模过程，贾仁安（2014）及其研究团队提出了流率基本入树建模法。该方法是以还原论思想为指导，将图论中的生成树理论应用于动态复杂系统的反馈结构分析（钟永光等，2013）。具体而言，将复杂大系统划分为几个相互关联的子系统，然后分析子系统内流位、流率、辅助变量等的关系，并用一组以流率变量为根的树模型来刻画系统变量之间的关系，最后通过嵌运算法将各子系统串联合并成复杂大系统。具体步骤如下。

首先，通过对复杂系统的分析，建立子系统的流位流率系。

其次，分别构建各子系统以流率变量为根，以流位变量为尾，且以辅助变量为媒介的流率基本入树模型（见图 10-2）。

最后，将各子系统的流率基本入树模型做嵌运算，即相同的顶点、弧、对应的流率与流位进行合并，则可得到复杂系统的存量流量模型。

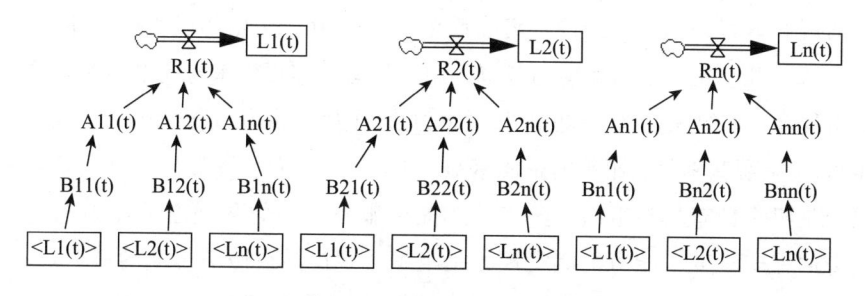

图 10－2　流率基本入树模型

注：此为软件基本模型的输出介绍，在建模前，图中字母无特殊含义。

第五节　影响因素的 SD 建模

一　系统边界

复杂组织效能影响因素系统是由多元要素构成的复杂系统，其边界是难以明确界定的。复杂组织是为了实现组织目标、提高组织效能而由存在网络关系的大量元素组成，具有复杂性特征并与环境互动且共同演化的工商企业。这一定义包含两层含义：从狭义上说，复杂组织是由组织内存在网络关系的元素构成的复杂系统；从广义来看，复杂组织是由组织内外部因素构成的复杂巨系统。因此，复杂组织效能影响因素系统的边界有狭义与广义两层含义。为突出环境因素在复杂组织效能涌现过程中的作用，本章从广义角度界定复杂组织效能影响因素系统的边界，即将外部环境因素也纳入复杂组织效能影响因素系统。

二　核心要素的界定

为构建逻辑严谨的复杂组织效能影响因素系统模型，本章对复杂组织效能影响因素系统的核心要素做出如下界定。

（1）外部环境。本章认可 Daft（2007）等人的观点，将组织外部环境划分为行业环境与宏观环境。行业环境是指与复杂组织发生直接联系的驱动复杂组织效能涌现的所有因素，如顾客、供应商、竞争者以及压力集团等；宏观环境是指与复杂组织发生直接或间接联系的驱动复杂组织效能涌现的所有因素，如社会经济环境、政治法律环境、文化环境和技术环境。

（2）组织能力。组织能力是复杂组织拥有的体现效率与效果的所有能力要素集合，如组织的资源基础力、能力表现力和能力价值实现力（崔婷，2006）。资源基础力是组织的资源基础，包括有形资源和无形资源；能力表现力是组织拥有的与组织生产产品或提供服务有关的各项刚性能力和柔性能力的强弱程度；能力价值实现力是组织实现产品或服务价值的能力。

（3）组织资源。组织资源兼具无形与有形特点，可将组织资源划分为无形资源与有形资源两大类。本书将组织资源视为组织在经营运作过程中所需的物质资源、财务资源、信息资源、人力资源、社会关系资源、组织无形资产资源等的集合（贺小格，2014）。

（4）组织机制。组织机制是指构成复杂系统的各要素之间的作用关系。在复杂组织效能影响因素系统中，组织机制既包含外部环境对组织内部要素的作用关系，也包含组织技术，组织规模与结构，组织愿景、使命和战略，组织文化和价值观，组织权力、政治和冲突等内部因素之间的作用关系。

（5）组织效能。本书将组织效能定义为组织要素在相互作用下涌现出的行为、能力、状态与结果的总和。其表现形式有两种：一是经济绩效，经济绩效将对组织资源与组织环境产生反馈作用；二是非经济绩效，非经济绩效对组织能力与组织环境也具有反馈作用。

三　系统基本反馈回路

本章从广义角度探讨复杂组织效能影响因素系统的运行规律。具体而言，不仅分析外部环境要素与组织要素的关系、组织要素间的相互关系，而且也探讨组织效能对其他要素的反馈作用。结合上文构建的影响因素作用机制理论模型，本章构建了复杂组织效能影响因素的因果回路图（见图10-3）。

图10-3表明，复杂组织效能是在组织内外部各要素的相互作用下涌现的结果。在外部宏观环境与行业环境的共同作用下，外部环境发生改变，从而触发了组织技术，组织规模与结构，组织愿景、使命和战略，组

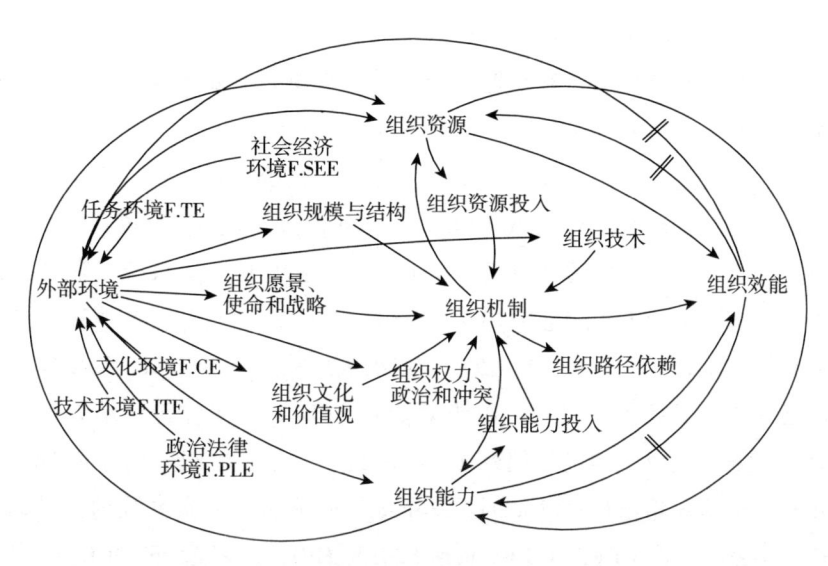

图 10-3　复杂组织效能影响因素的因果回路图

织文化和价值观，组织权力、政治和冲突等内部因素的变革。此外，作为具有能动性的复杂组织，其会自主投入组织资源，增强组织能力，通过组织机制的作用提高复杂组织的适应能力。在以上各要素的协同作用下，复杂组织效能以经济绩效与非经济绩效两种形式不断输出，对外部环境、组织资源、组织能力甚至组织机制产生反馈作用。复杂组织效能的形成与反馈是一个复杂的、相互作用的、循环往复的动态过程。

四　系统存量流量关系

1. 流位流率系

根据流率基本入树建模法，首先对复杂组织效能影响因素系统进行划分，确定核心子系统；然后对各子系统的主要变量进行分析，确定各子系统的状态变量和流率变量。在系统动力学中，状态变量是随时间而变化的积累量，体现物质、能量和信息的储存状态（王其藩，2009）；流率变量是反映积累效应变化快慢的变量，体现系统变化速度或幅度大小（钟永光等，2013）。结合上文的相关分析，复杂组织效能影响因素系统可划分为外部环境子系统、组织资源子系统、组织能力子系统和组织效能子系统（组织效能子系统可细分为组织效能输入子系统、经济绩效输出子系统、非经济绩效输出子系统）。外部环境、组织资源、组织能力与组织效能分别作为各子系统的状态变量；导致各状态变量改变的变量，即外部环境变化量、组织资源变化量、组织能力变化量、组织效能输入量、经济绩效输出量以及非经济绩效输出量可作为流率变量。

上述各变量具体定义如下。①外部环境子系统。流位：外部环境存量L1。流率：外部环境变化量 R.EEC。②组织资源子系统。流位：组织资源存量 L2。流率：组织资源变化量 R.ORC。③组织能力子系统。流位：组织能力存量 L3。流率：组织能力变化量 R.OCC。④组织效能输入子系统。流位：组织效能存量 L4。流率：组织效能输入量 R.OEI。⑤组织效能经济绩效输出子系统。流位：组织效能存量 L4。流率：经济绩效输出量 R.OPO。⑥组织效能非经济绩效输出子系统。流位：组织效能存量 L4。流率：非经济绩效输出量 R.UOPO。复杂组织效能影响因素系统的主导结构流位流率系为：{[L1, R.EEC], [L2, R.ORC], [L3, R.OCC], [L4, R.OEI], [L4, R.OPO], [L4, R.UOPO]}。

2. 定性分析二部分图

流位流率系初步反映了各子系统内部流位和流率的关系，没有体现出流位流率系与其他流位流率系之间的因果关系。本节按照复杂组织效能影响因素的因果反馈回路图确定流位控制流率的二部分图（见图10-4），并对流位与流率之间的相互关系进行简要分析。

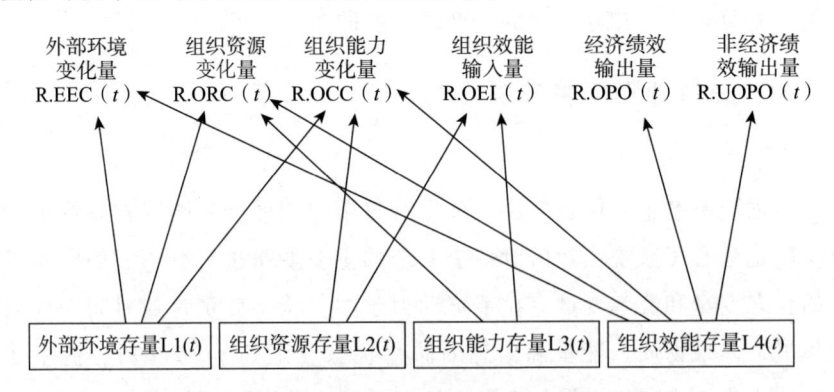

图10-4 复杂组织效能影响因素的定性分析二部分图

注：t 只是表示随时间变化的量，不加 t 不影响理解和阅读，为简化起见，文中表述和下文图中均将之删去。

图10-4表明，外部环境状态变量作为复杂组织效能的外部驱动因素，对外部环境变化量、组织资源变化量和组织能力变化量都产生影响；组织

资源和组织能力状态变量作为复杂组织系统内部要素相互作用的基础，分别对组织能力变化量、组织效能输入量和组织资源变化量、组织效能输入量产生影响；组织效能状态变量作为系统运行的结果，一方面决定了经济绩效输出量与非经济绩效输出量，另一方面又对外部环境变化量、组织资源变化量、组织能力变化量存在反馈作用。为便于有针对性地建立流率基本入树模型，确定变量关系方程，现对二部分图进行具体分析。

（1）组织环境可充分利用环境资源自我再生、自我强化，即外部环境存量 L1 对外部环境变化量 R.EEC 有反作用。此外，复杂组织在经过内外部效能影响因素的相互作用之后，组织效能会产生增值，对外部环境存量 L1 有明显的反馈作用。可见，外部环境存量 L1 与组织效能存量 L4 对外部环境变化量 R.EEC 存在支配作用。

（2）组织环境作为组织持续发展的物质基础，不断为复杂组织提供物质、能量、信息等资源基础，外部环境存量 L1 对组织资源变化量 R.ORC 存在支配作用。复杂组织作为自组织系统，在没有外界指令情况下，能够自我运行，并不断增加组织能力存量 L3，从而获取更多环境资源，即组织能力存量 L3 对组织资源变化量 R.ORC 有支配作用。除了外部环境与组织能力的直接作用外，组织效能存量 L4 对组织资源的变化也有反馈作用。总之，外部环境存量 L1、组织能力存量 L3 与组织效能存量 L4 对组织资源变化量 R.ORC 存在支配作用。

（3）复杂组织可以通过在竞争环境中学习不断提高组织能力。也就是说，外部环境存量 L1 对组织能力的变化存在支配作用。此外，复杂组织可以现有组织资源存量 L2 为基础，通过组织运作，不断增强组织能力，且组织效能存量 L4 对组织能力的变化也有反馈作用。因此，外部环境存量 L1、组织资源存量 L2、组织效能存量 L4 对组织能力变化量 R.OCC 存在支配作用。

（4）组织资源存量 L2 与组织能力存量 L3 是复杂组织自我生产、自我运营的基础，在组织机制的协同作用下，组织效能发生变化。因此，组织资源存量 L2、组织能力存量 L3 对组织效能输入量 R.OEI 的变化存在支配作用。

（5）在经过一定运行周期后，组织效能存量 L4 不断增长，组织效能的经济绩效输出量 R.OPO 会相应增加。因此，组织效能存量 L4 对经济绩效输出量 R. OPO 存在支配作用。

（6）在经历一定运行周期后，组织效能存量 L4 不断增长，非经济绩效输出量 R. UOPO 会相应增加。因此，组织效能存量 L4 对非经济绩效输出量 R. UOPO 存在支配作用。

复杂组织效能影响因素的定性分析二部分图共包含 6 个流率基本入树模型，若用 id［Ri］表示顶点 Ri 的入度，则 6 个顶点入度构成的向量为 ｛id［R1］, id［R2］, id［R3］, id［R4］, id［R5］, id［R6］｝ = (2, 3, 3, 2, 1, 1)。按照顶点入度从小到大的顺序可首先建立 6 棵流率基本入树，然后依次确定每个流位控制相应流率的辅助变量，最后建立起流率基本入树模型。

3. 流率基本入树模型

参照定性分析二部分图中流位与流率的相互作用关系，可建立如下 6 个流率基本入树模型。

（1）经济绩效输出量 R. OPO 流率基本入树 T5（见图 10 – 5）。

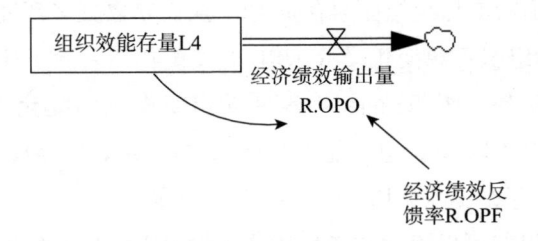

图 10 – 5　经济绩效输出量 R. OPO 流率基本入树模型

组织效能存量 L4 的输出形式有经济绩效与非经济绩效两种。其中，经济绩效是以一定比率进行输出的，且这一输出量是由经济绩效反馈率 R. OPF 决定的。因此，变量关系方程为："经济绩效输出量 *R. OPO*" = "组织效能存量 *L4*" × "经济绩效反馈率 *R. OPF*"。[①]

为保持生产运营的持续性，组织会将一部分效能状态投入下一个生产周期。在本章中，可设定组织将 60% 的总效能用于组织的再运营，而将较小的一部分，如 40% 的总效能留存下来。按照组织效能的二分类输出形式，经济绩效与非经济绩效反馈率可分别设定为 0.3，即 "经济绩效反馈

---

① 本章各变量仅在方程或公式中为斜体。

率 R. OPF" = 0.3。

（2）非经济绩效输出量 R. UOPO 流率基本入树 T6（见图 10-6）。

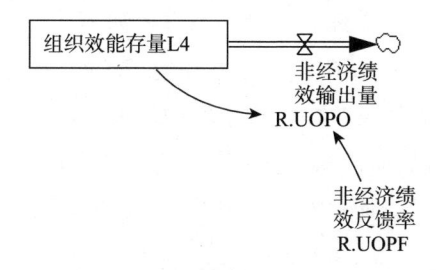

图 10-6　非经济绩效输出量 R. UOPO 流率基本入树模型

与经济绩效输出相同，组织效能的非经济绩效也是按照一定比率进行输出的，且这一输出量是由非经济绩效反馈率 R. UOPF 决定的。因此，变量关系方程为："非经济绩效输出量 R. UOPO" = "组织效能存量 L4" × "非经济绩效反馈率 R. UOPF"。"非经济绩效反馈率 R. UOPF" = 0.3。

（3）外部环境变化量 R. EEC 流率基本入树 T1（见图 10-7）。

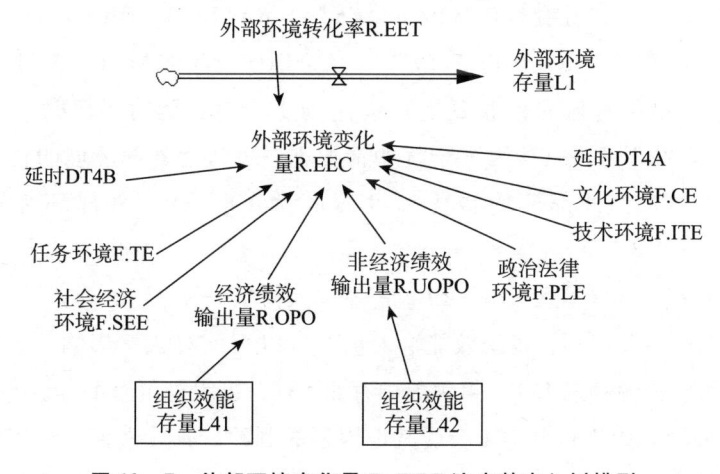

图 10-7　外部环境变化量 R. EEC 流率基本入树模型

外部环境是由组织及其他要素构成的。外部环境变化量除了受外部环境自我强化作用影响外，也受组织效能反馈作用的支配。其中，外部环境的自我强化作用由外部环境存量 L1 与外部环境转化率 R. EET 决定；组织效能的反馈作用是由处在行业环境与宏观环境共同制约作用下的组织效能的经济绩效与非经济绩效输出量决定的。行业环境和宏观环境的变化具有不确定性，可运用 RANDOM NORMAL 函数来表达；组织效能存量 L41 和

L42 的经济绩效输出和非经济绩效输出存在延迟，可分别采用表示物质延迟（DELAY1I）和信息延迟（SMOOTH）的函数来表达，延迟时间可设定为参数 DT4B 和 DT4A。因此，变量关系方程如下：

外部环境变化量 $R.EEC$ = ("任务环境 $F.TE$" + "技术环境 $F.ITE$" + "政治法律环境 $F.PLE$" + "文化环境 $F.CE$" + "社会经济环境 $F.SEE$") × {DELAY1I["经济绩效输出量 $R.OPO$"，延时 $DT4B$] + SMOOTH["非经济绩效输出量 $R.UOPO$"，延时 $DT4A$] + "外部环境存量 L1" × "外部环境转化率 $R.EET$"}

行业环境对复杂组织的生存与发展有直接影响，可设定在（-0.1，0.1）范围内，以 1 个标准差进行随机变动的参数："任务环境 $F.TE$" = RANDOM NORMAL（-0.1，0.1，0，1，0）。宏观环境对复杂组织的生存与发展有间接影响，可设定在（-0.01，0.01）范围内，以 1 个标准差进行随机变动的参数："技术环境 $F.ITE$" = RANDOM NORMAL（-0.01，0.01，0，1，0）；"政治法律环境 $F.PLE$" = RANDOM NORMAL（-0.01，0.01，0，1，0）；"社会经济环境 $F.SEE$" = RANDOM NORMAL（-0.01，0.01，0，1，0）；"文化环境 $F.CE$" = RANDOM NORMAL（-0.01，0.01，0，1，0）。物质延迟和信息延迟可设定为 1 个月：延时 $DT4B$ = 1；延时 $DT4A$ = 1。在不考虑其他因素干扰的情况下，可认为外部环境的自我强化能力是很强的，外部环境转化率可设定为 0.8，即"外部环境转化率 $R.EET$" = 0.8。

（4）组织效能输入量 R.OEI 流率基本入树 T4（见图 10-8）。

从图 10-8 可知，组织效能输入量 R.OEI 受多种因素影响，主要影响因素是组织资源存量 L21、组织能力存量 L31、组织机制 OM 与组织效能转化率 R.OET。组织机制 OM 会受其他因素的制约。具体来说，组织能力存量 L32 可通过组织能力投入 F.OCI 作用于组织机制 OM；组织资源存量 L22 可通过组织资源投入 F.ORI 作用于组织机制 OM；外部环境存量 L1 可通过外部环境变化量 R.EEC 作用于其他间接因素，如组织规模与结构 F.OSS，组织愿景、使命和战略 F.VMS，组织文化和价值观 F.OCV，组织权力、政治和冲突 F.PPC，组织技术 F.OIT 等对组织机制 OM 产生影响。因此，变量关系方程如下：

"组织效能输入量 $R.OEI$" = "组织机制 OM" × "组织效能转化率

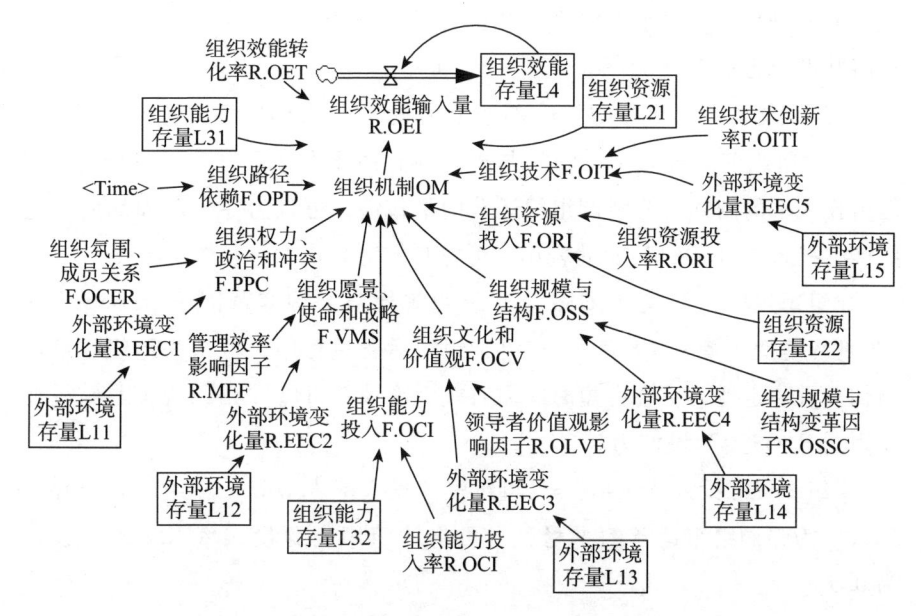

图 10-8 组织效能输入量 R.OEI 流率基本入树模型

R.OET"×["组织能力存量 L31"+"组织资源存量 L21"]

"组织机制 OM"="组织愿景、使命和战略 F.VMS"+"组织技术 F.OIT"+"组织文化和价值观 F.OCV"+"组织权力、政治和冲突 F.PPC"+"组织能力投入 F.OCI"+"组织规模与结构 F.OSS"+"组织资源投入 F.ORI"+"组织路径依赖 F.OPD"

"组织愿景、使命和战略 F.VMS"="外部环境变化量 R.EEC2"×"管理效率影响因子 R.MEF"。在复杂组织运营过程中，可认为管理效率对组织愿景、使命和战略的影响是较为明显的，可将"管理效率影响因子 R.MEF"设定为 0.6。

"组织技术 F.OIT"="组织技术创新率 F.OITI"×"外部环境变化量 R.EEC5"。其中"组织技术创新率 F.OITI"可被设定为 0.3。

"组织文化和价值观 F.OCV"="领导者价值观影响因子 R.OLVE"×"外部环境变化量 R.EEC3"。在复杂组织运营过程中，可认为"领导者价值观影响因子 R.OLVE"对组织文化和价值观有重要影响，可将其设定为 0.8。

"组织权力、政治和冲突 F.PPC"="组织氛围、成员关系 F.OCER"×"外部环境变化量 R.EEC1"。在复杂组织内部，可认为"组织氛围、成员关系 F. OCER"对"组织权力、政治和冲突 F. PPC"有一定的制约作用，可将其设定为 0.3。

"组织能力投入 F. OCI" = "组织能力投入率 R. OCI" × "组织能力存量 L32"。"组织能力投入 F. OCI" 与组织现有的能力存量有关，且受到组织能力投入率的制约。为强调组织运营的平稳性，可认为在生产周期内"组织能力投入率 R. OCI"变动较小，可将其设定为 0.4。

"组织规模与结构 F. OSS" = "组织规模与结构变革因子 R. OSSC" × "外部环境变化量 R. EEC4"。在复杂组织运营过程中，可认为组织规模与结构具有稳定性，不会在短时间内有较大变革，可将"组织规模与结构变革因子 R. OSSC"设定为 0.3。

"组织资源投入 F. ORI" = "组织资源投入率 R. ORI" × "组织资源存量 L22"。为强调组织运营的平稳性，可将"组织资源投入率 R. ORI"设定为 0.5。

组织路径依赖对组织生存与发展有重要影响。借鉴刘汉民、康丽群 (2013) 的研究结论，组织遵循倒 U 形路径依赖规律。因此，可将"组织路径依赖 F. OPD"参数设定为一个反映倒 U 形曲线特征的表函数：

"组织路径依赖 F. OPD" = WTIHLOOKUP Time {[(0, 0) - (12, 1)], (0, 0), (1.83486, 0.01754), (3.08257, 0.03509), (4.51376, 0.06579), (5.94495, 0.1316), (6.78899, 0.1974), (7.74312, 0.2544), (8.66055, 0.2895), (9.3578, 0.2763), (10.2018, 0.2237), (10.9358, 0.1667), (11.4862, 0.08772), (12, 0)}

(5) 组织资源变化量 R. ORC 流率基本入树 T2（见图 10-9）。

从图 10-9 可知，组织资源变化量 R. ORC 分别受到三种作用力的影响。其中，环境作用力来源于环境资源的获取过程；组织内部作用力来源于在组织机制协同作用下的组织能力；组织效能反馈作用力来源于经济绩效输出量。此外，三种作用力的总和受到组织资源利用率的调节作用。因此，变量关系方程为："组织资源变化量 R. ORC" = ["外部环境存量 L1" × "环境资源获取率 R. ERA" + 组织机制 OM × "组织能力存量 L3" + DELAY1I ("经济绩效输出量 R. OPO"，延时 DT2)] × "组织资源利用率 R. ORT"。

复杂组织从复杂环境获取资源的能力是有限的，可将"环境资源获取率 R. ERA"设定为 0.001。组织资源利用率在短期内不会有明显变

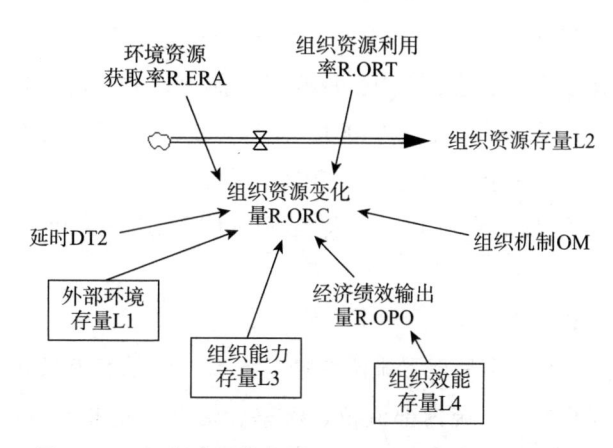

图 10-9　组织资源变化量 R. ORC 流率基本入树模型

化，可将"组织资源利用率 R. ORT"设定为 0.5。组织效能存量对组织资源变化量的反馈作用存在物质延迟，可将延迟时间设定为 1 个月，即"延时 $DT2$" = 1。

（6）组织能力变化量 R. OCC 流率基本入树 T3（见图 10-10）。

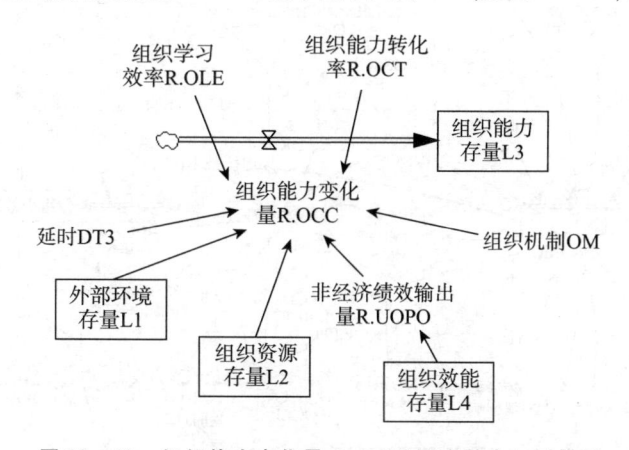

图 10-10　组织能力变化量 R. OCC 流率基本入树模型

从图 10-10 可知，组织能力变化量 R. OCC 受三种作用力影响。其中，环境作用力来源于组织向环境学习的过程；组织内部作用力来源于在组织机制协同作用下的组织资源；组织效能反馈作用力来源于非经济绩效输出量。此外，三种作用力的总和受到组织能力转化率的调节作用。因此，变量关系方程为："组织能力变化量 $R.\ OCC$" = ["外部环境存量 $L1$" × "组织学习效率 $R.\ OLE$" + 组织机制 OM × "组织资源存量 $L2$" + SMOOTH（"非经济绩效输出量 R.UOPO",延时 DT3)]×"组织能力转化率 R.OCT"。

复杂组织通常是通过自我创新提高组织能力，故其向卓越组织学习的效率是有限的，可将其设定为 0.001。组织能力转化率在短期内不会有太大变化，可将"组织能力转化率 R.OCT"设定为 0.5。组织效能对组织能力的反馈作用存在信息延迟，可将延迟时间设定为 1 个月，即"延时 DT3" = 1。

4. 主导结构流图

定性分析二部分图呈现了流位变量与流率变量的相互关系，流率基本入树模型给出了各子系统内部流位、流率、辅助变量和常量的支配关系。结合嵌运算法则，可构建复杂组织效能影响因素系统的主导结构流图（见图 10 - 11）。

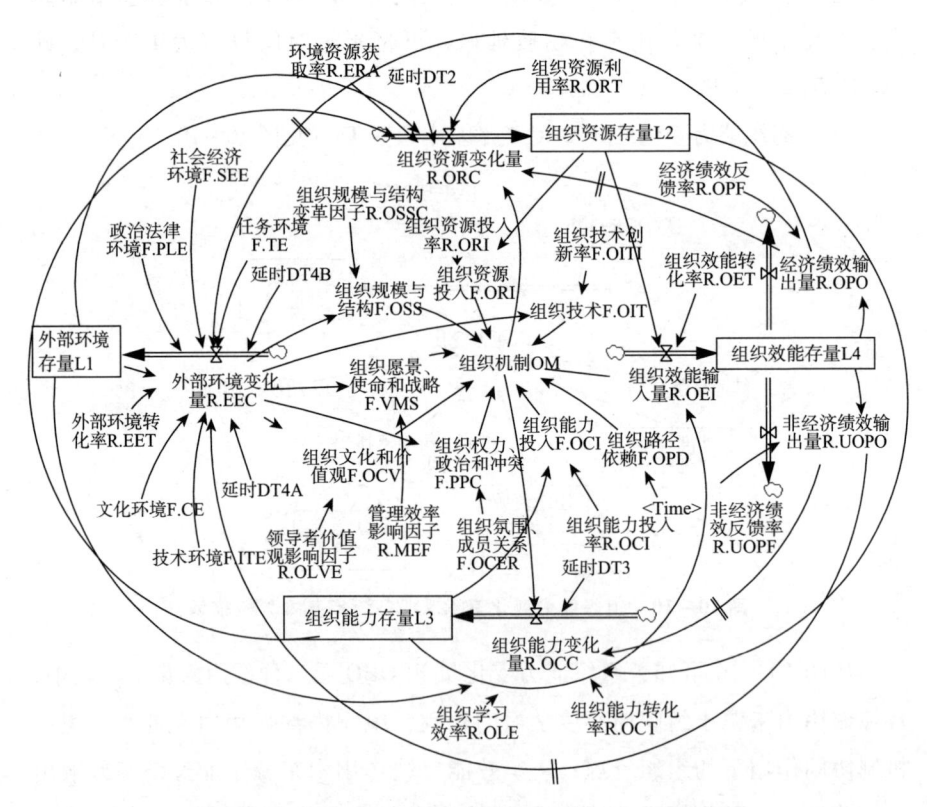

图 10 - 11 复杂组织效能影响因素系统的主导结构流图

由图 10 - 11 可知，复杂组织效能是多种因素在相互作用之下涌现出的绩效或结果状态。各种因素不仅对其他因素有制约作用，而且也受其他因素的调节与控制。正是因素间的复杂互动关系使得复杂组织成为具有非线性、自组织、涌现性特征的复杂系统。为进一步探讨复杂组织效能影响因素系统的作用机制，有必要对变量类型、反馈回路、原因树等进行初步分析。

（1）变量类型。若将模型模拟的开始时间、结束时间和时间步长等变量计算在内，则复杂组织效能影响因素系统包括多个变量关系方程。其中，状态变量4个、流率变量6个、常量有25个、辅助变量有7个、表函数1个。根据状态变量与流率变量之间的相互制约关系，状态变量方程为："外部环境存量$L1(t)$" $= L1(t)(t-\Delta t) + \Delta t R.EEC(t-\Delta t)$，"组织资源存量$L2(t)$" $= L2(t)(t-\Delta t) + \Delta t R.ORC(t-\Delta t)$，"组织能力存量$L3(t)$" $= L3(t)(t-\Delta t) + \Delta t R.OCC(t-\Delta t)$，"组织效能存量$L4(t)$" $= L4(t)(t-\Delta t) + \Delta t R.OEI(t-\Delta t) - \Delta t R.OPO(t-\Delta t) - \Delta t R.UOPO(t-\Delta t)$。[①]

（2）反馈回路。在复杂组织效能影响因素系统中，以外部环境存量L1为主体的反馈环共有21个。其中，一阶反馈环1个、二阶反馈环0个、三阶反馈环8个、四阶反馈环12个。一阶反馈环是指外部环境存量L1—外部环境变化量R.EEC—外部环境存量L1之间的反馈关系，体现了外部环境存量的自我强化功能。三阶反馈环不仅包括外部环境存量L1—组织资源变化量R.ORC—组织资源存量L2—组织效能输入量R.OEI—组织效能存量L4—经济绩效输出量R.OPO/非经济绩效输出量R.UOPO—外部环境变化量R.EEC之间的反馈关系，也包括外部环境存量L1—组织能力变化量R.OCC—组织能力存量L3—组织效能输入量R.OEI—组织效能存量L4—经济绩效输出量R.OPO/非经济绩效输出量R.UOPO—外部环境变化量R.EEC之间的反馈关系，不仅体现了复杂组织从环境获取资源，将组织资源转化为组织效能，然后反馈到组织环境的过程，而且说明了复杂组织向环境学习，将学习能力转化为组织效能，然后反馈到组织环境的过程。四阶反馈环不仅包括外部环境存量L1—组织资源变化量R.ORC—组织资源存量L2—组织能力变化量R.OCC—组织能力存量L3—组织效能输入量

---

① 该方程为体现变量之间的制约关系，保留t。

R. OEI—组织效能存量 L4—经济绩效输出量 R. OPO/非经济绩效输出量 R. UOPO—外部环境变化量 R. EEC 之间的反馈关系，也包括外部环境存量 L1—组织能力变化量 R. OCC—组织能力存量 L3—组织资源变化量 R. ORC—组织资源存量 L2—组织效能输入量 R. OEI—组织效能存量 L4—经济绩效输出量 R. OPO/非经济绩效输出量 R. UOPO—外部环境变化量 R. EEC 之间的反馈关系，它们体现了组织从环境获取资源，提高能力，并在内部机制的协同作用下转化为组织效能，最后反馈到组织环境的过程。

以组织资源存量 L2 为主体的反馈环共有 58 个。其中，一阶反馈环 1 个、二阶反馈环 15 个、三阶反馈环 30 个、四阶反馈环 12 个。一阶反馈环是指组织资源存量 L2—组织资源投入 F. ORI—组织机制 OM—组织资源变化量 R. ORC 之间的反馈关系，体现了组织资源在组织机制协同作用下的自我生产功能。二阶反馈环是指组织资源存量 L2—组织能力变化量 R. OCC—组织能力存量 L3—组织资源变化量 R. ORC 或者组织资源存量 L2—组织效能输入量 R. OEI—组织效能存量 L4—组织资源变化量 R. ORC 之间的反馈关系，一方面体现了在组织机制协调作用下的组织资源与组织能力间的相互关系，另一方面也体现了组织将组织资源转化为组织效能，组织效能对组织资源存在反馈作用的机制。三阶反馈环是指组织资源存量 L2—组织效能输入量 R. OEI—组织效能存量 L4—组织能力变化量 R. OCC—组织能力存量 L3—组织资源变化量 R. ORC 或者组织资源存量 L2—组织能力变化量 R. OCC—组织能力存量 L3—组织效能输入量 R. OEI—组织效能存量 L4—组织资源变化量 R. ORC 或者组织资源存量 L2—组织效能输入量 R. OEI—组织效能存量 L4—非经济绩效输出量 R. UOPO—外部环境变化量 R. EEC—外部环境存量 L1—组织资源变化量 R. ORC 之间的反馈关系，体现了组织将组织资源转化为组织效能，组织效能对组织能力存在反馈作用，组织能力不断增强，组织获取更多资源的过程；随着组织将组织资源用于组织经营，组织能力不断增强，组织效能存量增加，组织效能对组织资源变化量反馈作用的增长过程；组织将组织资源转化为组织效能，组织效能对外部环境有反馈作用，外部环境不断改善，组织从环境获取更多资源的过程。四阶反馈环是指组织资源存量 L2—组织能力变化量 R. OCC—组织能力存量 L3—组织效能输入量 R. OEI—组织效能存量 L4—经济绩效输出量 R. OPO—外部环境变化量 R. EEC—外部环境存量 L1—组织资源变化量 R. ORC 或者组织资源存量 L2—组织效能输入量 R. OEI—组织效能存量 L4—非经济绩效输出量 R. UOPO—外部环境变化量 R. EEC—外部环境存量 L1—组织能力变化量 R. OCC—组织能力存量 L3—组织资源变化量 R. ORC 之间的反馈关系，体现了组织将组织资源用于运营过程，组织能力不断增强，组织效能存量增加，组织效能对外部环境有反馈作用，组织从环境获取更多资源的过程；组织将组织资源用于经营过程，组织效能不断增加，组织效能对外部环境的反馈作用增强，组织向环境学习的能力增强，组织获得更多资源的过程。

以组织能力存量 L3 为主体的反馈环共有 58 个。其中，一阶反馈环 1 个、二阶反馈环 15 个、三阶反馈环 30 个、四阶反馈环 12 个。与组织资源存量相似，以组织能力存量 L3 为主体的一阶反馈环（即反馈回路）体现了组织能力在组织机制协同作用下的自我增强功能；二阶反馈回路表明了组织能力与组织效能之间或组织能力与组织资源之间的互动关系；三阶反馈回路体现了组织能力、组织资源与组织效能之间或者组织能力、组织效能与组织资源之间或者组织能力、组织效能与外部环境之间的相互关系；四阶反馈回路表明了组织能力、组织资源、组织效能与外部环境之间或者组织能力、组织效能、外部环境与组织资源之间的作用关系。

以组织效能存量 L4 为主体的反馈环共有 82 个，体现了组织内外部因素与组织效能的互动关系。上文已对以外部环境、组织资源、组织能力为主体的反馈回路进行了分析，且各回路与以组织效能存量为主体的回路存在重叠，故在此不做讨论。

（3）原因树。在复杂组织效能影响因素系统中，除了具有变量与变量之间复杂的因果反馈回路以外，还有以各变量为根建立起来的原因树，见图 10-12 至图 10-15。

从图 10-12 可看出，外部环境变化量 R. EEC 决定了外部环境存量 L1 的变化，而外部环境变化量 R. EEC 又受外部环境存量 L1、任务环境和一般环境因素以及经济绩效输出量 R. OPO 与非经济绩效输出量 R. UOPO 等因素的影响。

从图 10-13 可看出，组织资源变化量 R. ORC 决定了组织资源存量 L2 的变化，而组织资源变化量 R. ORC 又受外部环境存量 L1、组织能力存量 L3、环境资源获取率 R. ERA、组织机制 OM、组织资源利用率 R. ORT 等因素的影响。

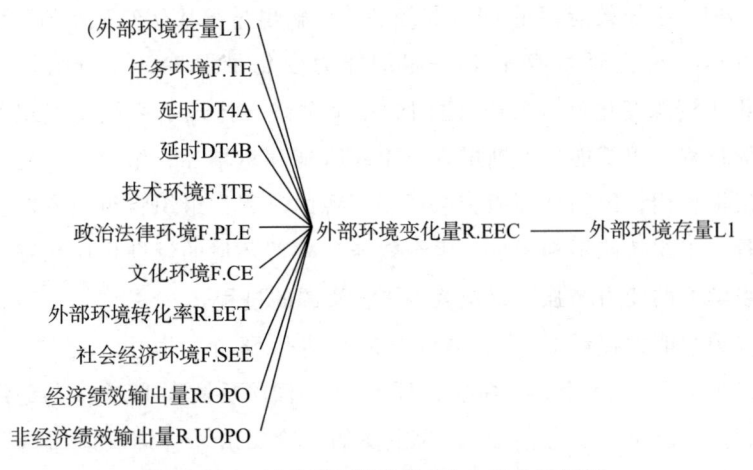

```
(外部环境存量L1)
任务环境F.TE
延时DT4A
延时DT4B
技术环境F.ITE         ↘
政治法律环境F.PLE     → 外部环境变化量R.EEC —— 外部环境存量L1
文化环境F.CE         ↗
外部环境转化率R.EET
社会经济环境F.SEE
经济绩效输出量R.OPO
非经济绩效输出量R.UOPO
```

图 10 – 12　以外部环境存量 L1 为根的原因树

```
组织能力存量L3
外部环境存量L1
组织资源利用率R.ORT    ↘
组织机制OM            → 组织资源变化量R.ORC —— 组织资源存量L2
延时DT2              ↗
环境资源获取率R.ERA
经济绩效输出量R.OPO
```

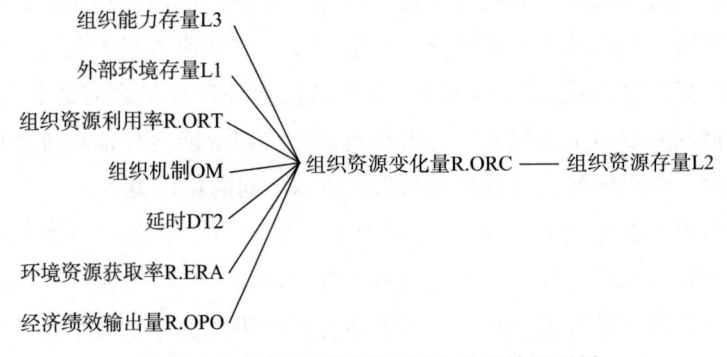

图 10 – 13　以组织资源存量 L2 为根的原因树

从图 10 – 14 可看出，组织能力变化量 R.OCC 决定了组织能力存量L3 的变化，而组织能力变化量 R.OCC 又受外部环境存量 L1、组织资源存量 L2、组织学习效率 R.OLE、组织机制 OM、组织能力转化率 R.OCT 等因素的影响。

从图 10 – 15 可看出，组织效能输入量 R.OEI、经济绩效输出量 R.OPO 和非经济绩效输出量 R.UOPO 决定了组织效能存量 L4 的变化，而组织效能输入量 R.OEI 又受组织能力存量 L3、组织资源存量 L2、组织效能转化率 R.OET 和组织机制 OM 等因素的控制；经济绩效输出量 R.OPO 又受到组织效能存量 L4、经济绩效反馈率 R.OPF 的控制；非经济绩效输出量 R.UOPO 又受到组织效能存量 L4、非经济绩效反馈率 R.UOPF 等因素的影响。

```
组织资源存量L2 ┐
外部环境存量L1 ┤
组织学习效率R.OLE ┤
组织能力转化率R.OCT ┼─→ 组织能力变化量R.OCC ── 组织能力存量L3
组织机制OM ┤
延时DT3 ┤
非经济绩效输出量R.UOPO ┘
```

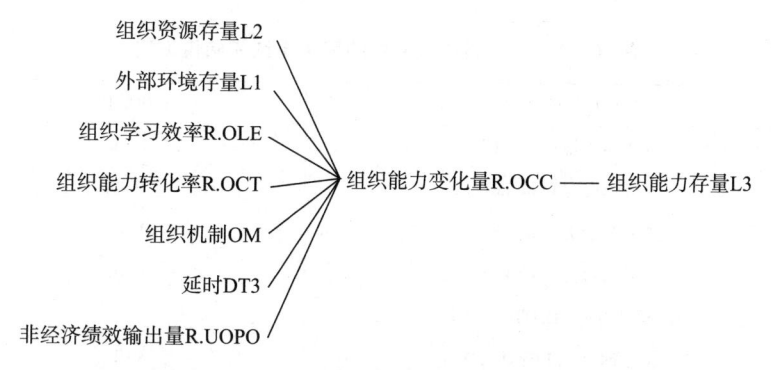

图 10-14 以组织能力存量 L3 为根的原因树

```
组织能力存量L3 ┐
组织资源存量L2 ┤
组织效能转化率R.OET ┼─→ 组织效能输入量R.OEI ┐
组织机制OM ┤                              │
                                        ├─→ 组织效能存量L4
（组织效能存量L4）                        │
经济绩效反馈率R.OPF ──→ 经济绩效输出量R.OPO ┘

（组织效能存量L4）
非经济绩效反馈率R.UOPF ──→ 非经济绩效输出量R.UOPO
```

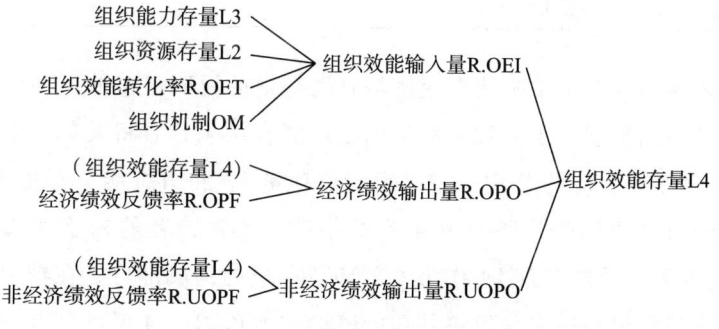

图 10-15 以组织效能存量 L4 为根的原因树

第六节 影响因素系统的综合分析

因果回路图与存量流量图分析了各影响因素之间及各影响因素与复杂组织效能之间的互动关系。不过，这未完全揭示出在各要素相互作用下，复杂组织效能影响因素系统的涌现现象。本节以系统论思想为指导，对复杂组织效能影响因素的 SD 模型进行数值模拟、敏感性测试与政策方案设计。在模拟与测试过程中，使用的系统动力学软件为 Vensim PLE.32。

一 影响因素系统的数值模拟

1. 初始值的设定

在运用 Vensim PLE.32 对系统模型进行模拟之前，应对系统变量初始值进行设定（见表10-1）。

表10-1 复杂组织效能影响因素系统初始值设定

状态变量	初始值
"外部环境存量L1"	1
"组织资源存量L2"	0.005
"组织能力存量L3"	0.005
"组织效能存量L4"	0.01
仿真开始时间（INITIAL TIME）	0
仿真结束时间（FINAL TIME）	12
仿真时间步长（TIME STEP）	1
时间单位	月

关于表10-1中系统状态变量与时间变量的说明：①外部环境存量L1作为各种不同类型、不同竞争地位的组织竞合结果，可将其初始值设定为1，表示各组织效能的总和；②组织资源存量L2和组织能力存量L3是组织在组织机制协同作用下自我生产的基础，可将二者的初始值均设定为0.005；③组织效能存量L4作为外部环境存量的构成部分，在数值上，应比外部环境存量小很多，可将其初始值设定为0.01；④考虑到模拟分析的有效性，并与现实企业的运营周期保持一致，可将仿真开始时间和结束时间分别设定为0和12，仿真时间步长为1，时间单位为月。

2. 模拟与分析

在系统动力学模拟分析中，状态变量的变化规律、各变量之间的因果联系、变量之间的变化关系是研究者关注的重点（贾仁安、丁荣华，2002）。本章参照流位流率系基本入树模型构建了SD模型，本节将对各流位流率系以及辅助变量的模拟结果进行报告与分析。

第一，流位流率系变量的模拟分析。复杂组织效能影响因素系统共包含4个流位变量：外部环境存量L1、组织资源存量L2、组织能力存量L3和组织效能存量L4。相应的流率变量有6个：外部环境变化量R.EEC、组织资源变化量R.ORC、组织能力变化量R.OCC、组织效能输入量R.OEI、经济绩效输出量R.OPO与非经济绩效输出量R.UOPO。

（1）外部环境存量L1及其流率。从图10-16可看出，在模拟的时间范围内，外部环境存量一直围绕其初始值 1 上下波动。这说明，在不同复杂组织效能此消彼长的作用下，外部环境存量的变化率在总体上基本维持不变。

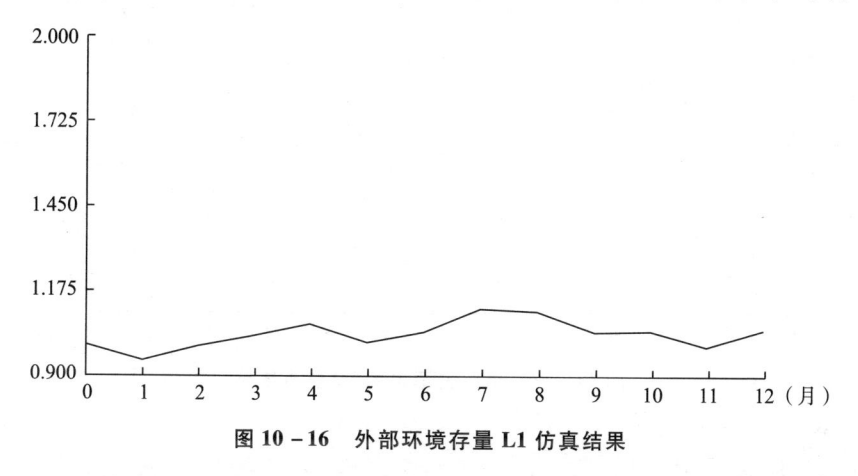

图 10-16　外部环境存量 L1 仿真结果

外部环境变化量是外部环境存量变动的直接影响因素，从图 10-17 可看出，在总体变化规律上两者基本是一致的。不过，外部环境变化量 R. EEC 在每次数值变动上都比外部环境存量 L1 提前 1 个月。这说明，在组织效能对外部环境反馈延迟作用下，外部环境变化存在滞后现象。此外，从波动幅度来看，外部环境变化量的波动幅度明显大于外部环境存量。这说明，外部环境存量有明显的自我平衡、自我调节的功能。

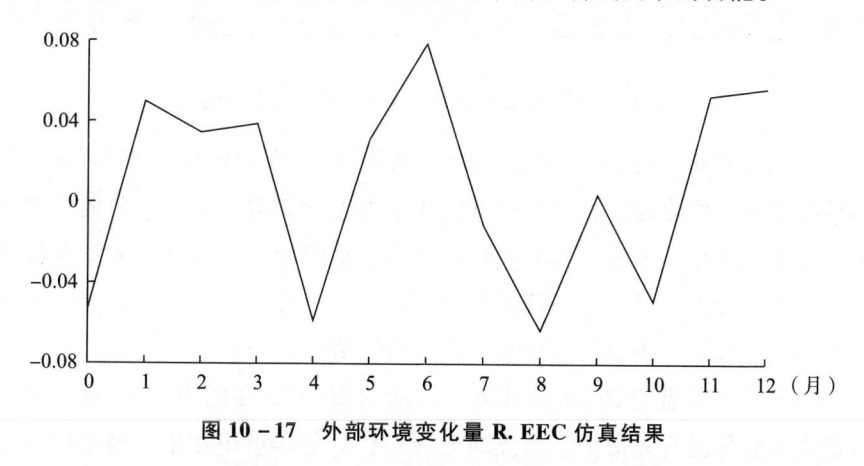

图 10-17　外部环境变化量 R. EEC 仿真结果

（2）组织资源存量 L2 及其流率。从图 10-18 和图 10-19 可知，组织资源存量和组织资源变化量总体上都呈现增长趋势。不过，组织资源变化量在增长过程中有明显波动。这不仅说明在复杂组织运营过程中，组织资源在不断增加，也验证了组织资源存量的自我调节功能。

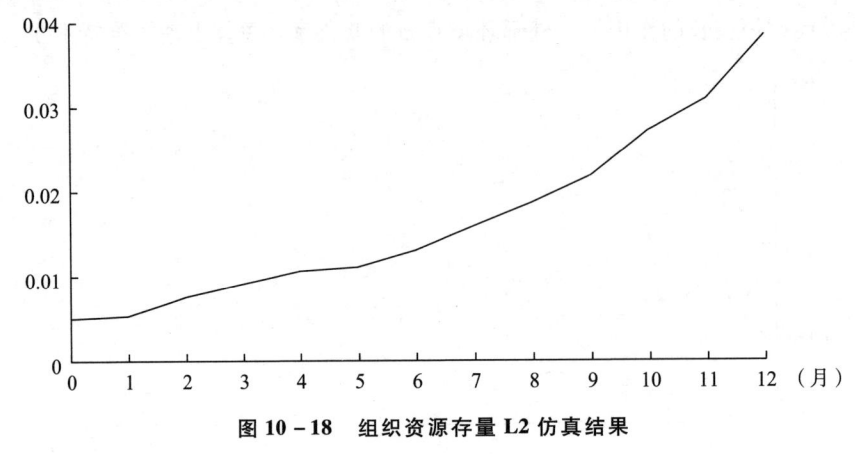

图 10-18　组织资源存量 L2 仿真结果

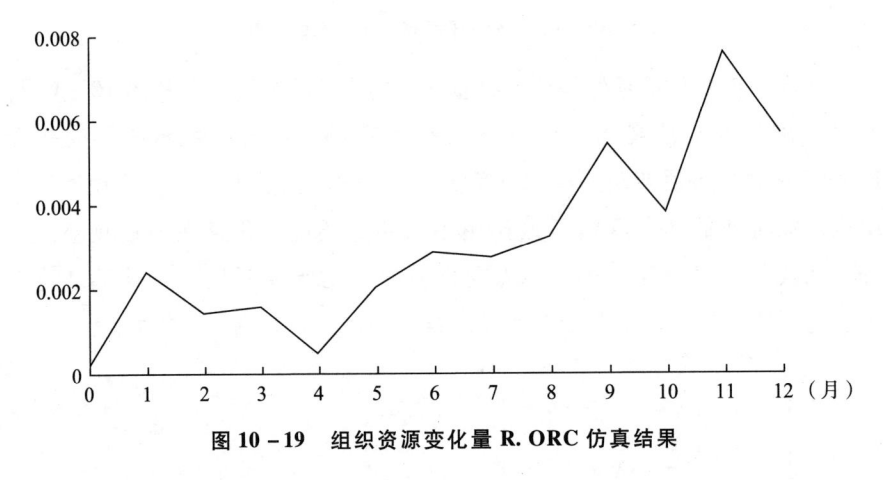

图 10-19　组织资源变化量 R. ORC 仿真结果

（3）组织能力存量 L3 及其流率。从图 10-20 和图 10-21 可知，组织能力存量的变化趋势与组织能力变化量的变化趋势基本是一致的，都大致呈现增长趋势。不过，从波动幅度上看，组织能力变化量的波动幅度明显大于组织能力存量。这不仅说明在复杂组织运营过程中，组织能力在不断增强，也验证了组织能力存量的自我增强功能。

（4）组织效能存量 L4 及其流率。从图 10-22 和图 10-23 看，组织效能存量总体呈现先减少、后波动上升趋势。复杂组织在生产经营的早期阶段会投入较多资源和能力，而且收益和回报未能及时得到反馈，组织效能开始降低。在生产经营的中后期阶段，组织继续投入资源和能力，早期运营的收益和回报不断反馈，组织效能开始大幅度增长。从图 10-24 和

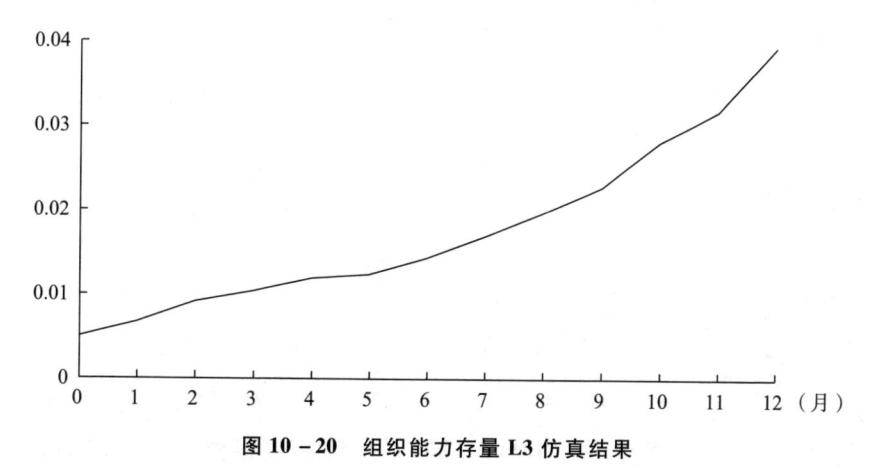

图 10-20　组织能力存量 L3 仿真结果

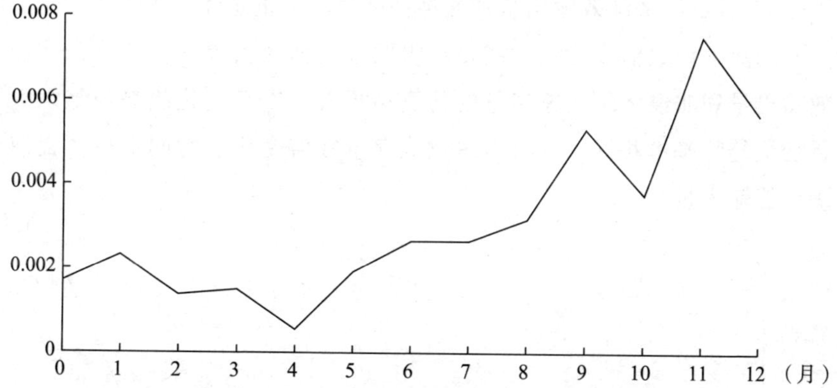

图 10-21　组织能力变化量 R.OCC 仿真结果

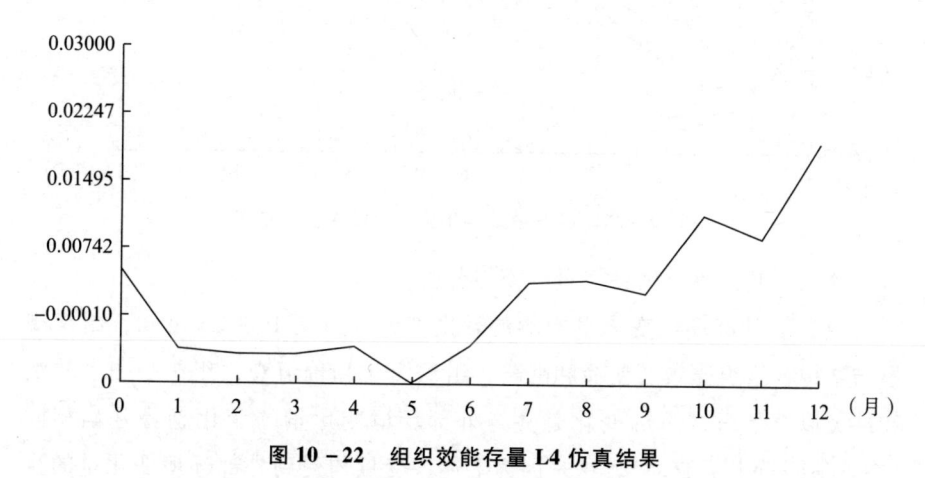

图 10-22　组织效能存量 L4 仿真结果

注：仿真结果由 Vensim PLE.32 软件生成，纵轴间距略有差异，下同。

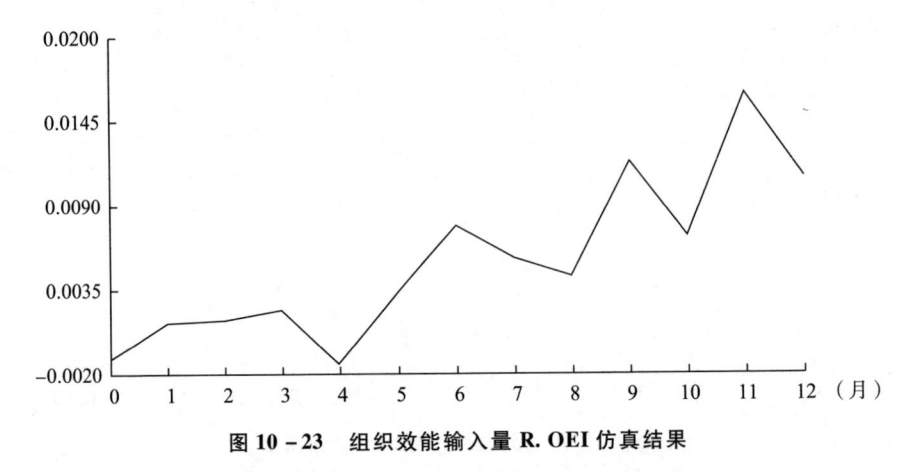

图 10-23　组织效能输入量 R. OEI 仿真结果

图 10-25 看，经济绩效输出量和非经济绩效输出量总体呈现先减少、后波动上升趋势，但数值变化的时间要比组织效能输入量提前 1 个月。从经济绩效输出量和非经济绩效输出量的仿真结果看，二者变化趋势与组织效能存量变化趋势基本相同，并且组织效能存量数值变化在时间上也要提前于组织效能输入量。

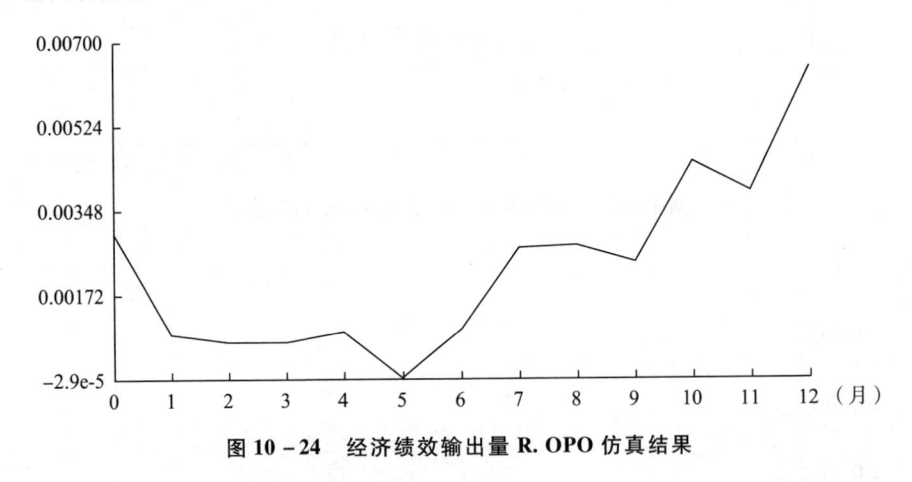

图 10-24　经济绩效输出量 R. OPO 仿真结果

第二，其他重要辅助变量的模拟分析。

（1）受外部环境变化量影响的辅助变量。由图 10-26 可知，组织规模与结构，组织愿景、使命和战略，组织文化和价值观，组织权力、政治和冲突以及组织技术的变化趋势与外部环境变化量的变化趋势基本相同（在均值附近上下波动），这是因为上述各变量均受到外部环境变化量的直接支配作用。

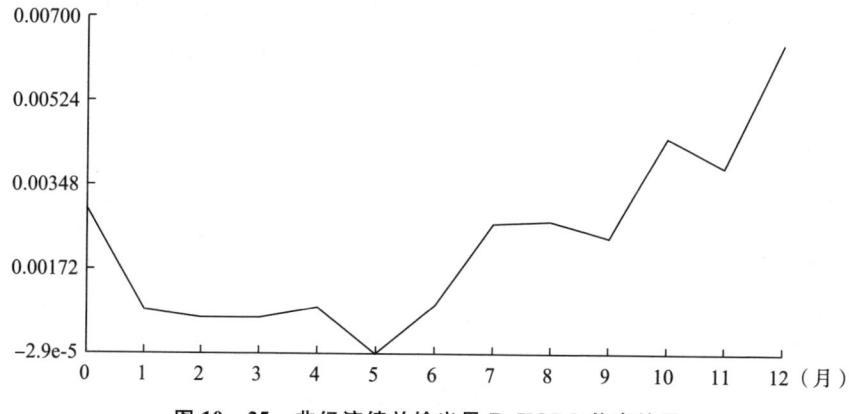

图 10-25　非经济绩效输出量 R. UOPO 仿真结果

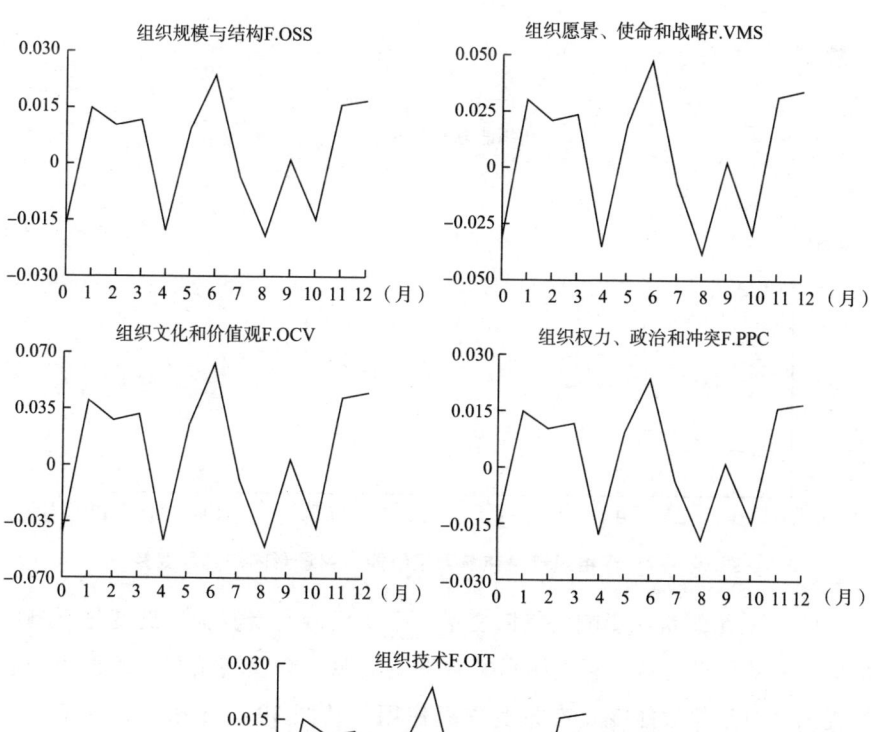

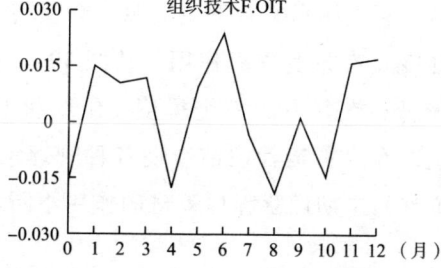

图 10-26　受外部环境变化量影响的辅助变量

（2）受组织资源存量和组织能力存量影响的辅助变量。由图 10 – 27 可知，在组织资源存量和组织能力存量增长趋势的推动作用下，组织资源投入和组织能力投入都呈现上升趋势。

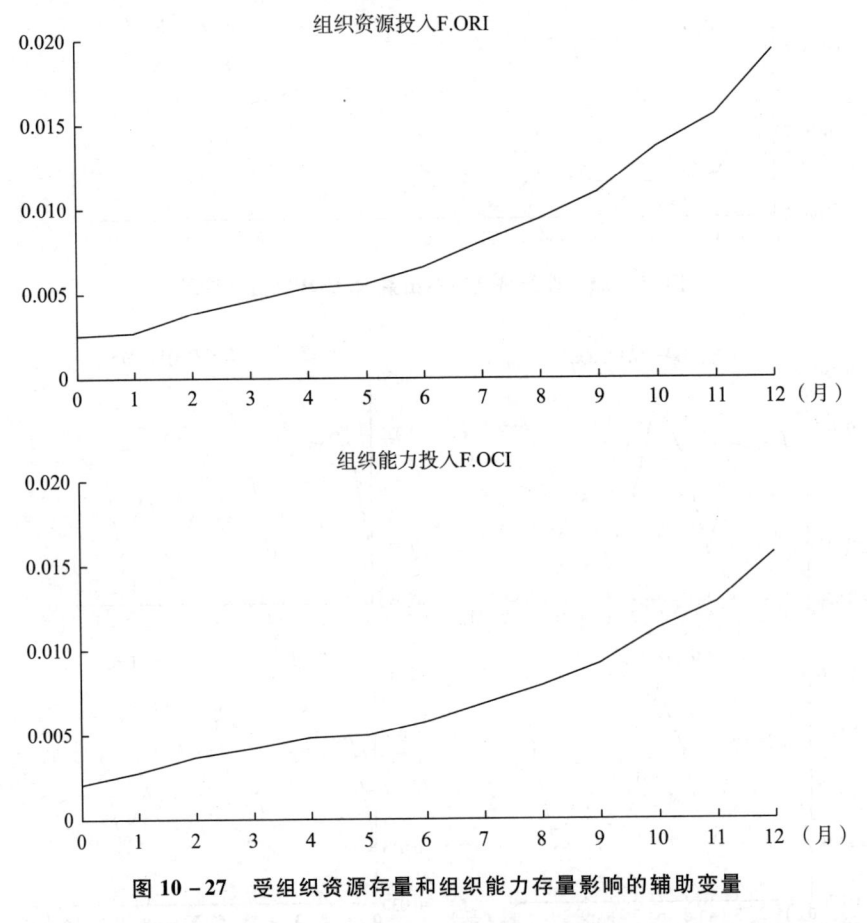

组织资源投入 F.ORI

组织能力投入 F.OCI

图 10 – 27　受组织资源存量和组织能力存量影响的辅助变量

（3）受组织机制影响的辅助变量。组织机制是受其他辅助变量影响的最为重要的辅助变量。它直接影响着组织资源的合理利用和组织能力的有效提高，对组织效能变化有重要支配作用。从图 10 – 28 来看，在第一季度，组织机制数值偏低；在其后的三个季度，组织机制在数值上有所提高。这说明，复杂组织在模拟运营的前半期各种管理策略的作用不明显，且时常发生变化，而在后半期运营管理策略的作用不断增强，且总体趋于平稳。

图 10-28 受组织机制影响的辅助变量

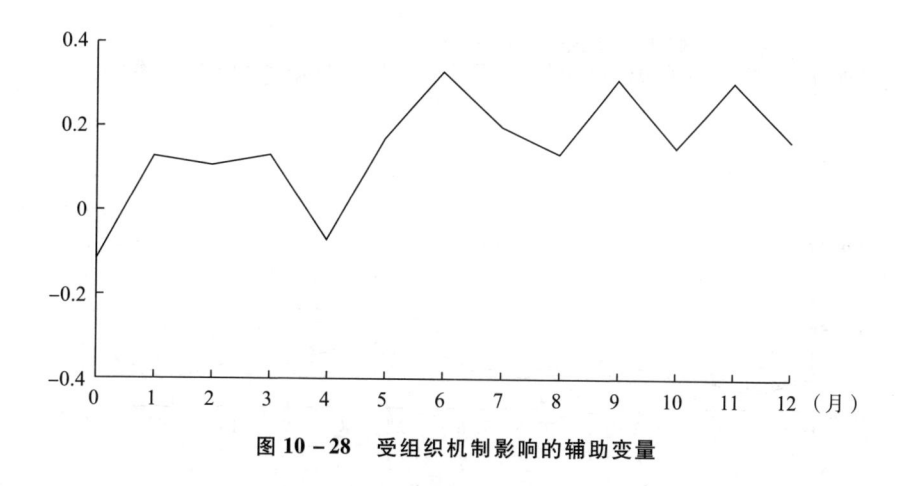

二 影响因素系统的敏感性测试

系统灵敏度分析是通过改变模型参数或结构，比较改变前后模型模拟的结果，以此作为管理决策的重要依据（贾仁安、丁荣华，2002）。复杂组织效能影响因素系统的 SD 模型有许多可以调整的参数，如外部环境转化率、组织规模与结构变革因子、组织资源投入率、组织技术创新率等。本研究只对参数而不对结构进行敏感性测试，且在对各子系统参数进行测试时，都将对组织效能存量的仿真结果进行报告与分析。

1. 外部环境子系统的敏感性测试

在外部环境子系统中可调整的参数为外部环境转化率 R.EET。其调整方案如表 10-2 所示。

表 10-2 外部环境子系统参数调整方案

参数	现有方案	可选方案	方案说明
外部环境转化率 R.EET	0.8	方案1：0.5；方案2：0.1	中间值；极端值

按照调整方案进行参数调整之后，仿真结果如图 10-29 所示。首先，从外部环境存量和组织效能存量的总体变化趋势看，3 种方案的变化规律基本是一致的。其次，从外部环境存量和组织效能存量的波动幅度看，方案 2 波动幅度最小，目前系统方案（即现有方案）波动幅度最大。这说明，外部环境子系统对外部环境转化率的变化不敏感。

```
     ——"外部环境存量L1(t)"：现有方案
2.000 ……"外部环境存量L1(t)"：方案1    ----"外部环境存量L1(t)"：方案2

1.725

1.450

1.175

0.900
     0   1   2   3   4   5   6   7   8   9   10  11  12（月）


         ——"组织效能存量L4(t)"：现有方案
0.03000  ……"组织效能存量L4(t)"：方案1    ----"组织效能存量L4(t)"：方案2

0.02247

0.01495

0.00742

-0.00010
      0   1   2   3   4   5   6   7   8   9   10  11  12（月）
```

图 10-29 外部环境转化率的敏感性分析

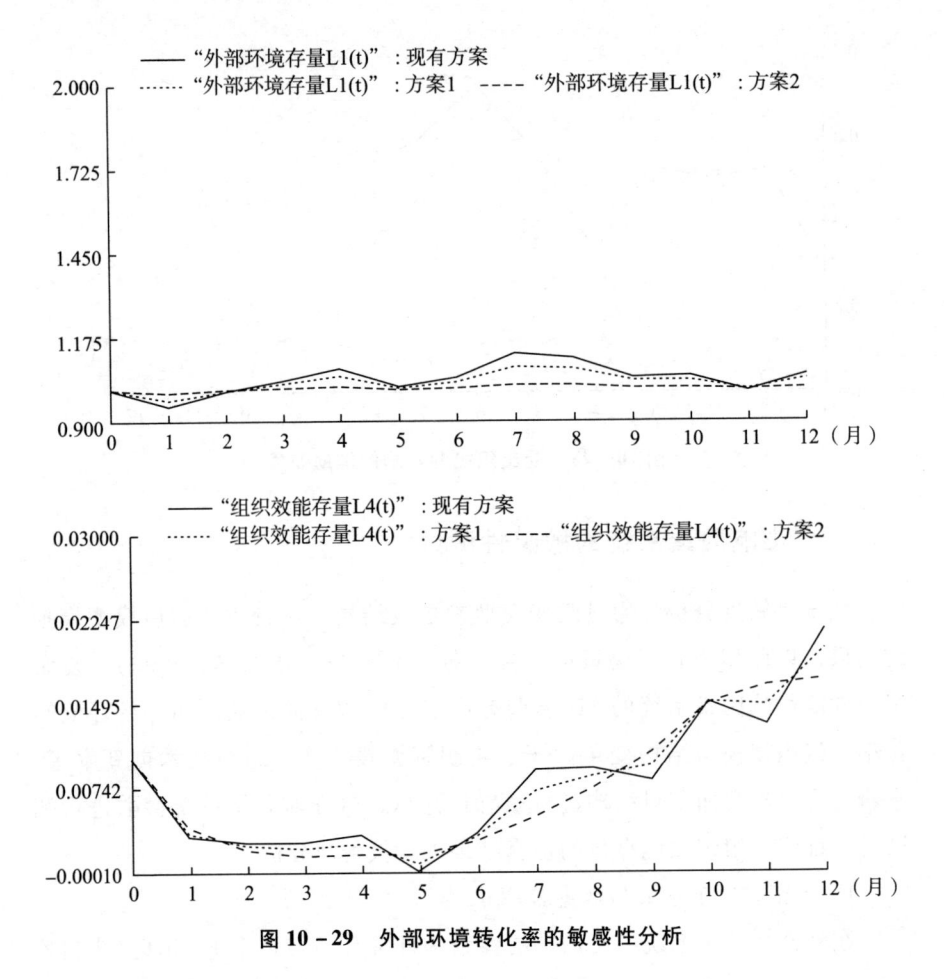

2. 组织资源子系统的敏感性测试

在组织资源子系统中可调整的参数为环境资源获取率 R.ERA 与组织资源利用率 R.ORT。其调整方案如表 10-3 所示。

表 10-3 组织资源子系统参数调整方案

参数	现有方案	可选方案	方案说明
环境资源获取率 R.ERA	0.001	方案1：0.005；方案2：0.009；方案3：0.010	中间值；极大值；极端值
组织资源利用率 R.ORT	0.5	方案1：0.1；方案2：0.9	极小值；极大值

按照调整方案进行参数调整之后，仿真结果如图 10-30 所示。首先，从组织资源存量和组织效能存量的总体变化趋势看，4 种方案的演化规律

基本是一致的。其次，从组织资源存量和组织效能存量的曲线斜率看，方案 3 的斜率最大，目前系统方案斜率最小。这说明随着环境资源获取率的不断提高，组织资源存量和组织效能存量总体上在增加，组织资源子系统对环境资源获取率具有较强敏感性。

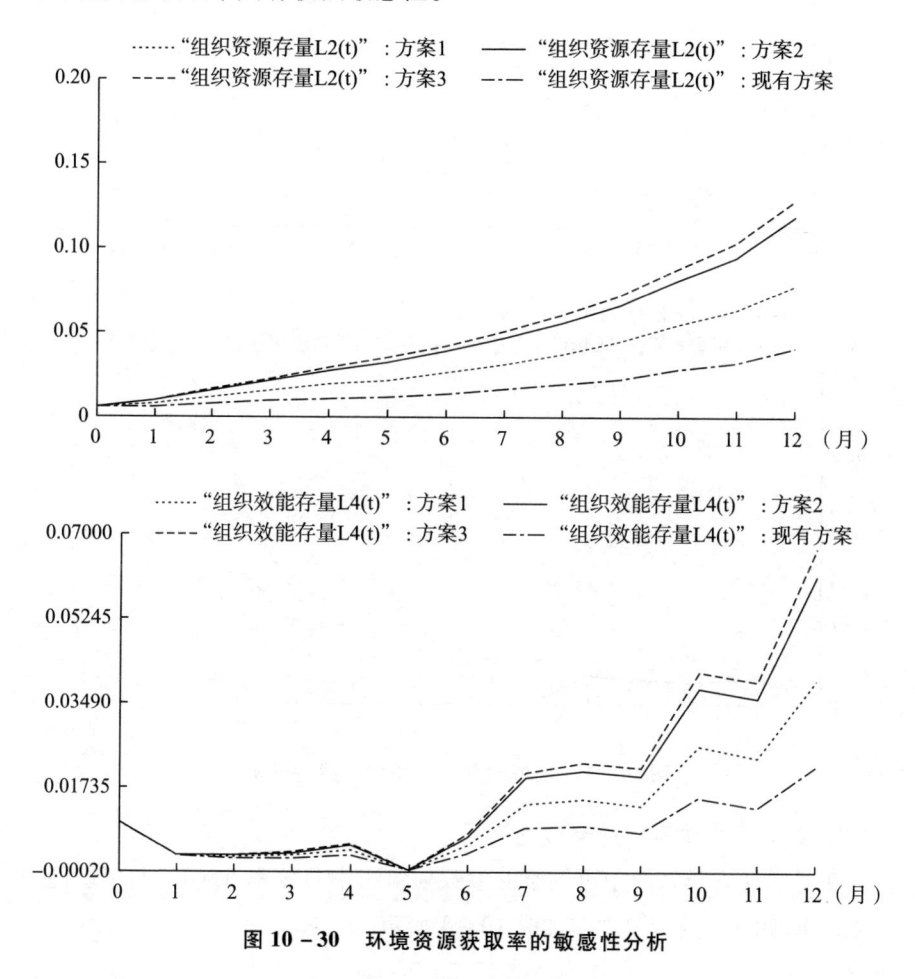

图 10-30　环境资源获取率的敏感性分析

根据图 10-31 可知：首先，从组织资源存量和组织效能存量的总体变化趋势看，3 种方案的演化规律基本是一致的；其次，从组织资源存量和组织效能存量的曲线斜率看，方案 2 的斜率最大，方案 1 的斜率最小。这说明随着组织资源利用率的不断提高，组织资源存量和组织效能存量总体上在增加，组织资源子系统对组织资源利用率具有较强敏感性。

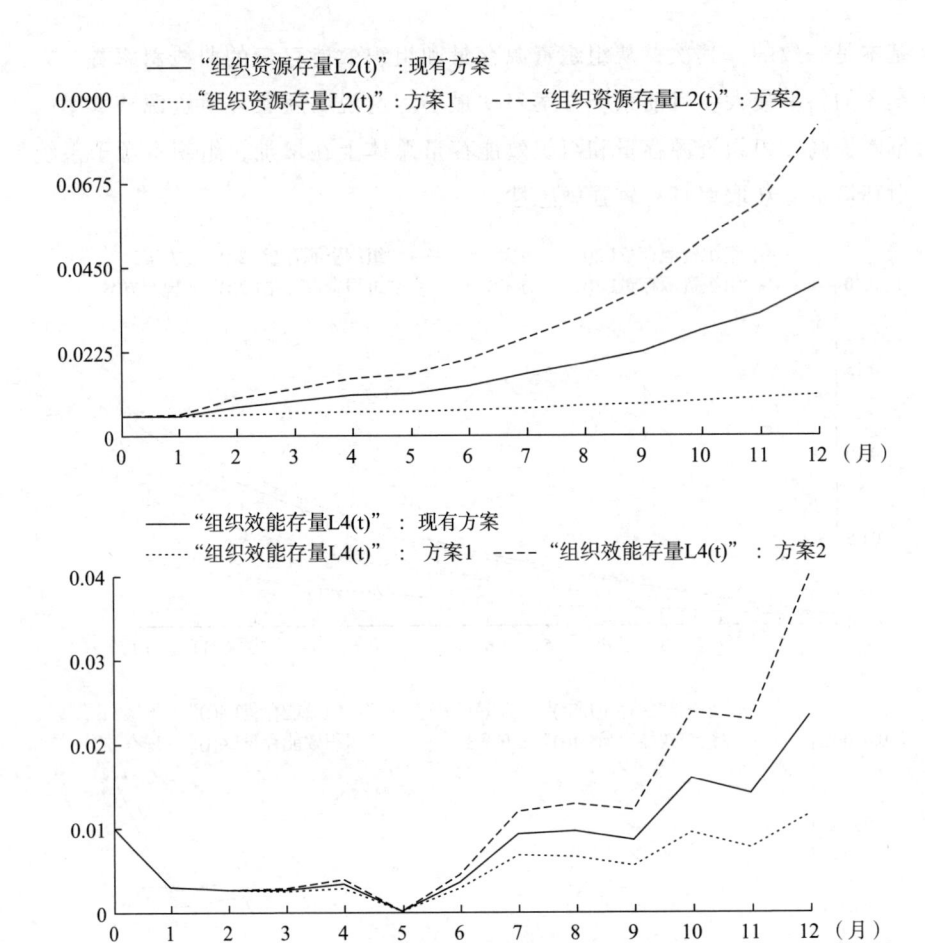

图 10-31 组织资源利用率的敏感性分析

3. 组织能力子系统的敏感性测试

在组织能力子系统中可调整的参数为组织学习效率 R. OLE 与组织能力转化率 R. OCT。其调整方案如表 10-4 所示。

表 10-4 组织能力子系统参数调整方案

参数	现有方案	可选方案	方案说明
组织学习效率 R. OLE	0.001	方案1：0.005；方案2：0.009；方案3：0.010	中间值；极大值；极端值
组织能力转化率 R. OCT	0.5	方案1：0.1；方案2：0.9	极小值；极大值

按照调整方案进行参数调整之后，仿真结果如图 10-32 所示。首先，

从组织能力存量和组织效能存量的总体变化趋势看，4 种方案的演化规律基本是一致的。其次，从组织能力存量和组织效能存量的曲线斜率看，方案 3 的斜率最大，目前系统方案的斜率最小。这说明随着组织学习效率的不断提高，组织能力存量和组织效能存量总体上在增加，组织能力子系统对组织学习效率具有较强敏感性。

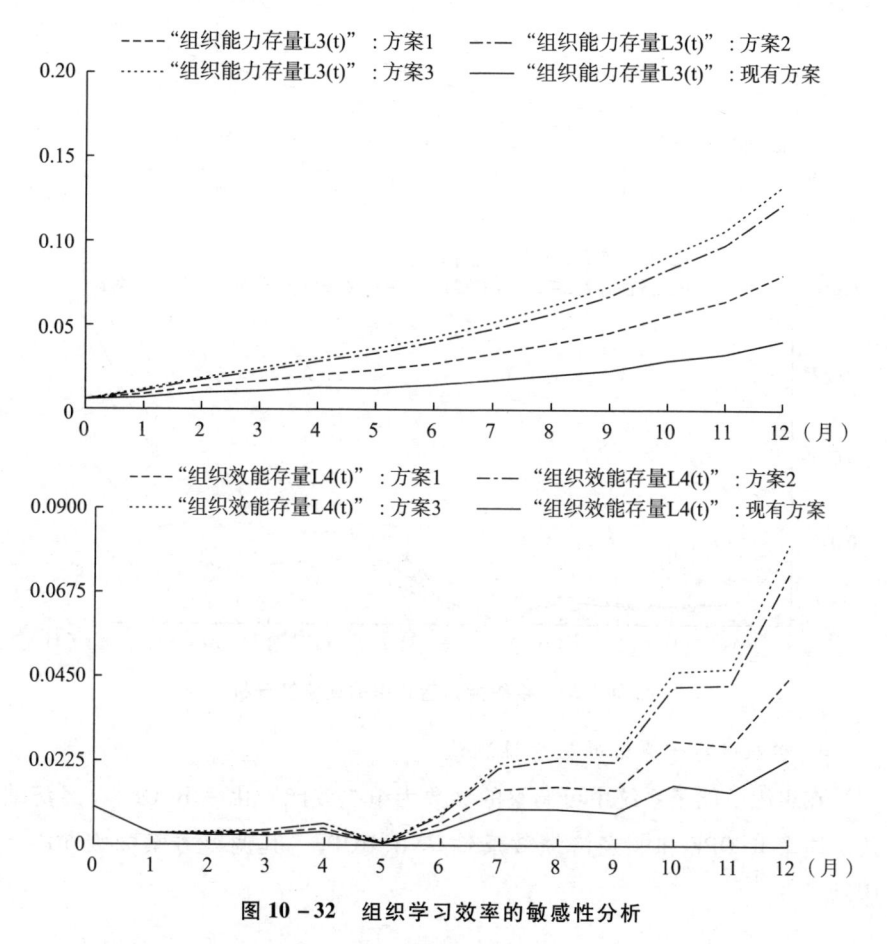

图 10-32　组织学习效率的敏感性分析

组织能力转化率的调整方案仿真结果如图 10-33 所示。首先，从组织能力存量和组织效能存量的总体变化趋势看，3 种方案的演化规律基本是一致的。其次，从组织能力存量和组织效能存量的曲线斜率看，方案 2 的斜率最大，方案 1 的斜率最小。这说明随着组织能力转化率的不断提高，组织能力存量和组织效能存量总体上在增加，组织能力子系统对组织能力转化率具有较强敏感性。

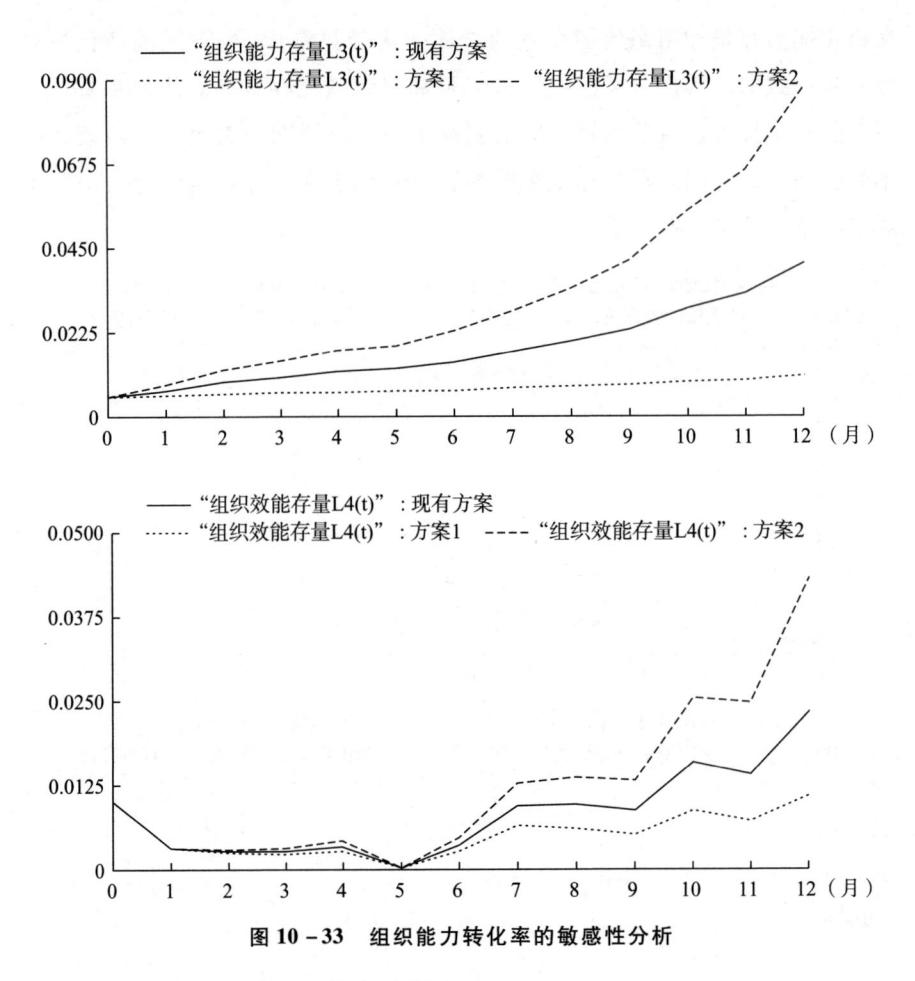

图 10-33　组织能力转化率的敏感性分析

4. 组织效能子系统的敏感性测试

在组织效能子系统中可调整的参数为组织效能转化率 R.OET、经济绩效反馈率 R.OPF 和非经济绩效反馈率 R.UOPF。其调整方案如表 10-5 所示。

表 10-5　组织效能子系统参数调整方案

参数	现有方案	可选方案	方案说明
组织效能转化率 R.OET	0.85	方案1：0.5；方案2：0.1	中间值；极小值
经济绩效反馈率 R.OPF	0.3	方案1：0.1；方案2：0.9	极小值；极大值
非经济绩效反馈率 R.UOPF	0.3	方案1：0.1；方案2：0.9	极小值；极大值

按照调整方案进行参数调整之后，仿真结果如图 10-34 至图 10-36 所示。从组织效能转化率的 3 种方案的仿真结果（见图 10-34）可看出，方案 1 和目前系统方案的模拟曲线变化趋势相同，只在曲线斜率上有些许不同；方案 2 的模拟曲线与上述两种方案的模拟曲线有明显不同。这说明，组织效能转化率的改变不仅对组织效能存量的演化模式有重要影响，而且对组织效能存量的模拟结果也有制约作用，组织效能子系统对组织效能转化率具有很强敏感性。

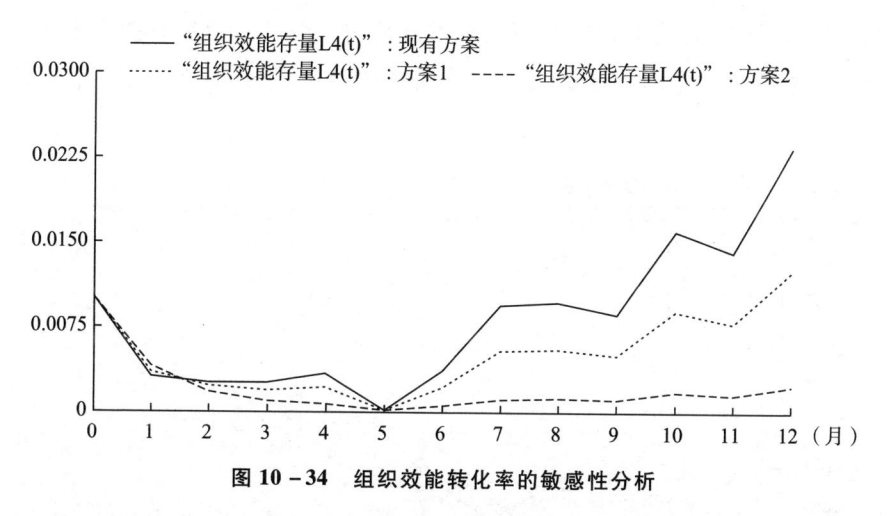

图 10-34 组织效能转化率的敏感性分析

从经济绩效反馈率的 3 种方案的仿真结果（见图 10-35）可看出，方案 1 和目前系统方案的模拟曲线变化趋势基本相同；方案 2 的模拟曲

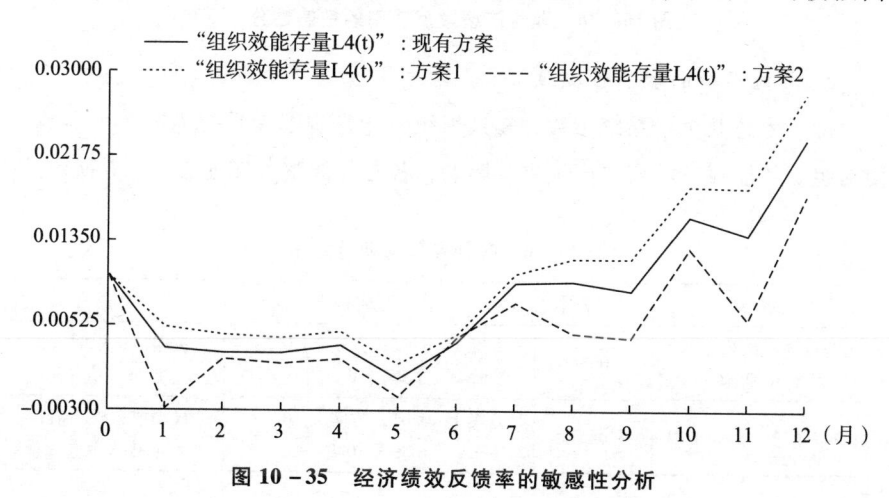

图 10-35 经济绩效反馈率的敏感性分析

线与上述两种方案的模拟曲线有明显不同。这说明，经济绩效反馈率的改变不仅对组织效能存量的演化模式有重要影响，而且对组织效能存量的模拟结果也有制约作用，组织效能子系统对经济绩效反馈率具有很强敏感性。

从非经济绩效反馈率的 3 种方案的仿真结果（见图 10-36）可看出，方案 1 和目前系统方案的模拟曲线变化趋势基本相同；方案 2 的模拟曲线与上述两种方案的模拟曲线有明显不同。这说明，非经济绩效反馈率的改变不仅对组织效能存量的演化模式有重要影响，而且对组织效能存量的模拟结果也有制约作用，组织效能子系统对非经济绩效反馈率具有很强敏感性。

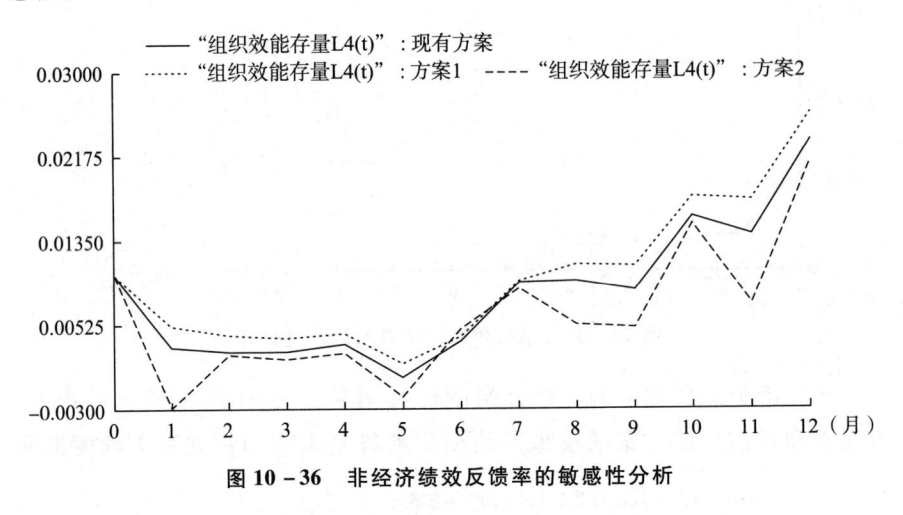

图 10-36 非经济绩效反馈率的敏感性分析

5. 其他参数的敏感性测试

除了上述几个子系统参数，复杂组织效能影响因素系统尚有 7 个参数可能对组织效能存量的变化产生重要影响，各参数调整方案如表 10-6 所示。

表 10-6 其他参数的调整方案

参数	现有方案	可选方案	方案说明
组织规模与结构变革因子 R.OSSC	0.3	方案1：0.01；方案2：0.5；方案3：0.9	极端值；中间值；极大值
组织资源投入率 R.ORI	0.5	方案1：0.01；方案2：0.1；方案3：0.9	极端值；极小值；极大值

续表

参数	现有方案	可选方案	方案说明
组织技术创新率 F. OITI	0.3	方案1：0.01；方案2：0.5；方案3：0.9	极端值；中间值；极大值
组织能力投入率 R. OCI	0.4	方案1：0.01；方案2：0.9	极端值；极大值
组织氛围、成员关系 F. OCER	0.3	方案1：0.01；方案2：0.5；方案3：0.9	极端值；中间值；极大值
管理效率影响因子 R. MEF	0.6	方案1：0.01；方案2：0.9	极端值；极大值
领导者价值观影响因子 R. OLVE	0.8	方案1：0.01；方案2：0.5	极端值；中间值

按照调整方案进行参数调整之后，仿真结果如图10-37至图10-43所示。从图10-37可知，组织规模与结构变革因子的4种方案的模拟曲线变化趋势基本相同，说明组织效能存量对组织规模与结构变革因子的变化不敏感。

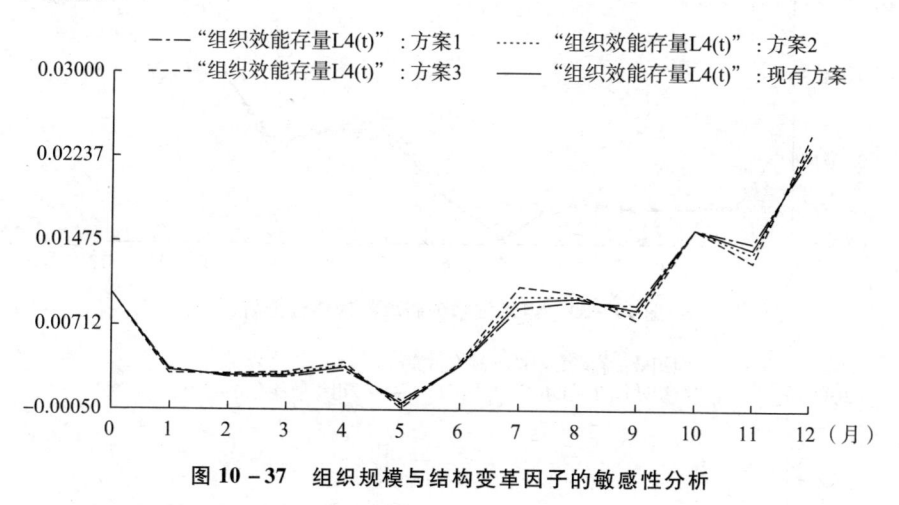

图10-37 组织规模与结构变革因子的敏感性分析

从图10-38可知，组织资源投入率的4种方案的模拟曲线变化趋势基本相同，说明组织效能存量对组织资源投入率的变化不敏感。

从图10-39可知，组织技术创新率的4种方案的模拟曲线变化趋势基本相同，说明组织效能存量对组织技术创新率的变化不敏感。

从图10-40可知，组织能力投入率的3种方案的模拟曲线差异较为明显，说明组织效能存量对组织能力投入率的变化较为敏感。

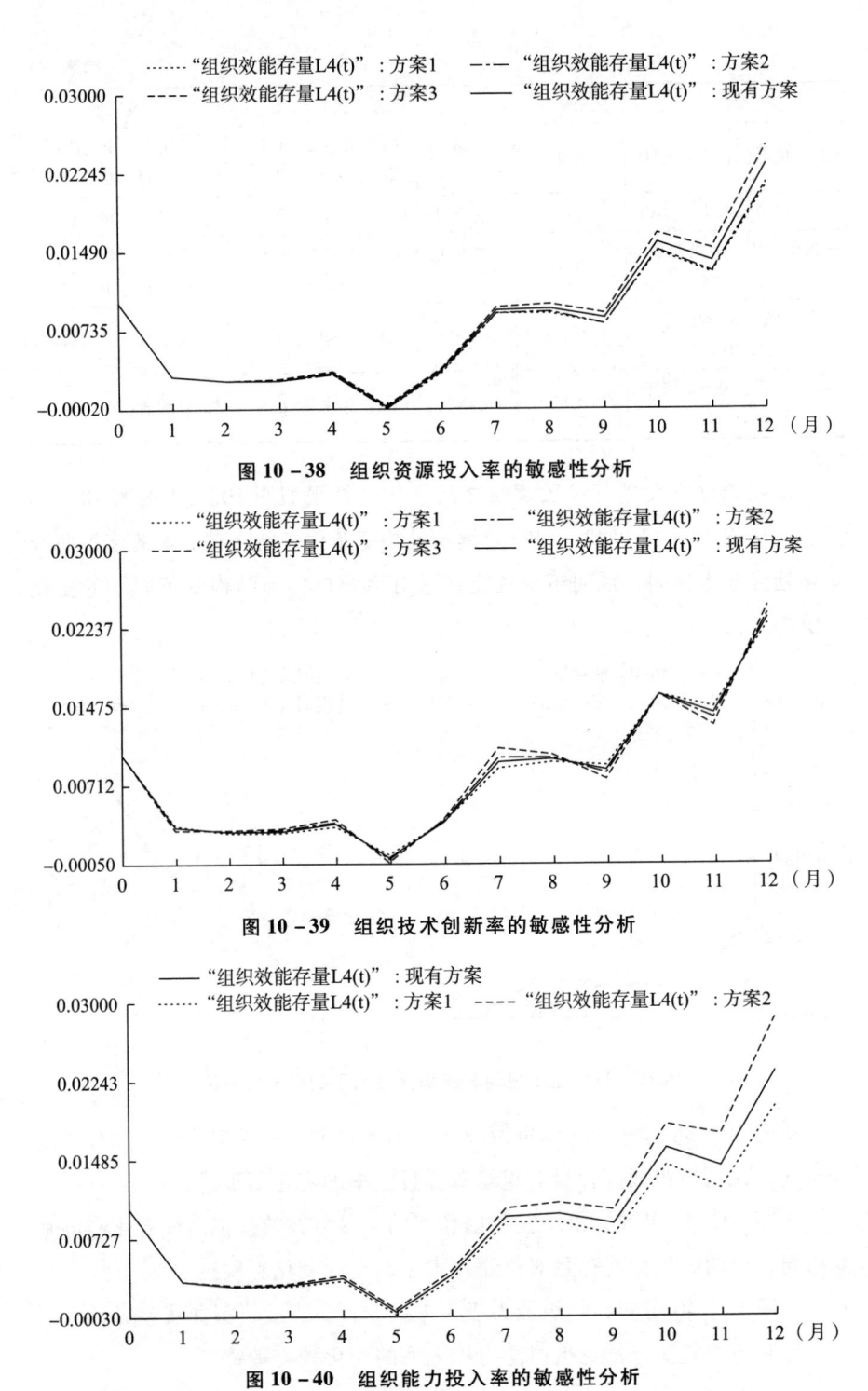

图 10-38　组织资源投入率的敏感性分析

图 10-39　组织技术创新率的敏感性分析

图 10-40　组织能力投入率的敏感性分析

从图10-41可知，组织氛围、成员关系的4种方案的模拟曲线变化趋势基本相同，说明组织效能存量对组织氛围、成员关系的变化不敏感。

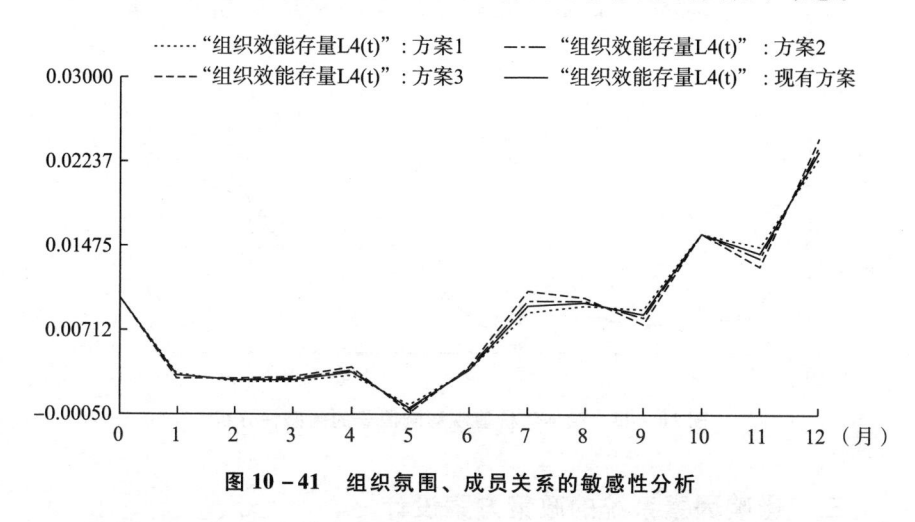

图 10-41　组织氛围、成员关系的敏感性分析

从图10-42可知，管理效率影响因子的3种方案的模拟曲线变化趋势基本相同，说明组织效能存量对管理效率影响因子的变化不敏感。

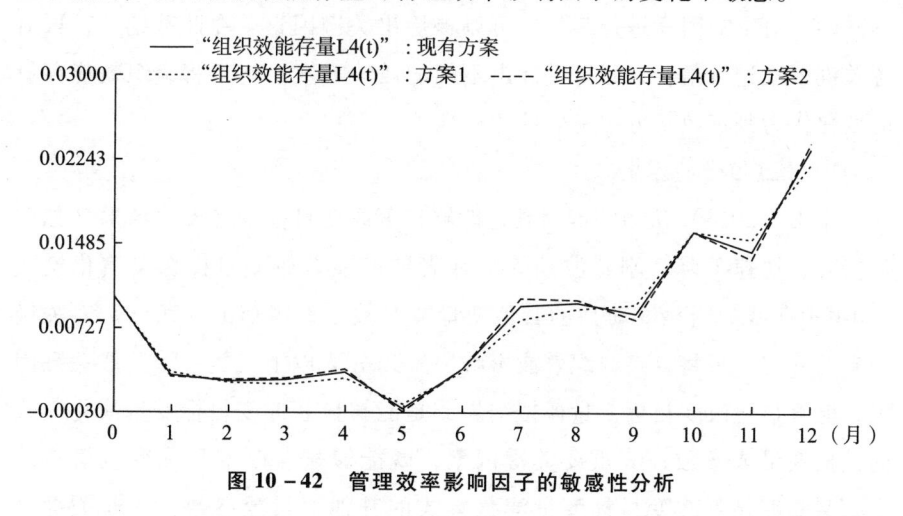

图 10-42　管理效率影响因子的敏感性分析

从图10-43可知，领导者价值观影响因子的3种方案的模拟曲线变化趋势基本相同，说明组织效能存量对领导者价值观影响因子的变化不敏感。

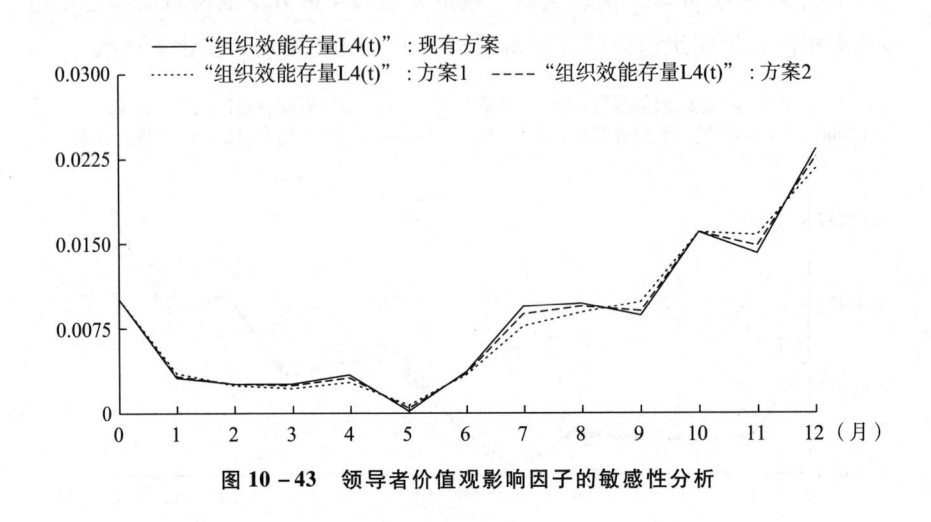

图 10-43　领导者价值观影响因子的敏感性分析

三　影响因素系统的政策方案设计

敏感性测试结果表明，组织效能存量对不同影响因素的敏感性程度是不同的。对影响因素进行归类，可以提炼出关键因素。在此基础上，再对各关键因素进行组合，即可设计出不同的政策方案。本章将组织效能存量的变化作为判定政策方案有效性的标准。

1. 关键因素的界定

李山（2013）认为关键因素是能够显著改变目标变量模拟结果（如明显提升、快速下降、剧烈波动等）或者能够显著改变目标变量演化模式（如模拟曲线的明显变动）的其他变量或参数。参照李山（2013）对关键因素的界定，可将复杂组织效能影响因素划分为以下三类：①一般关键因素，能够显著改变目标变量模拟结果或是能够显著改变目标变量演化模式的其他变量或参数；②重要关键因素，既能够显著改变目标变量模拟结果，又能够显著改变目标变量演化模式的其他变量或参数；③非关键因素，除以上两种因素之外的其他变量或参数。

根据关键因素的划分标准，并结合敏感性分析结果，总结出影响复杂组织效能的关键因素（见表10-7）。

表 10 - 7 影响复杂组织效能的关键因素

参数	归类	说明
环境资源获取率 R. ERA	一般关键因素	随着环境资源获取率的不断提高,组织资源存量和组织效能存量总体上在增加
组织资源利用率 R. ORT	一般关键因素	随着组织资源利用率的不断提高,组织资源存量和组织效能存量总体上在增加
组织学习效率 R. OLE	一般关键因素	随着组织学习效率的不断提高,组织能力存量和组织效能存量总体上在增加
组织能力转化率 R. OCT	一般关键因素	随着组织能力转化率的不断提高,组织能力存量和组织效能存量总体上在增加
组织效能转化率 R. OET	重要关键因素	不仅对组织效能存量的演化模式有重要影响,而且对组织效能存量的模拟结果也有制约作用
经济绩效反馈率 R. OPF	重要关键因素	不仅对组织效能存量的演化模式有重要影响,而且对组织效能存量的模拟结果也有制约作用
非经济绩效反馈率 R. UOPF	重要关键因素	不仅对组织效能存量的演化模式有重要影响,而且对组织效能存量的模拟结果也有制约作用
组织能力投入率 R. OCI	一般关键因素	随着组织能力投入率的不断提高,组织效能存量总体上在增加

2. 政策方案设计的提出

通过对关键因素的不同组合可设计 3 种组织政策方案（见表 10 - 8）。具体方案为：将一般关键因素同时向最优方向调整的方案 1，将重要关键因素同时向最优方向调整的方案 2，将一般关键因素和重要关键因素同时向最优方向调整的方案 3。

表 10 - 8 关键因素的政策方案设计

参数	归类	方案 1	方案 2	方案 3
环境资源获取率 R. ERA	一般关键因素	0.010		0.010
组织资源利用率 R. ORT	一般关键因素	0.9		0.9
组织学习效率 R. OLE	一般关键因素	0.010		0.010
组织能力转化率 R. OCT	一般关键因素	0.9		0.9
组织效能转化率 R. OET	重要关键因素		0.85	0.85
经济绩效反馈率 R. OPF	重要关键因素		0.1	0.1
非经济绩效反馈率 R. UOPF	重要关键因素		0.1	0.1
组织能力投入率 R. OCI	一般关键因素	0.9		0.9

3. 政策方案设计的模拟结果

为全面比较不同政策方案设计的模拟结果,本书报告了 4 种设计方案在相同比例尺度和不同比例尺度情境下,组织效能存量 L4 的运行状况(见图 10-44 和图 10-45)。由图 10-44 可知,在相同比例尺度情境下,方案 2 与目前系统方案的变化趋势为:无论是在模拟时间范围的前期、中期还是后期,组织效能存量模拟结果一直处于极低水平,且基本维持不变。方案 1 和方案 3 的变化趋势为:在前期和中期的模拟时间范围内,组织效能存量的模拟结果一直处于极低水平,且基本维持不变,而在后期模拟时间范围内,组织效能存量的模拟结果呈现急速增长态势。由图 10-45

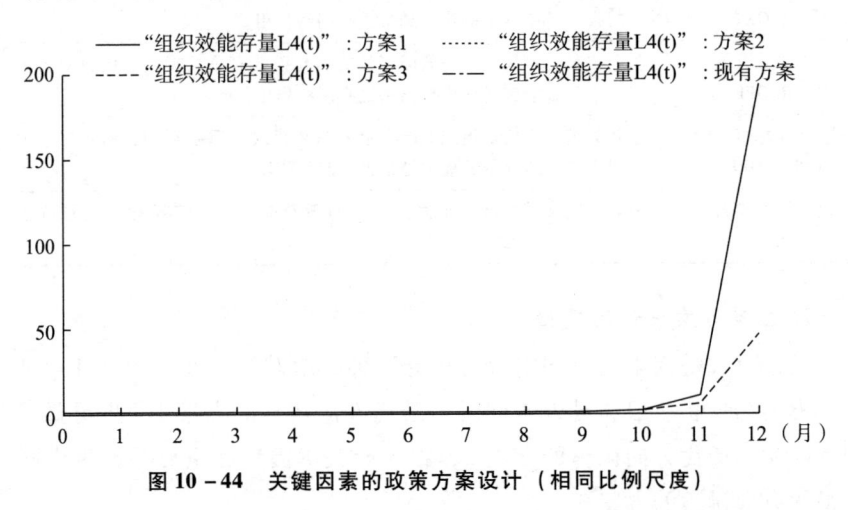

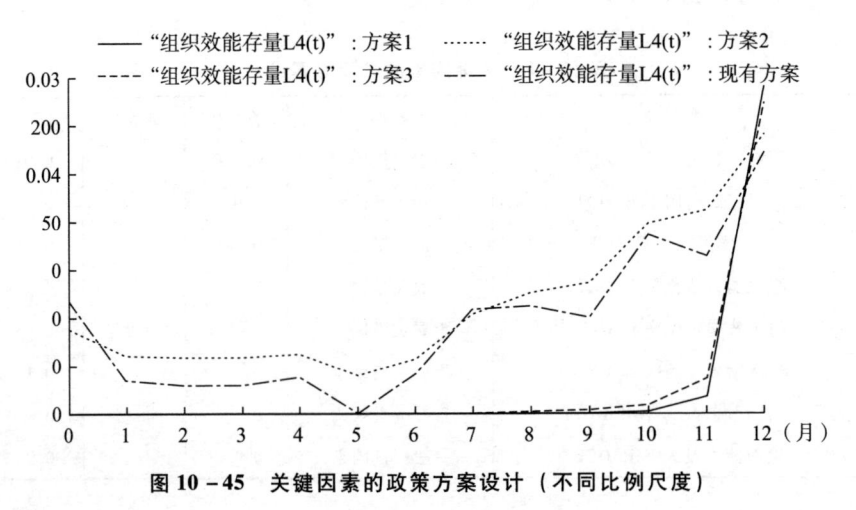

图 10-44 关键因素的政策方案设计(相同比例尺度)

图 10-45 关键因素的政策方案设计(不同比例尺度)

可知，在不同比例尺度情境下，方案 2 与目前系统方案的变化趋势为：在模拟时间范围前半期，组织效能存量模拟结果有缓慢降低趋势；在模拟时间范围后半期，组织效能存量模拟结果开始波动上升。方案 1 和方案 3 的变化趋势为：在前期和中期模拟时间范围内，组织效能存量模拟结果一直处于极低水平，且基本维持不变，而在后期模拟时间范围内，组织效能存量模拟结果呈现急速增长态势。

第七节　研究讨论

复杂组织效能影响因素在复杂组织效能演变与发展过程中起着重要推动作用。学术界对组织效能影响因素进行了很多探讨，不过已有研究选取的关键变量较少，也未对多个变量间的复杂互动关系进行深入研究。本书将复杂组织视为复杂系统，选用系统动力学方法对多个影响因素与复杂组织效能之间的互动关系进行探讨，得出一些研究结论。

首先，从因果回路图和主导结构流图来看，复杂组织效能是在组织内外多种因素影响下涌现出的绩效或结果状态。具体而言，在宏观环境和行业环境的相互作用下，外部环境发生变化，诱导复杂组织内部的组织技术，组织规模与结构，组织愿景、使命和战略等因素的变革。在受到外部环境驱动的同时，复杂组织也具有自组织功能，在资源投入、能力培育、机制协调等因素协同作用下，复杂组织效能不断涌现，并以经济绩效与非经济绩效两种方式输出。

其次，从系统模拟运行结果来看，在复杂组织运营过程中，复杂组织效能影响因素系统的各子系统的模拟运行结果是不同的。第一，在外部环境子系统中，外部环境存量与外部环境变化量的变化趋势基本一致，都是围绕初始值上下波动。不过，外部环境变化量的数值变化较外部环境存量提前了 1 个月。第二，在组织资源子系统中，组织资源存量与组织资源变化量在总体上都处于上升趋势。不过，组织资源变化量在增长过程中表现出明显波动。第三，在组织能力子系统中，组织能力存量与组织能力变化量在总体上都处于上升趋势，不过，组织能力变化量在增长过程中表现出明显波动。第四，在组织效能子系统中，组织效能存量总体呈现先下降、后波动上升趋势；组织效能输入量呈现波动上升趋势；经济绩效输出量与非经济绩效输出量与组织效能存量一样，呈现先减少、后增加趋势。

再次，从敏感性测试来看，复杂组织效能对不同因素的敏感度是不同的。本研究在对关键因素进行界定的基础上，归纳了对复杂组织效能产生影响的两类关键因素。一类是能够显著改变目标变量模拟结果或是能够显著改变目标变量演化模式的一般关键因素，即环境资源获取率 R. ERA、组织资源利用率 R. ORT、组织学习效率 R. OLE、组织能力转化率 R. OCT、组织能力投入率 R. OCI。另一类是既能够显著改变目标变量模拟结果，又能够显著改变目标变量演化模式的重要关键因素，即组织效能转化率 R. OET、经济绩效反馈率 R. OPF、非经济绩效反馈率 R. UOPF。

最后，从政策方案设计来看，在不同比例尺度情境下，方案 2 与现有方案中的复杂组织效能存量的模拟结果在组织运营的前半期显现缓慢降低的趋势，在组织运营的后半期开始波动上升。在相同比例尺度和不同比例尺度情境下，方案 1 和方案 3 中的复杂组织效能存量的模拟结果均在组织运营的前期和中期一直处于极低水平，且基本维持不变，仅在后期开始呈现急速增长态势。

结束语*

组织目标表明了组织期望实现的状态，组织效能体现了组织实际达到的结果。组织目标与效能会随着环境的变化而不断演变。关注与探讨组织目标体系（内容、结构、目标间关系）随情境变化而呈现的不同特质以及组织效能在复杂条件下具有的特殊性质对于目标管理与效能评估显得尤为重要。

组织目标与效能评估是组织管理研究的核心内容之一。许多学者对组织目标与效能评估研究进行了有益的探索。不过，现有研究大都将简单组织作为研究对象，侧重于从单一视角或者单一层面对组织目标特征、目标体系构建、目标复杂性的影响因素、效能特点、效能影响因素以及效能评估标准进行静态分析，忽略了复杂组织具有的复杂性特征，也很少对复杂条件下目标与效能呈现的新特点进行综合分析。

在互联网技术、知识经济与人本主义等社会思潮深刻改变组织生态环境以及组织形式的环境下，本书运用多种研究方法，从多个视角、多个层面对复杂组织的目标演化规律、目标体系构建、目标复杂性影响因素、效能演化规律、效能评估标准体系构建、效能影响因素等问题进行了全面分析，以期系统探讨复杂组织目标管理与效能评估的新思路与新方法。研究过程中获得一些发现和感悟，现将本书的研究结论与未来研究方向进行简要总结。

---

* 本章部分内容发表在刘汉民、解晓晴、康丽群《复杂组织理论：组织研究的新趋势》，《浙江工商大学学报》2015 年第 5 期；康丽群、刘汉民：《复杂组织目标演变与组织成长——一个纵向案例研究》，《商业经济与管理》2017 年第 12 期；康丽群、刘汉民：《复杂组织目标体系的构成与权重：理论分析和实证检验》，《商业经济与管理》2019 年第 1 期。

研究结论

本书聚焦于复杂组织目标与效能评估，对组织与组织理论发展、复杂组织目标、复杂组织效能评估等方面的有关问题进行了探讨，得出如下结论。

第一，在组织与环境协同演化过程中，组织的演化经历不同阶段，不同阶段的组织形式呈现不同特征。首先，在组织与环境协同演化的趋势下，组织的演化过程可划分为机械组织、有机组织和复杂组织三个阶段。复杂组织在组织结构形式、外部环境特征以及组织与环境关系三个方面具备独有的特征。其次，复杂系统的局部涌现转变为整体涌现是一个渐进的演化过程，复杂组织是组织演化到一定阶段出现的新组织形式；复杂系统有整体涌现复杂性与整体涌现简单性，整体涌现性仅可作为复杂组织与简单组织相区别的主要特征。最后，由于复杂系统边界的模糊性以及系统之间的相互渗透性，复杂组织的外延有狭义与广义两种界定。狭义的复杂组织包含所有复杂组织形式，广义的复杂组织则包括复杂组织以及与复杂组织相互联系、相互作用的外部环境因素。

第二，在组织理论发展过程中呈现三种研究范式，每种范式都有不同的组织理论流派，各组织理论流派的研究内容存在差异。组织研究的方法论在一定程度上可被当作组织研究的基本范式。在组织研究范式的推动下，组织理论的演进过程可划分为经典范式、系统范式和复杂范式三个阶段。虽然各组织理论流派的视角不同，但总体上呈现关联与促进、继承与发展的关系。其中，经典范式阶段将"还原论"作为方法论，主要包含古典组织理论与新古典组织理论两个流派。古典组织理论与新古典组织理论在研究内容上存在差异，但它们都是从封闭的、确定的、静态的视角探讨如何提高组织绩效或者效率。系统范式阶段将"一般系统论"作为方法论，主要有现代组织理论与当代组织理论两个流派。虽然这两个流派在研究内容上存在差异，但它们都是从开放的、不确定的、动态的视角探索组织如何提高其对外部环境的适应性。复杂范式阶段将"复杂系统论"或者"复杂性"理论作为方法论，产生了新兴的复杂组织理论流派。复杂组织理论是从复杂系统角度探讨复杂组织的本质特征、复杂环境的基本属性以及复杂组织与复杂环境的互动关系。在组织、组织环境以及二者关系日益复杂的条件下，组织研究范式、组织结构形式和组织理论趋于复杂化。在此趋势下，未来的组织研究将继续运用复杂系统理论的研究成果推动复杂组织研究向前发展。

第三，组织目标与效能评估的现有研究将简单组织作为研究对象，试图从单一层面或者单一视角对目标与效能的有关问题进行研究，忽略了从多个维度与多个角度探讨复杂组织的特征对目标与效能研究产生的影响。学者们对组织目标的定义、分类、目标复杂性的影响因素、组织效能定义、效能评估标准与效能的影响因素的理解与认知都是在一定情境下做出的。在简单情境下，学者们将简单组织作为研究对象，从单一层面或单一视角定义组织目标和效能，将以内部导向为主的单维目标等同于目标体系，将目标多元化等同于目标复杂性，将单一视角下的效能评估标准等同于操作化的效能构念，并从单一层面对组织效能的影响因素进行研究。现有研究忽略了从多个维度与多个角度对目标与效能的有关问题进行全面分析，也没有考虑复杂组织的复杂性特征对目标与效能评估研究产生的影响。在复杂情境下，组织目标既体现了组织内部力量对组织生存与发展的"约束"，也说明了组织外部力量对组织成长与演变的"要求"；组织目标体系的构建需要全面考察组织内外部需求在目标体系中的反映；目标复杂性是组织复杂性的具体表现，受内外部诸多复杂性因素影响；组织效能既是组织发展过程中呈现的行为或能力，也是组织在一定时期内呈现的状态或者结果；组织效能评估标准体系的构建需要综合多个研究视角，而且要探讨各评估标准之间的逻辑关系；组织效能受组织内外多个因素影响，这些影响因素与组织效能之间存在复杂的互动关系。

第四，复杂组织目标是组织内外部环境需求的综合反映和体现，组织目标的演变是组织内外部环境力量共同驱动的结果。通过宝钢的纵向案例研究发现：首先，随着组织与环境的复杂化，组织目标体系也越来越复杂，表现为内容、结构和目标间关系的复杂；其次，复杂组织目标是由内外部环境需求共同决定的多维"盟主－成员"型目标体系，具有多样性、网络层次性、竞合性、协同性、动态适应性等复杂性特征；再次，复杂组织的成长是组织目标、外部驱动力量、内部驱动力量相互作用、相互依赖、协同演变的结果，是复杂组织不断进行目标体系的内容调整、结构改变和关系变化的过程，实质上是组织商业生态空间拓展、生存实力积累与合法性提高的过程；最后，在中国特殊的情境下，复杂组织目标演变具有目标依赖和目标创新并存、市场机制和非市场机制并存的特殊复杂性特征。

第五，复杂组织目标体系由多个相互影响且相对重要性不同的维度构成。研究结果发现：以持续发展为导向的复杂组织目标体系分为表达性目标和应对性目标，前者包含盈利性、创新性和福利性目标，后者包含合作性和合法性目标；五个主维度目标相互联系、相互影响，体现了复杂组织持续发展所需的物质基础、智力基础和内外部关系基础。研究还发现：以内部导向为主的表达性目标和以外部导向为主的应对性目标对复杂组织持续发展的重要作用几乎相同；主维度目标的核心子目标分别是净利润、技术创新、员工效用、组织声誉和组织合法性，这表明不断地发现和创造新需求、创新技术、积累人力资本、提高组织声誉和获得组织合规合法性是复杂组织持续发展的动力源泉。本研究解决了复杂组织目标模糊、难以量化和价值错配等问题，为复杂条件下的组织战略管理从理论和实践两方面提供了新的思路和借鉴。

第六，在既定的目标体系下，目标复杂性可分为目标重视变异度、目标实现变异度及目标完整变异度1、目标完整变异度2四个维度。从外部宏观环境、外部中观环境及内部微观环境三个层面，研究了内外部环境复杂性因素对复杂组织目标复杂性的影响。研究表明：①目标重视变异度、目标实现变异度、目标完整变异度1和目标完整变异度2的影响因素各不相同；②从目标复杂性来看，除行业环境复杂性外，其他内外部各环境复杂性因素均对目标复杂性产生不同的影响；③社会环境复杂性、组织结构复杂性、组织内部关系复杂性是影响目标复杂性及其四个维度的重要变量，目前我国复杂组织行业多元化行为并未给企业带来过多的溢价，其对目标复杂性有提高之势；④企业性质对目标复杂性及其四个维度产生重要影响，尤其在体制改革背景下，国有企业目标重视变异度显著高于非国有企业，而在目标实现变异度的表现却不显著高于非国有企业的现象值得关注。最后，本研究对复杂组织管理目标复杂性提出了相关建议。

第七，复杂组织效能的演变是在外部环境、战略选择、结构变革与组织效能等因素协同作用下呈现的动态变化过程，在这一变化过程中，复杂组织效能呈现新特征。从组织效能演变规律来看，外部环境是组织效能演化的外部诱导因素，战略选择是组织效能演化的内部驱动因素，结构变革是组织效能演化的组织权变因素；在组织效能演化过程中，各要素与组织效能之间是"冲突"、"匹配"与"共进"关系。从组织效能具有的特征角度看，复杂组织效能是组织在演化过程中涌现出的状态、行为、能力与结果的总和，具有与简单组织效能相一致的基本属性。具体而言，从效能表现形式来看，复杂组织效能具有多样性特征；从效能影响因素来看，复杂组织效能影响因素具有情境性与动态性特征；从效能评估体系的结构来看，复杂组织效能具有网络层次性特征。这三个特征体现了复杂组织效能内容的复杂性、关系的复杂性以及结构的复杂性。

第八，在综合多个视角基础上，构建了具有特殊性与一般性的以持续发展为导向的复杂组织效能评估标准体系。从复杂组织效能评估标准体系构建的依据看，复杂组织与复杂组织效能的操作化是复杂组织效能评估标准体系构建的基本前提。在特定条件下，复杂组织可被操作化为理性系统、自然系统、封闭系统、开放系统与复杂系统。相应地，复杂组织效能可被操作化为五个方面的能力。从复杂组织效能评估标准体系的构成看，复杂组织效能评估标准体系是由开放系统模型、人际关系模型、内部过程模型、理性目标模型与战略成员模型构成的整体性框架。这五个评估模型分别体现了复杂组织从外部环境获取关键资源的能力、组织内部人力资源开发的能力、组织内部平稳运行的能力、组织实现预期目标的能力以及组织满足利益相关者诉求的能力。从复杂组织效能评估标准体系的特征看，各评估模型之间是对立统一的，各评估模型与其评估维度、评估标准之间是层层嵌套的关系。也就是说，复杂组织效能评估标准体系是由多元要素构成的复杂系统，具有一定的复杂性特征。

第九，复杂组织效能与其影响因素的关系具有复杂性，而且二者关系的调节机制也具有复杂性。首先，从主效应检验结果看，组织效能与其影响因素具有关系复杂性特征。这种关系复杂性特征表现在以下四个方面。①测量维度的多元性。不仅组织效能包含多个测量维度，而且其影响因素也可以按照不同分类标准归纳为不同类别。②关系多样性。在组织效能影响因素实证研究中，研究情境不同，组织效能影响因素的研究结果会存在明显分歧。③关系方向的不确定性。组织效能影响因素效应值合并结果表明，在不同研究情境下，即使是同一组变量关系也可能得出完全相反的结果。④关系强度的差异性。各亚组异质性检验表明，无论是组内还是组间，组织效能影响因素研究结果都存在明显差异。其次，从调节效应检验结果看，组织效能影响因素的调节效应具有复杂性特征。①被解释变量的多样性。在不同研究情境下，各独立文献可能会对组织效能及其影响因素进行不同的变量测量、构建不同的实证分析模型、得出不同的研究结论。②解释变量的多样性。组织所处情境对组织效能提高产生重要影响。当情境变化与效能演化相匹配时，管理者实施的效能提升策略才会达到预期效果。③调节作用的区分性。不是所有的调节因素同时对解释变量产生影响，而是部分关键情境因素对组织效能及其影响因素的关系具有显著调节作用。

第十，在复杂条件下，复杂组织效能与其影响因素之间、影响因素与影响因素之间存在复杂的相互作用关系。本书将复杂组织视为复杂系统，选用系统动力学方法探讨复杂组织效能与其影响因素之间的互动关系。从因果回路图与主导结构流图的初步分析来看，复杂组织效能各影响因素之间以及各影响因素与复杂组织效能之间存在复杂的因果反馈关系，复杂组织效能是在内外各影响因素相互作用之下涌现出的绩效或结果状态。从系统模拟运行的结果来看，复杂组织效能影响因素系统的各子系统的运行结果存在明显差异。在复杂组织运营过程中，外部环境存量与外部环境变化量一直围绕初始值上下波动，组织资源存量与组织资源变化量、组织能力存量与组织能力变化量总体上都呈现增长态势，而复杂组织效能却是总体呈现先减少、后增加的变化轨迹。从敏感性测试结果来看，复杂组织效能对环境资源获取率、组织资源利用率、组织学习效率、组织能力转化率、组织能力投入率、组织效能转化率、经济绩效反馈率、非经济绩效反馈率8个关键因素的变化具有较强的敏感性。这些关键因素反映了组织对外部环境的适应能力、组织内部要素的转化能力以及组织绩效的反馈能力。从不同政策方案设计的模拟结果来看，复杂组织效能的总体演变趋势都是先减少、后增加，但在不同政策方案设计下，复杂组织效能的运行状态是存在一定差异的。

未来展望

复杂组织目标与效能评估是一个值得继续深入探索的前瞻性问题。未来可尝试从以下几个方面进行拓展。

第一,复杂组织及复杂组织目标的概念界定,还可进一步完善。与复杂科学对复杂系统的界定仍未产生一致共识一样,组织管理学对复杂组织的界定也未产生一致共识。尽管很多组织研究领域的学者们借用复杂系统的定义对复杂组织进行界定,然而现有的概念未能反映复杂组织的本质特征,缺乏针对性,不具有组织研究领域的特色,可能产生不适用。很多研究涉及组织目标,不过对于什么是组织目标,现有研究似乎极少思考过。受复杂组织本质特征影响的复杂组织目标更是很少被提及。未来,如何将复杂科学与组织管理学的理论与成果相结合,提出更合适的复杂组织及复杂组织目标的定义是值得进行的研究。

第二,组织目标演化路径的分析框架还可进一步完善。本研究只是对组织目标、组织能力、组织环境的协同演化展现了一个总体框架,比较抽象。至于各个层次的环境是如何深入组织内部的权力中心,进而影响各类组织目标确立、实现,以及为使组织目标体系更加完善,组织是如何培育各种组织能力并未做深入探讨。未来还需对这一问题做进一步的研究。

第三,关于目标体系构建的研究,本研究也存在一些尚待深入研究的问题。首先,以大样本数据对复杂组织目标体系的构建进行更深入扎实的研究。尽管本研究收集的样本已经足够满足 GANP 法的运用。不过,在大数据时代,运用收集的大样本数据进行研究可能得到更为稳健的结果。其次,在动态环境下,本研究所构建的目标体系不可能对企业发展一直具有指导意义。内外部环境的变化都可能导致各目标权重的变化,也可能导致目标体系本身的内容发生变化。注重随环境的变化完善目标体系的变化才是值得关注的事情。

第四,本研究对目标复杂性的研究仅是初步尝试,未来还可以从各个方面进行挖掘。首先,未来的研究可以尝试探讨各复杂性因素间的交互作用对目标复杂性的影响。复杂性因素间的相互作用是不容忽视的,而这些因素间的相互作用机制是如何影响目标复杂性则尚待研究。其次，未来可以探讨复杂组织的非线性、涌现性特征对目标复杂性的影响。本研究以线性回归的方式探讨了组织目标复杂性的驱动因素。不过，复杂组织的非线性、涌现性特征仍然存在。在复杂组织中，我们并不能准确预测某一行为对另一行为的影响有多大。因为某一因素的稍微改变都可能导致整体的颠覆性变化。本研究只能探索性地识别目标复杂性的一些关键影响因素，以及对这些因素可能会带来的影响做出应对之策。线性回归的结果仅说明这些因素是影响目标复杂性的重要因素。

第五，未来可以对复杂组织效能的界定、变量测量、实证分析做进一步探讨。从某种意义上说，复杂组织效能是复杂组织在内外各要素相互作用之下涌现出的属性与性质，既可将复杂组织效能视为一种结果性状态，也可将其视为一种过程性状态；既可认为复杂组织效能是复杂组织在生存与发展过程中具有的行为特征，也可认为复杂组织效能是复杂组织在成长与演变过程中呈现的功能属性。因此，从不同角度对复杂组织效能可能有完全不同的理解，而这些认知也会进一步影响到复杂组织效能的界定、测量及实证分析等研究内容。

第六，可在完善理论框架的基础上，采用多案例法对复杂组织效能的演化进行深入研究。首先，可对当前的"外部环境"、"战略选择"、"结构变革"与"组织效能"四要素构成的理论框架进行拓展。复杂组织效能受众多因素的影响，而且复杂组织效能与影响因素之间存在复杂的互动关系。因此，线性分析思路较难对复杂组织效能的演化机理进行完全解读。其次，未来可选用多案例进行比较研究。多案例的比较研究可使研究者选用多个相似案例或多个对比案例进行横向比较研究，从而对复杂组织效能演化的机理进行更好的归因。

第七，复杂组织效能的评估标准仍可依据环境变化进一步修正与完善。不同复杂组织所处的情境具有差异性，而且各评估者选择的评估视角具有非一致性。因此，在特定情境下，从某种研究视角出发构建的评估标准体系不可能是完整与完美的。未来不仅需要在具体情境条件下对评估标准体系进行修正，而且需要考虑将其他评估视角引入，从而构建具有一般适用性的组织效能评估标准体系。

第八，复杂组织效能影响因素的作用机制及作用机制的复杂性可进一步探讨。关于复杂组织效能影响因素的作用机制，本书运用元分析法对已有实证研究进行了全面梳理。不过，这不是建立在新视角下的拓展研究，而是依赖前人研究的文献资料分析。因此，元分析得出的研究结果是存在一定局限的，未来可依据复杂组织的本质特征进行新的研究。关于复杂组织效能影响因素的复杂作用机制，本书运用的系统动力学方法对于揭示复杂组织效能影响因素的复杂作用机制依然是不够的。未来可采用基于智能技术的仿真建模工具，对复杂组织效能与众多影响因素之间的错综复杂的关系进行探讨。

参考文献

〔美〕埃德蒙·H.菲尔普斯：《大繁荣：大众创新如何带来国家繁荣》，余江译，北京中信出版社，2013。

〔美〕奥利费·E.威廉姆森：《资本主义经济制度》，段毅才、王伟译，商务印书馆，2003。

包国宪、贾旭东：《虚拟企业的组织结构研究》，《中国工业经济》2005年第10期。

边燕杰等：《跨体制社会资本及其收入回报》，《中国社会科学》2012年第2期。

陈敬全：《科研评价方法与实证研究》，博士学位论文，武汉大学，2004。

陈立敏、王小瑕：《国际化战略是否有助于企业提高绩效——基于Meta回归技术的多重误设定偏倚分析》，《中国工业经济》2014年第11期。

陈凌等：《中国家族企业的现代转型——第六届"创业与家族企业成长"国际研讨会侧记》，《管理世界》2011年第4期。

陈晓红、于珊：《中小企业雇员心理契约破裂与组织效果关系研究》，《湖南师范大学社会科学学报》2008年第3期。

陈志军、董青：《母子公司文化控制与子公司效能研究》，《南开管理评论》2011年第1期。

成思危：《复杂科学与系统工程》，《管理科学学报》1999年第2期。

程聪、谢洪明：《市场导向与组织绩效：一项元分析的检验》，《南开管理评论》2013年第6期。

程聪：《战略生态、制度创业和新创企业成长关系研究》，博士学位论文，浙江工业大学，2013。

崔婷：《企业能力系统涌现机理及层次演进研究》，博士学位论文，天津大学，2006。

〔美〕道格拉斯·C. 诺斯：《交易成本、制度和经济史》，杜润平译，《经济译文》1994 年第 2 期。

德国联邦教育研究部：《保障德国制造业的未来：关于实施工业 4.0 战略的建议》，http:// 192.168.20.22 /files /42520000008928BB/cietc.org/document /books /catalog10. Pdf, 2014 年 5 月 26 日。

费显政：《组织与环境的关系——不同学派述评与比较》，《国外社会科学》2006 年第 3 期。

葛建华、王利平：《多维环境规制下的组织目标及组织形态演变——基于中国长江三峡集团公司的案例研究》，《南开管理评论》2011 年第 5 期。

郭咸纲：《西方管理思想史》，世界图书出版公司，2010。

何喜军等：《基于熵理论的网络组织复杂性测试及实证》，《系统工程》2016 年第 1 期。

贺小格：《组织系统质涌现研究——基于组织系统五要素》，博士学位论文，暨南大学，2014。

胡信布、袁治平：《领导者情绪智力与组织承诺、组织效能的关系研究——以民办高校为例》，《西安交通大学学报》（社会科学版）2013 年第 3 期。

黄丽华、王林：《论组织目标及组织管理中的目标整合》，《软科学》1999 年第 S1 期。

黄群慧、彭华岗、钟宏武、张蒽：《中国企业社会责任发展状况评价》，《中国工业经济》2009 年第 10 期。

霍海涛等：《组织效能影响因素实证研究》，《图书情报工作》2007 年第 8 期。

贾仁安、丁荣华：《系统动力学——反馈动态性复杂分析》，高等教育出版社，2002。

贾仁安：《组织管理系统动力学》，科学出版社，2014。

江庭谊：《知识管理、企业文化与组织效能关系研究》，博士学位论文，南开大学，2010。

姜晨、刘汉民：《组织演化理论研究进展》，《经济学动态》2005 年第

7 期。

姜丽群:《基于内容分析法的企业公民行为研究》,博士学位论文,暨南大学,2013。

姜荣萍:《集体能量在变革型领导与组织效能间的中介作用机制研究》,《北京师范大学学报》(社会科学版) 2014 年第 3 期。

蒋春燕、赵曙明:《社会资本和公司企业家精神与绩效的关系:组织学习的中介作用——江苏与广东新兴企业的实证研究》,《管理世界》2006 年第 10 期。

孔锦等:《转型经济下中国企业人力资源管理角色转变与组织有效性的关联研究》,《软科学》2010 年第 11 期。

赖弘毅、晁钢令:《渠道权力的使用效果研究——基于元分析技术》,《南开管理评论》2014 年第 1 期。

李柏洲:《企业发展动力研究》,博士学位论文,哈尔滨工程大学,2003。

李成彦:《组织文化对组织效能影响的实证研究》,博士学位论文,华东师范大学,2005。

李大元、项保华:《组织与环境共同演化理论研究述评》,《外国经济与管理》2007 年第 11 期。

李晋、刘洪:《转型经济下人力资源管理实践适应性与组织有效性的关系研究》,《软科学》2011 年第 5 期。

李雷等:《网络环境下平台企业的运营策略研究》,《管理科学学报》2016 年第 3 期。

李平、王钦、贺俊、吴滨:《中国制造业可持续发展指标体系构建及目标预测》,《中国工业经济》2010 年第 5 期。

李锐、朱永新:《本土化领导风格认同对企业组织效能的影响》,《科学学与科学技术管理》2006 年第 7 期。

李山:《基于校企知识转移的企业开放式创新研究》,博士学位论文,江西财经大学,2013。

李习彬:《熵-信息理论与系统工程方法论的有效性分析》,《系统工程理论与实践》1994 年第 2 期。

李晓翔:《无边界企业的构成要素与成长路径研究》,《中国工业经济》2016 年第 6 期。

李忆、司有和：《知识管理战略对组织效能的影响》，《情报杂志》2010年第5期。

〔美〕理查德·L.达夫特：《组织理论与设计》，王凤彬、张秀萍译，清华大学出版社，2014。

林春培、庄伯超：《家长式领导对管理创新的影响：一个整合模型》，《科学学研究》2014年第4期。

刘刚、熊立峰：《消费者需求动态响应、企业边界选择与商业生态系统构建——基于苹果公司的案例研究》，《中国工业经济》2013年第5期。

刘汉民、解晓晴、康丽群：《复杂组织理论：组织研究的新趋势》，《浙江工商大学学报》2015年第5期。

刘汉民、康丽群：《公司治理的路径演化和路径选择》，《中国工业经济》2013年第12期。

刘汉民：《企业理论、公司治理与制度分析》，上海三联书店，2007。

刘汉民、周颖：《中国情境下复杂组织关联性维度：模型与验证》，《管理科学学报》2016年第10期。

刘洪：《论组织内外部复杂性的变化特点与管理挑战》，《管理学报》2009年第6期。

刘洪、王玉峰：《复杂适应组织的特征》，《复杂系统与复杂性科学》2006年第3期。

刘洪：《组织变革的复杂适应系统理论》，《经济管理》2006年第9期。

刘洪：《组织复杂性：动因、控制与利用》，《经济管理》2007年第1期。

刘洪：《组织复杂性管理》，商务印书馆，2011。

刘霞、张丹：《组织学的旧范式和复杂新范式》，《北京工业大学学报》（社会科学版）2004年第2期。

刘亚、龙立荣、李晔：《组织公平感对组织效果变量的影响》，《管理世界》2003年第3期。

刘芸、王德鲁、宋学锋：《组织战略环境复杂性测度模型及实证》，《审计与决策》2012年第21期。

卢东斌、李文彬：《基于网络关系的公司治理》，《中国工业经济》2005年第11期。

陆亚东、孙金云、武亚军：《"合"理论——基于东方文化背景的战略理论新范式》,《外国经济与管理》2015 年第 6 期。

吕鸿江、刘洪：《转型背景下企业有效应对组织复杂性的机理研究》,《南开管理评论》2009 年第 6 期。

吕鸿江、刘洪：《转型背景下组织复杂性与组织效能关系研究》,《管理科学学报》2010 年第 7 期。

吕鸿江、刘洪：《转型经济背景下的组织复杂性动因研究：环境不确定性和战略导向的作用》,《管理工程学报》2011 年第 1 期。

吕鸿江：《转型背景下的中国企业组织复杂性：动因、成长与应对》,科学出版社, 2012。

〔美〕罗伯特·K. 殷：《案例研究：设计与方法》,周海涛译, 重庆大学出版社, 2010。

罗杰、冷卫东：《系统评价/Meta 分析理论与实践》, 军事医学科学出版社, 2013。

罗珉、任丽丽：《组织间关系：界面规则的演进与内在机理研究》,《中国工业经济》2010 年第 1 期。

罗珉、周思伟：《论组织的复杂性》,《外国经济与管理》2011 年第 1 期。

罗顺均、李田、刘富先：《后发追赶背景下"引智"学习促进企业升级的机制研究——基于珠江钢琴 1987 - 2013 年嵌套式纵向案例分析》,《管理世界》2015 年第 10 期。

〔美〕马克·W. 利普西：《实用数据再分析法》,刘军、吴春莺译, 重庆大学出版社, 2008。

马晓苗等：《优秀企业文化渗透水平对组织效能影响的实证研究——基于自组织理论视角》,《科技进步与对策》2011 年第 14 期。

梅莉：《基于复杂系统科学视角下的网络组织理论研究》,《技术经济与管理研究》2015 年第 12 期。

潘镇、殷华方、鲁明泓：《制度距离对于外资企业绩效的影响——项基于生存分析的实证研究》,《管理世界》2008 年第 7 期。

普华永道：《应对复杂性——普华永道全球 CEO 调查报告》,刘婷、曾娜、曹塬译,《商务周刊》2006 年第 6 期。

钱爱民、张新民：《企业财务状况质量三维综合评价体系的构建与检验——来自我国 A 股制造业上市公司的经验证据》,《中国工业经济》2011

年第 3 期。

钱锡红、徐万里、李孔岳：《企业家三维关系网络与企业成长研究——基于珠三角私营企业的实证》，《中国工业经济》2009 年第 1 期。

邱均平、邹菲：《关于内容分析法的研究》，《中国图书馆学报》2004 年第 2 期。

石军伟、胡立君、付海艳：《企业社会责任、社会资本与组织竞争优势：一个战略互动视角——基于中国转型期经验的实证研究》，《中国工业经济》2009 年第 11 期。

〔美〕斯科特·W. 理查德、杰拉尔德·F. 戴维斯：《组织理论：理想、自然与开放系统的视角》，高俊山译，中国人民大学出版社，2011。

宋华岭、刘全顺、刘丽娟等：《管理熵理论——企业组织管理系统复杂性评价的新尺度》，《管理科学学报》2003 年第 3 期。

孙国强：《网络组织的内涵、特征与构成要素》，《南开管理评论》2001 年第 4 期。

孙少博、张体勤：《组织文化对组织效能影响的实证研究——以 G 银行济南支行为例》，《山东社会科学》2012 年第 1 期。

唐宁玉、王重鸣：《虚拟团队学习和团队效能及组织效能间关系的实证研究》，《中国管理科学》2006 年专辑。

汪秀琼：《制度环境对企业跨区域市场进入模式的影响机制研究》，博士学位论文，华南理工大学，2011。

王辉等：《战略型领导行为与组织经营效果：组织文化的中介作用》，《管理世界》2011 年第 9 期。

王其藩：《系统动力学》（2009 年修订版），上海财经大学出版社，2009。

王钦：《新工业革命背景下的管理变革：影响、反思和展望》，《经济管理》2014 年第 12 期。

王琴：《基于价值网络重构的企业商业模式创新》，《中国工业经济》2011 年第 1 期。

王重鸣、洪自强：《差错管理气氛和组织效能关系研究》，《浙江大学学报》（人文社会科学版）2000 年第 5 期。

〔美〕威廉·乔伊斯：《组织变革——世界顶级公司如何以人力资源为基础》，张成译，人民邮电出版社，2003。

〔德〕乌尔里希·森德勒：《工业4.0：即将来袭的第四次工业革命》，邓敏译，机械工业出版社，2014。

吴丽民、袁山林、张襄英：《组织理论演进评述》，《西北农林科技大学学报》（社会科学版）2001第5期。

吴云燕、华中生、查勇：《AHP中群决策权重的确定与判断矩阵的合并》，《运筹与管理》2003年第4期。

武立东、王凯、黄海昕：《组织外部环境不确定性的研究述评》，《管理学报》2012年第11期。

夏立军、陈信元：《市场化进程、国企改革与公司治理结构的内生决定》，《经济研究》2007年第7期。

谢宝国、龙立荣：《职业生涯高原对员工工作满意度、组织承诺、离职意愿的影响》，《心理学报》2008年第8期。

辛冲：《组织创新的动态演化模型构建与实证研究》，《科学学与科学技术管理》2010年第9期。

许正权、宋学锋：《组织复杂性管理》，经济管理出版社，2009。

杨青隆：《台湾中小企业知识管理与组织效能》，博士学位论文，暨南大学，2005。

杨小兵：《聚类分析中若干关键技术的研究》，博士学位论文，浙江大学，2005。

尹柳营：《企业目标体系及其对跨世纪企业管理的影响》，《系统辩证学学报》2000年第4期。

〔美〕约翰·H. 霍兰德：《隐秩序：适应性造就复杂性》，周晓牧、韩晖译，上海科技教育出版社，2000。

张东军：《我国运动队组织文化与组织效能的实证研究》，《体育学刊》2010年第10期。

张骁、胡丽娜：《创业导向对企业绩效影响关系的边界条件研究——基于元分析技术的探索》，《管理世界》2013年第6期。

张振刚等：《家长式领导对组织效能的影响：知识分享意愿的中介作用》，《科技管理研究》2015年第9期。

章凯等：《组织—员工目标融合的策略——基于海尔自主经营体管理的案例研究》，《管理世界》2014年第4期。

赵辉、田志龙:《伙伴关系、结构嵌入与绩效:对公益性 CSR 项目实施的多案例研究》,《管理世界》2014 年第 6 期。

郑伯埙、黄敏萍:《实地研究中的案例研究》,载陈晓萍等《组织与管理研究的实证方法》,北京大学出版社,2008。

中国企业家调查系统:《企业经营者对企业家精神的认识与评价——2009 年中国企业经营者成长与发展专题调查报告》,《管理世界》2009 年第 6 期。

中国企业家调查系统:《中国企业家成长 20 年:能力、责任与精神——2013 中国企业家队伍成长 20 年调查综合报告》,《管理世界》2014 年第 6 期。

钟永光等:《系统动力学》(第 2 版),科学出版社,2013。

周杰、薛有志:《治理主体干预对公司多元化战略的影响路径:基于管理者过度自信的间接效应检验》,《南开管理评论》2011 年第 1 期。

周曼殊:《改革,开放与复杂系统》,国防科技大学出版社,1990。

朱青松:《员工与组织的价值观实现度匹配及其作用的实证研究》,博士学位论文,四川大学,2007。

朱晓妹、王重鸣:《员工心理契约及其组织效果研究》,《管理工程学报》2006 年第 3 期。

Abatecola, G., "Research in Organizational Evolution. What Comes Next?", *European Management Journal* 32 (3), 2014, pp. 434 – 443.

Acemoglu, D., Johnson, S., "Unbundling Institutions", *Journal of Political Economy* 113 (5), 2005, pp. 949 – 995.

Acquaah, M., Tukamushaba, E. K., "Human Factor, Justice and Organizational Effectiveness in Africa", *Journal of Managerial Psychology* 30 (3), 2015, pp. 320 – 335.

Adcroft, A., Mason, R. B., "The External Environment's Effect on Management and Strategy: A Complexity Theory Approach", *Management Decision* 45 (1), 2007, pp. 10 – 28.

Aktaş, E., et al., "The Effect of Organizational Culture on Organizational Efficiency: The Moderating Role of Organizational Environment and CEO Values", *Procedia-Social and Behavioral Sciences* 24, 2011, pp. 1560 – 1573.

Alchian, A. A., Woodward, S., "Reflections on the Theory of the Firm", *Journal of Institutional and Theoretical Economics* 143 (1), 1987, pp. 110 – 136.

Aldrich, H. E., *Organizations and Environments* (California: Stanford University Press, 2008), pp. 28 – 30.

Aldrich, H. E., *Organizations and Environments* (Englewood Cliffs, NJ: Prentice Hall, 1979).

Ali, I., "Methodological Approaches for Researching Complex Organizational Phenomena", *Informing Science: The International Journal of an Emerging Transdiscipline* 17 (1), 2014, pp. 59 – 73.

Amah, E., Ahiauzu, A., "Employee Involvement and Organizational Effectiveness", *Journal of Management Development* 32 (7), 2013, pp. 661 – 674.

Amah, E., Nwuche, C. A., "The Influence of Size on Corporate Culture and Organizational Effectiveness in the Nigerian Banking Industry", *International Journal of Business Administration* 4 (5), 2013, pp. 15 – 23.

Amaral, L. A. N., Ottino, J. M., "Complex System and Networks: Challenges and Opportunities for Chemical and Biological Engineers", *Chemical Engineering Science* 59 (8), 2004, pp. 1653 – 1666.

Amihud, Y., Lev, B., "Risk Reduction as a Managerial Motive for Conglomerate Mergers", *The Bell Journal of Economics* 12 (2), 1981, pp. 605 – 617.

Amin, A., Hausner, J., *Beyond Market and Hierarchy: Interactive Governance and Social Complexity* (Cheltenham, UK: Edward Elgar, 1997), pp. 1 – 36.

Anderson, P., "Complexity Theory and Organization Science", *Organization Science* 10 (3), 1999, pp. 216 – 232.

Anderson, P., et al., "Introduction to the Special Issue: Applications of Complexity Theory to Organization Science", *Organization Science* 10 (3), 1999, pp. 233 – 236.

Andrews, R., Johansen, M., "Organizational Environments and Performance: A Linear or Nonlinear Relationship?", *Public Organization Reveiew* 12, 2012, pp. 175 – 189.

Angle, H. L., Perry, J. L., "An Empirical Assessment of Organizational Commitment and Organizational Effectiveness", *Administrative Science Quarterly* 26 (1), 1981, pp. 1 – 14.

Arasteh, A., Aliahmadi, A., Omran, M. M., "Considering the Business System's Complexity with a Network Approach", *The International Journal of Advanced Manufacturing Technology* 70 (5), 2014, pp. 869 – 885.

Ashmos, D. P., Duchon, D., Hauge, F. E., McDaniel Jr, R. R., "The Nature of Internal Complexity in Unusual Organizations: A Study of Environmentally Sensitive and Insensitive Hospitals", *Academy of Management Best Papers Proceedings*, 1996a, pp. 111 – 115.

Ashmos, D. P., Duchon, D., Mcdaniel, R., "Organizational Responses to Complexity: The Effect on Organizational Performance", *Journal of Organizational Change Management* 13 (6), 2000, pp. 577 – 595.

Ashmos, D. P., et al., "Internal Complexity and Environmental Sensitivity in Hospitals", *Journal of Healthcare Management* 41 (4), 1996b, p. 535.

Augier, M., Teece, D. J., "Understanding Complex Organization: The Role of Know-How, Internal Structure, and Human Behavior in the Evolution of Capabilities", *Industrial and Corporate Change* 15 (2), 2006, pp. 395 – 416.

Aydin, B., Ceylan, A., "The Role of Organizational Culture on Effectiveness", *Ekonomie a Management* 12 (3), 2009, pp. 33 – 49.

Aziz-Alaoui, M. A., Bertelle, C., *From System Complexity to Emergent Properties* (Berlin: Springer, 2009), p. 2.

Baker, C. M., et al., "Organizational Effectiveness: Toward an Integrated Model for Schools of Nursing", *Journal of Professional Nursing* 13 (4), 1997, pp. 246 – 255.

Barnett, M. L., "The Keystone Advantage: What the New Dynamics of Business Ecosystems Mean for Strategy, Innovation, and Sustainability", *Academy of Management Perspectives* 20 (2), 2006, pp. 88 – 90.

Barney, J., "Firm Resources and Sustained Competitive Advantage", *Journal of Management* 17 (1), 1991, pp. 99 – 120.

Batra, S., "Impact of Information Technology on Organizational Effectiveness: A Conceptual Framework Incorporating Organizational Flexibility", *Global*

Journal of Flexible Systems Management 7 (1 -2), 2006, pp. 15 -25.

Baum, J. R., Wally, S., "Strategic Decision Speed and Firm Performance", *Strategic Management Journal* (24), 2003, pp. 1107 -1129.

Bell, R. G., et al., "Corporate Governance and Investors' Perceptions of Foreign IPO Value: An Institutional Perspective", *Academy of Management Journal* 57 (1), 2014, pp. 301 -320.

Bentes, A. V., et al., "Multidimensional Assessment of Organizational Performance: Integrating BSC and AHP", *Journal of Business Research* 65 (12), 2012, pp. 1790 -1799.

Biswas, S., et al., "Relationship Between Psychological Climate and Turnover Intentions and Its Impact on Organizational Effectiveness: A Study in Indian Organizations", *IIMB Management Review* 22 (3), 2010, pp. 102 -110.

Bodnar, G., Tang, C., Weintrop, J., "Both Sides of Corporate Diversification: The Value Impacts of Geographic and Industrial Diversification", *NBER Working Paper* 6224, 1997, http://www.nber.org/papers/w6224.

Boisot, M., Child, J., "Organizations as Adaptive Systems in Complex Environments: The Case of China", *Organization Science* 10 (3), 1999, pp. 237 -252.

Booher, D. E., Innes, J. E., "Governance for Resilience: ALFED as A Complex Adaptive Network for Resource Management", *Ecology and Society* 15 (3), 2010, pp. 35 -51.

Bouloiz, H., Garbolino, E., Tkiouat, M., "Modeling of an Organizational Environment by System Dynamics and Fuzzy Logic", *Open Journal of Safety Science and Technology* 3 (4), 2013, pp. 96 -104.

Bowers, D. G., Seashore, S. E., "Predicting Organizational Effectiveness with a Four-Factor Theory of Leadership", *Administrative Science Quarterly* 11 (2), 1966, pp. 238 -263.

Buchanan, D. A., Bryman, A., "Contextualizing Methods Choice in Organizational Research", *Organizational Research Methods* 10 (3), 2007, pp. 483 -501.

Buchanan, L., "Vertical Trade Relationships: The Role of Dependence and

Symmetry in Attaining Organizational Goals", *Journal of Marketing Research* 64 (2), 1992, pp. 65 – 75.

Cameron, K. S., "Effectiveness as Paradox: Consensus and Conflict in Conceptions of Organizational Effectiveness", *Management Science* 32 (5), 1986, pp. 539 – 553.

Cameron, K. S., Freeman, S. J., "Cultural Congruence, Strength and Type: Relationships to Effectiveness", in eds., *Research in Organizational Change and Development*, Woodman, R. W. Passmore, W. A. (Greenwich, London: JAI Press, 1991).

Cameron, K. S., "Measuring Organizational Effectiveness in Institutions of Higher Education", *Administrative Science Quarterly* 23 (4), 1978, pp. 604 – 632.

Cameron, K. S., Whetten, D. A., "Perceptions of Organizational Effectivenes over Organizational Life Cycles", *Administrative Science Quarterly* (26), 1981, 525 – 544.

Campbell, J. P., et al., *The Measurement of Organizational Effectiveness: A Review of Relevant Research and Opinion* (DTIC Document, 1974).

Cannon, A. R., John, C. H. S., "Measuring Environmental Complexity a Theoretical and Empirical Assessment", *Organizational Research Methods* 10 (2), 2007, pp. 296 – 321.

Carmeli, A., Tishler, A., "The Relationships Between Intangible Organizational Elements and Organizational Performance", *Strategic Management Journal* 25 (13), 2004, pp. 1257 – 1278.

Carte, N. E., Kleiner, B. H., "Managing the Start-Up Company", *Management Research News* 16 (2/3), 1993, pp. 23 – 31.

Cartwright, D., Zander, A., "Motiva-tional Processes in Groups: Introduction" in Dorwin Cartwright and Alvin Zander, eds., *Group Dynamics* (New York: Harper and Row, 1968), pp. 403 – 407.

Carver, D. W., *Influences of Organizational Vision on Organizational Effectiveness* (Trident University International, 2011).

Chadwick, I. C., Raver, J., "Motivating Organizations to Learn: Goal Orientation and Its Influence on Organizational Learning", *Journal of Management* 41 (3), 2015, pp. 957 – 986.

Chaffee, E., "Three Models of Strategy", *The Academy of Management Review* 10 (1), 1985, pp. 89 – 98.

Chandler, A., *Strategy and Structure* (Cambridge, MA: MIT Press, 1962).

Chang, W. J. A., Huang, T. C., "The Impact of Human Resource Capabilities on Internal Customer Satisfaction and Organizational Effectiveness", *Total Quality Management* 21 (6), 2010, pp. 633 – 648.

Child, J., Mcgrath, R. G., "Organizations Unfettered: Organizational Form in an Information-Intensive Economy", *Academy of Management Journal* 44 (6), 2001, pp. 1135 – 1148.

Child, J., "Organizational Structure, Environment and Performance: The Role of Strategic Choice", *Sociology* 6 (1), 1972, pp. 1 – 22.

Child, J., *Organization: Contemporary Principles and Practice* (Malden, Blackwell Publishing, 2005).

Child, J., "Strategic Choice in the Analysis of Action, Structure, Organizations and Environment: Retrospect and Prospect", *Organization Studies* 18 (1), 1997, pp. 43 – 76.

Christiansen, J. A., *Dynamic Network Analysis of Vision in Complex Organizations* (Department of Production and Manufacturing, Clemson, South Carolina: Clemson University, 2011), pp. 1 – 27.

Cilliers, P., "Understanding Complex Systems", *Springer*, 2013, pp. 27 – 38.

Claessens, S., Djankov, S., Lang, L., "Disentangling the Incentive and Entrenchment Effects of Large Shareholdings", *Journal of Finance* 57 (6), 2002, pp. 2741 – 2771.

Claessens, S., Djankov, S., Lang, L., "The Separation of Ownership and Control in East Asian Corporations", *Journal of Financial Economics* 58, 2000, pp. 81 – 112.

Clarke-Hill, C., et al., "The Paradox of Co-operation and Competition in Strategic Alliances: Towards a Multi-Paradigm Approach", *Management Research News* 26 (1), 2003, pp. 1 – 20.

Coase, R. H., "The Nature of the Firm", *Economica* 4 (16), 1937, pp. 386 – 405.

Cohen, M. D., "Conflict and Complexity: Goal Diversity and Organizational Search Effectiveness", *The American Political Science Review* 78 (2), 1984, pp. 435 – 451.

Colbert, A. E., et al., "Personality and Leadership Composition in Top Management Teams: Implications for Organizational Effectiveness", *Personnel Psychology* 67 (2), 2014, pp. 351 – 387.

Colbert, B. A., "The Complex Resource-Based View: Implications for Theory and Practice in Strategic Human Resource Management", *Academy of Management Review* 29 (3), 2004, pp. 341 – 358.

Comrey, A. L., et al., *Factors Influencing Organizational Effectiveness* (DTIC Document, 1954).

Conteh, C., "Strategic Inter-Organizational Cooperation in Complex Environments", *Public Management Review* 15 (4), 2013, pp. 501 – 521.

Covin, J. G., Slevin, D. P., "Strategic Management of Small Firms in Hostile and Benign Environments", *Strategic Management Journal* 10 (1), 1989, pp. 75 – 87.

Cravens, D. W., et al., "New Organizational Forms for Competing in Highly Dynamic Environments: The Network Paradigm", *British Journal of Management* 7 (3), 1996, pp. 203 – 218.

Creswell, J. W., *Designing and Conducting Mixed Methods Research* (Thousand Oaks, CA: SAGE Publications, 2011), p. 21.

Cunningham, J. B., "Approaches to the Evaluation of Organizational Effectiveness", *Academy of Management Review* 2 (3), 1977, pp. 463 – 474.

Cunningham, J. B., "A Systems-Resource Approach for Evaluating Organizational Effectiveness", *Human Relations* 31 (7), 1978, pp. 631 – 656.

Daft, R. L., Lewin, A. Y., "Can Organization Studies Begin to Break out of the Normal Science Straitjacket? An Editorial Essay", *Organization Science* 1 (1) 1990, pp. 1 – 9.

Daft, R. L., *Organization Theory and Design* (St Paul, MN: West Publishing,

2007).

Debnath, S. C., Kuhara, M., "Large and Complex Organization and the Unforeseeable Crisis: Was Fukushima Accident an Organizational Failure for TEPCO or an Unavoidable Natural Disaster?", 2014, https://content. swu. ac. jp/business-design/files/2014/04/2014-03Debnath-Kuhara. pdf.

Denis, J., Langley, A., Pineault, M., "Becoming a Leader in a Complex Organization", *Journal of Management Studies* 37 (8), 2000, pp. 1063 – 1100.

Denison, D. R., et al., "Corporate Culture and Organizational Effectiveness: Is Asia Different from the Rest of the World?", *Organizational Dynamics* 33 (1), 2004, pp. 98 – 109.

Dess, G. G., Beard, D. W., "Dimensions of Organizational Task Environments", *Administrative Science Quarterly* 29 (1), 1984, pp. 52 – 73.

Dess, G. G., Davis, P. S., "Potter's (1980) Genric Strategies as Determinants of Strategic Membership and Organizational Performance", *Academy of Management Journal* 27, 1984, pp. 467 – 488.

Dikmen, I., et al., "Prediction of Organizational Effectiveness in Construction Companies", *Journal of Construction Engineering and Management* 131 (2), 2005, pp. 252 – 261.

DiMaggio, P. J., Powell, W. W., *The New Institutionalism in Organizational Analysis* (Chicago: University of Chicago Press, 1991), pp. 1 – 38.

Dooley, K. J., "A Complex Adaptive Systems Model of Organization Change", *Nonlinear Dynamics, Psychology, and Life Sciences* 1 (1), 1997, pp. 69 – 97.

Dooley, K., "Organizational Complexity", *International Encyclopedia of Business and Management*, 2002, pp. 5013 – 5022.

Dougall, E., "Revelations of an Ecological Perspective: Issues, Inertia, and the Public Opinion Environment of Organizational Population", *Public Relations Review* 31 (4), 2005, pp. 534 – 543.

Duncan, R. B., "Characteristics of Organizational Environments and Perceived Environmental Uncertainty", *Administrative Science Quarterly* 17 (3), 1972, pp. 313 – 327.

Duncan, R. B., "Multiple Decision-Making Structures in Adapting to Environmental Uncertainty: The Impact on Organizational Effectiveness", *Human Relations*, 1973.

Duru, A., Reeb, D., "Geographic and Industrial Corporate Diversification: The Level and Structure of Executive Compensation", *Journal of Accounting Auditing and Finance* 17 (1), 2002, pp. 1 – 24.

Dyer, J. H., Singh, H., "The Relational View: Cooperative Strategy and Sources of Inter-organizational Competitive Advantage", *Academy of Management Journal* 23 (4), 1998, pp. 660 – 679.

Edmondson, A. C., Mcmanus, S. E., "Methodological Fit in Organizational Field Research", *Academy of Management Review* 32 (4), 2007, pp. 1155 – 1179.

Eisenhardt, K. M., "Building Theories from Case Study Research", *Academy of Management Review* 14 (4), 1989, pp. 532 – 550.

Eitzen, D. S., Yetman, N. R., "Managerial Change, Longevity, and Organizational Effectiveness", *Administrative Science Quarterly* 17 (1), 1972, pp. 110 – 116.

Elsner, W., et al., "Simplistic vs. Complex Organization: Markets, Hierarchies, and Networks in an Organizational Triangle-A Simple Heuristic to Analyze Real-World Organizational Forms", *Journal of Economic Issues* 44 (1), 2010, pp. 1 – 30.

Elsner, W., Hocher, G., Schwardt, H., Simplistic, V. S., "Complex Organization: Markets, Hierarchies, and Networks in an Organizational Triangle", *AFEE Annual Meeting*, New Orleans, 2008, pp. 1 – 32.

England, G. W., "Organizational Goals and Expected Behavior of American Managers", *The Academy of Management Journal* 10 (2), 1967, pp. 107 – 117.

Erdi, P., *Complexity Explained* (Berlin, Springer, 2008), pp. 7 – 8.

Esade, M. B., "Integrating Modermist and Postmodernist Perspective on Organizations: A Complexity Science Bridge", *Academy of Management Review* 35 (3), 2010, pp. 415 – 433.

Espejo, R., Reyes, A., *Organizational Systems: Managing Complexity with the Viable System Model* (Berlin: Springer, 2011).

Ethiraj, S. K., Levinthal, D. A., "Hoping for A to Z while Rewarding Only: A Complex Organizations and Multiple Goals", *Organization Science* 20 (1), 2009, pp. 4 – 21.

Etzioni, A., *A Comparative Analysis of Complex Organizations: On Power, Involvement, and Their Correlates* (New York, The Free Press of Glencoe, 1961).

Etzioni, A., "Authority Structure and Organizational Effectiveness", *Administrative Science Quarterly* 4 (1), 1959, pp. 43 – 67.

Etzioni, A., "Two Approaches to Organizational Analysis: A Critique and A Suggestion", *Administrative Science Quarterly* 5 (2), 1960, pp. 257 – 278.

Fama, E., Jensen, M., "Separation of Ownership and Control", *Journal of Law and Economic* 26 (2), 1983, pp. 301 – 325.

Fang, C., Lee, J., Schilling, M. A., "Balancing Exploration and Exploitation Through Structural Design: The Isolation of Subgroups and Organizational Learning", *Organization Science* 21 (3), 2010, pp. 625 – 642.

Farndale, E., Pai, A., Sparrow, P., et al., "Balancing Individual and Organizational Goals Management: A Mutual-benefits Perspective", *Journal of World Business* 49 (2), 2014, pp. 204 – 214.

Fioretti, G., Visser, B., "A Cognitive Approach to Organizational Complexity", *Systemics of Emergence: Research and Development* 7, 2005, pp. 495 – 513.

Fischbacher-Smith, D., "Organisational Ineffectiveness: Environmental Shifts and the Transition to Crisis", *Journal of Organizational Effectiveness: People and Performance* 1 (4), 2014, pp. 423 – 446.

Foss, N. J., Klein, P., Kor, Y. Y., "Enterpreneurship, Subjectivism, and the Resource-based View: Toward a New Synthesis", *Strategic Entrepreneurship Journal* 2 (1), 2008, pp. 73 – 94.

Foss, N. J., Lindenberg, S., "Microfoundations for Strategy: A Goal-framing Perspective on the Drivers of Value Creation", *The Academy of Management Perspectives* 27 (2), 2013, pp. 85 – 102.

Friedlander, F., Pickle, H., "Components of Effectiveness in Small Organizations", *Administrative Science Quarterly* 13 (2), 1968, pp. 289 – 304.

Gaertner, G. H., Ramnarayan, S., "Organizational Effectiveness: An Alternative

Perspective", *Academy of Management Review* 8 (1), 1983, pp. 97 – 107.

Galbraith, J., *Designing Complex Organizations* (Boston: Addison-Wesly, Reading, MA, 1973), pp. 46 – 66.

Gandy, J. D., *The Relationship Between Social Entrepreneurship and Organizational Effectiveness* (Dallas: Dallas Baptist University, 2012).

Georg, G., *Combining Organization Development (OD) and Organization Design: An Investigation Based on the Perspectives OD and Change Management Consultants* (Minneapolis: Capella University, 2011), pp. 1 – 10.

Georgopoulos, B., Tannenbaum, A., "A Study of Organizational Effectiveness", *American Sociological Review* 22 (5), 1957, pp. 534 – 540.

Gilbert, C. G., "Unbundling the Structure of Inertia: Resource Versus Routine Rigidity", *Academy of Management Journal* 48 (5), 2005, pp. 741 – 763.

Glaser, B. G., Strauss, A. L., *The Discovery of Grounded Theory: Strategies for Qualitative Research* (New York: Aldine Press, 1967).

Glass, G. V., "Primary, Secondary, and Meta-Analysis of Research", *Educational Researcher* 5, 1976, pp. 3 – 8.

Glunk, U., Wilderom, C. P., *Organizational Effectiveness = Corporate Performance? Why and How Two Research Traditions Need to Be Merged* (Tilburg University, Faculty of Economics and Business Administration Research Memorandum, 1996).

Goldstein, J., Hazy, J. K., Silberstang, J., "A Complexity Science Model of Social Innovation in Social Enterprise", *Journal of Social Entrepreneurshi* 1 (1), 2010, pp. 101 – 125.

Goodman, P. S., et al., *On the Demise of Organizational Effectiveness Studies* (Academic Press, 1983), pp. 163 – 183.

Goodman, P. S., Pennings, J. M., "Critical Issues in Assessing Organizational Effectiveness", in Lawler, E., ed., *Organizational Assessment: Perspectives on the Measurement of Organizational Behavior and the Quality of Working Life* (New York, Wiley-Interscience, 1979).

Goodwin, V. L., Ziegler, L., "A Test of Relationships in a Model of Organizational Cognitive Complexity", *Journal of Organizational Behavior* 19 (4),

1998, pp. 371 – 386.

Gregory, B. T., et al., "Organizational Culture and Effectiveness: A Study of Values, Attitudes, and Organizational Outcomes", *Journal of Business Research* 62 (7), 2009, pp. 673 – 679.

Greve, H. R., "A Behavioral Theory of Firm Growth Sequential Attention to Size and Performance Goals", *Academy of Management Journal* 51 (3), 2008, pp. 476 – 494.

Griffith, J., "Schools as Organizational Models: Implications for Examining School Effectiveness", *The Elementary School Journal* 104 (1), 2003, pp. 29 – 47.

Grinyer, P., McKiernan, P., "Generating Major Change in Stagnating Companies", *Strategic Management Journal* 11, 1990, pp. 131 – 146.

Gross, E., "The Definition of Organizational Goals", *The British Journal of Sociology* 20 (3), 1969, pp. 277 – 294.

Haerem, T., Pentland, B. T., Miller, K. D., "Task Complexity: Extending A Core Concept", *Academy of Management Review* 40 (3), 2015, pp. 446 – 460.

Hage, J., Aiken, M., *Social Change in Complex Organizations* (New York: Random House, 1970), pp. 60 – 74.

Hall, R. H., "Effectiveness Theory and Organizational Effectiveness", *The Journal of Applied Behavioral Science* 16 (4), 1980, pp. 536 – 545.

Hall, R. H., Johnson, N. J., Eugene, J., "Organizational Size, Complexity, and Formalization", *American Sociological Review* 32 (6), 1967, pp. 903 – 912.

Hall, R. H., *Organizations: Structures, Processes and Outcomes* (Upper Saddle River, NJ, Prentice Hall, 2002).

Hamon, T. T., *Organizational Effectiveness as Explained by Social Structure in a Faith-Based Business Network Organization* (Virginia Beach, VA, Regent University, 2003).

Handa, V., Adas, A., "Predicting the Level of Organizational Effectiveness: A Methodology for the Construction Firm", *Construction Management & Economics* 14 (4), 1996, pp. 341 – 352.

Hannan, M. T., Freeman, J., "Structural Inertia and Organizational Change", *American Sociological Review* 49 (2), 1984, pp. 149 – 164.

Hansberry, J., *Exploration of Collaboration and Organizational Effectiveness in Denver County Human Service Nonprofit Organizations* (Pittsburgh: University of Pittsburgh, 2005).

Hansen, G. S., Wernerfelt, B., "Determinants of Firm Performance: The Relative Importance of Economic and Organizational Factors", *Strategic Management Journal* 10 (5), 1989, pp. 399–411.

Hargis, M., Watt, J. D., "Organizational Perception Management: A Framework to Overcome Crisis Events", Organization Development Journal 28 (1), 2010, pp. 73–87.

Hartnell, C. A., et al., "Organizational Culture and Organizational Effectiveness: A Meta-Analytic Investigation of the Competing Values Framework's Theoretical Suppositions", *Journal of Applied Psychology* 96 (4), 2011, p. 677.

Hassan, F. S. U., et al., "Effect of Leaders' Styles of Decision Making on Perceived Organizational Effectiveness: An Example from Pakistan", *International Journal of Business and Social Science* 3 (2), 2011, pp. 99–111.

Hatch, M. J., Cunliffe, A. L., *Organization Theory: Modern, Symbolic and Postmodern Perspectives* (Oxford: Oxford University Press, 2006), p. 111.

Hatch, M. J., Cunliffe, A. L., *Organization Theory: Modern, Symbolic and Postmodern Perspectives* (Oxford: Oxford University Press, 2012), pp. 110–111.

Heylighen, F., "Complexity and Self-organization", 2007, http://pespmcl.vub.ac.be/papers/elis-complexity.Pdf.

Heylighen, F., "Complexity and Self-Organization", in Bates, M. J., & Maack, M. N., eds., *Encyclopedia of Library and Information Sciences* (Taylor & Francis, 2008).

Hill, C. W., "Oliver Williamson and the M-form Firm: A Critical Review", *Journal of Economic Issues* 19 (3), 1985, pp. 731–751.

Hill, W., "The Goal Formation Process in Complex Organizations", *Journal of Management Studies* 6 (2), 1969, pp. 198–208.

Hirsch, P. M., "Organizational Effectiveness and the Institutional Environment", *Administrative Science Quarterly* 20 (3), 1975, pp. 327–344.

Hitt, M. A., Middlemist, R. D., "A Methodology to Develop the Criteria and

Criteria Weightings for Assessing Subunit Effectiveness in Organizations", *Academy of Management Journal* 22 (2), 1979, pp. 356 – 374.

Hoerl, R., Snee, R. D., *Statistical Thinking: Improving Business Performance* (Pacific Grove, CA: Duxbury Press, 2001).

Holland, J. H., *Emergence: From Chaos to Order* (Oxford: Oxford University Press, 1998).

Holland, J. H., Miller, J. H., "Artificial Adaptive Agents in Economic Theory", *The American Economic Review* 81, 1991, pp. 365 – 370.

Hrebiniak, L. G., *Complex Organizations* (New York, West Publishing Company, 1978).

Hsu, G., Elsbach, K. D., "Explaining Variation in Organizational Identity Categorization", *Organization Science* 24 (4), 2013, pp. 996 – 1013.

Hubbard, G., "Measuring Organizational Performance: Beyond the Triple Bottom Line", *Business Strategy and the Environment* 18 (3), 2009, pp. 177 – 191.

Ioannides, Y. M., "Complexity and Organizational Architecture", *Mathematical Social Science* 4 (5), 2012, pp. 1 – 10.

Jacquemin, A. P., Berry, C. H., "Entropy Measure of Diversification and Corporate Growth", *Journal of Industrial Economics* 27 (4), 1979, pp. 359 – 369.

Jain, A. K., et al., "Social Power as a Means of Increasing Personal and Organizational Effectiveness: The Mediating Role of Organizational Citizenship Behavior", *Journal of Management & Organization* 17 (3), 2011, pp. 412 – 432.

Jain, R. K., "Metrics of Organization Effectiveness", *Journal of Management in Engineering* 13 (2), 1997, pp. 40 – 45.

Jensen, M. C., "Agency Cost of Free Cash Flow, Corporate Finance and Takeovers", *American Economic Review* 76 (2), 1986, pp. 323 – 329.

Jensen, M. C., Meckling, W. H., "Theory of the Firm: Managerial Behavior, Agency Costs and Ownership Structure", *Journal of Financial Economics* 3 (4), 1976, pp. 305 – 360.

Jensen, M. C., "Value Maximization, Stakeholder Theory, and the Corporate

Objective Function", *Journal of Applied Corporate Finance* 14 (3), 2001, pp. 8 – 21.

Jeong, S. H., et al., "The Effect of Nurses' Use of the Principles of Learning Organization on Organizational Effectiveness", *Journal of Advanced Nursing* 58 (1), 2007, pp. 53 – 62.

Jobson, J. D., Schneck, R., "Constituent Views of Organizational Effectiveness: Evidence from Police Organizations", *Academy of Management Journal* 25 (1), 1982, pp. 25 – 46.

Josefy, M., Kuban, S., Ireland, R. D., Hitt, M. A., "All Things Great and Small: Organizational Size, Boundaries of the Firm and a Changing Environment", *The Academy of Management Annals* 9 (1), 2015, pp. 715 – 802.

Judge, W. Q., "Correlates of Organizational Effectiveness: A Multilevel Analysis of a Multidimensional Outcome", *Journal of Business Ethics* 13 (1), 1994, pp. 1 – 10.

Jurkovich, R., "A Core Typology of Organizational Environments", *Administrative Science Quarterly* 19 (3), 1974, pp. 380 – 394.

Kanter, R. M., Brinkerhoff, D., "Organizational Performance: Recent Developments in Measurement", *Annual Review of Sociology* 7, 1981, pp. 321 – 349.

Kaplan, R. S., Norton, D. P., "The Balanced Scorecard-Measures That Drive Performance", *Harvard Business Review* 70 (1), 1992, pp. 71 – 79.

Kaplan, R. S., Norton, D., "Using the Balanced Scorecard as a Strategic Management System", *Harvard Business Review* (Januray-February), 1996, pp. 75 – 85.

Kast, F. E., Rosenzweig, J. E., "General Systems Theory: Applications for Organization and Management", *Academy of Management Journal* 15 (4), 1972, pp. 447 – 465.

Katz, F. E., "Explaining Informal Work Groups in Complex Organizations: The Case for Autonomy in Structure", *Administrative Science Quarterly* 10 (2), 1965, pp. 204 – 223.

Kauffman, S., *The Origins of Order: Self-Organization and Selection in Evolu-*

tion (New York, Oxford: Oxford University Press, 1993).

Kaynak, E. , Kuan, W. K. , "Environment, Strategy, Structure, and Performance in the Context of Export Activity: An Empirical Study of Taiwanese Manufacturing Firms", *Journal of Business Research* 27 (1), 1993, pp. 33 – 49.

Keats, B. W. , Hitt, M. A. , "A Causal Model of Linkages among Environmental Dimensions, Macro Organizational Characteristics, and Performance", *Academy of Management Journal* 31 (3), 1988, pp. 570 – 599.

Keeley, M. , "A Social-Justice Approach to Organizational Evaluation", *Administrative Science Quarterly* 23 (2), 1978, pp. 272 – 292.

Kelly, E. , "Designing a New Organization: A Complexity Approach", *European Conference on Research Methods in Business and Management Studies*, Paris, 2005, pp. 1 – 11.

Kemp, A. , *Toward a Theory of Organizational Elements* (Cambridge: Massachusetts Institute of Technology, 2005).

Kepes, S. , et al. , "Contingencies in the Effects of Pay Range on Organizational Effectiveness", *Personnel Psychology* 62 (3), 2009, pp. 497 – 531.

Khanna, T. , Rivkin, J. W. , "Estimating the Performance Effects of Business Groups in Emerging Markets", *Strategic Management Journal* 22 (1), 2001, pp. 45 – 74.

Kim, H. , et al. , "The Role of IT in Business Ecosystems", *Communications of the ACM* 53 (5), 2010, pp. 151 – 156.

Kim, Y. , Park, M. S. , Wier, B. , "Is Earning Quality Associated with Corporate Social Responsibility?", *The Accounting Review* 87 (3), 2012, pp. 761 – 796.

Klarner, P. , Raisch, S. , "Move to the Beat—rhythms of Change and Firm Performance", *Academy of Management Journal* 56 (1), 2013, pp. 160 – 184.

Klein, A. S. , et al. , "The Impact of Leadership Styles on Organizational Culture and Firm Effectiveness: An Empirical Study", *Journal of Management & Organization* 19 (3), 2013, pp. 241 – 254.

Kleinw, P. G. , Saidenbergz, M. R. , "Organizational Structure and the Diversification Discount: Evidence from Commercial Banking", *The Journal of Industrial Economics* 58 (1), 2010, pp. 127 – 155.

Kostova, T., Zaheer, S., "Organizational Legitimacy under Conditions of Complexity: The Case of the Multinational Enterprise", *Academy of Management Review* 24 (1), 1999, pp. 64 – 81.

Kotlar, J., Massis, A. D., "Goal Setting in Family Firm: Goal Diversity, Social Interactions, and Collective Commitment to Family-Centered Goals", *Entrepreneurship Theory and Practice* 37 (6), 2013, pp. 1263 – 1288.

Koys, D. J., "The Effects of Employee Satisfaction, Organizational Citizenship Behavior, and Turnover on Organizational Effectiveness: A Unit-Level, Longitudinal Study", *Personnel Psychology* 54 (1), 2001, pp. 101 – 114.

Kraatz, M. S., Zajac, E. J., "How Organizational Resources Affect Strategic Change and Performance in Turbulent Environments: Theory and Evidence", *Organization Science* 12 (5), 2001, pp. 632 – 657.

Kraft, K. L., Jauch, L. R., "The Organizational Effectiveness Menu", *Mid-American Journal of Business* 7 (1), 1988, pp. 18 – 23.

Lado, A. A., Boyd, N. G., Hanlon, S. G., "Competition, Cooperation, and the Search for Economic Rents: A Synergetic Model", *The Academy of Management Review* 22 (1), 1997, pp. 110 – 141.

La Porta, R., Lopez-de-Silanes, F., Shleifer, A., "Corporate Ownership Around the World", *Journal of Finance* 54, 1999, pp. 471 – 517.

Latham, G. P., Yukl, G. A., "A Review of Research on the Application of Goal Setting in Organizations", *The Academy of Management Journal* 18 (4), 1975, pp. 824 – 845.

Lawrence, P. R., Lorsch, J. W., "Differentiation and Integration in Complex Organizations", *Administrative Science Quarterly* 12 (1), 1967, pp. 1 – 47.

Lawrence, P. R., "The Contingency Approach to Organizational Design", in Golembiewski, R. T., ed., *Handbook of Organizational Behavior* (New York: Dekker, 1993).

Lee, D., *Competing Models of Effectiveness in Research Centers and Institutes in the Florida State University System: A Data Envelopment Analysis* (The Florida State University, 2004).

Lee, G. J., "Measuring Business-to-Business Customer Service: A Structural Re-Examination of The INDSERV Scale", *African Journal of Business Management* 5 (8), 2011, pp. 3179 – 3187.

Lee, J., et al., "Service Innovation and Smart Analytics for Industry 4.0 and Big Data Environment", *Procedia CIRP* 16, 2014, pp. 3 – 8.

Lee, K., Peng, M. W., "From Diversification Premium to Diversification Discount during Institutional Transitions", *Journal of World Business* 43 (1), 2008, pp. 47 – 65.

Lee, R. P., "Extending the Environment-Strategy-Performance Framework: The Roles of Multinational Corporation Network Strength, Market Responsiveness, and Product Innovation", *Journal of International Marketing* 18 (4), 2010, pp. 58 – 73.

Lenz, R. T., "Determinants' of Organizational Performance: An Interdisciplinary Review", *Strategic Management Journal* 2 (2), 1981, pp. 131 – 154.

Lenz, R. T., "Environment, Strategy, Organization Structure and Performance: Patterns in One Industry", *Strategic Management Journal* 1 (3), 1980, pp. 209 – 226.

Levy, D. L., *Applications and Limitations of Complexity Theory in Organization Theory and Strategy* (New York, Marcel Dekker, 2000).

Levy, D. L., "Applications and Limitations of Complexity Theory in Organization Theory and Strategy", *Public Administration and Public Policy*, 2000, pp. 67 – 88.

Levy, D. L., Lichtenstein, B., "Approaching Business and the Environment with Complexity Theory", in Hoffman, A., Bansal, P., eds., *The Oxford Handbook of Business and the Theory* (Oxford: Oxford University Press, 2012), pp. 591 – 608.

Lewin, A. Y., Minton, J. W., "Determining Organizational Effectiveness: Another Look, and an Agenda for Research", *Management Science* 32 (5), 1986, pp. 514 – 538.

Li, L., et al., "The Performance of Small and Medium-Sized Technology-Based

Enterprises: Do Product Diversity and International Diversity Matter?", *International Business Review* 21 (5), 2012, pp. 941-956.

Li, M., Wong, Y. Y., "Diversification and Economic Performance: An Empirical Assessment of Chinese Firms", *Asia Pacific Journal of Management* 20 (2), 2003, pp. 243-265.

Linquiti, P., "The Importance of Integrating Risk in Retrospective Evaluations of Research and Development", *Research Evaluation* 21 (2), 2012, pp. 152-165.

Lins, K. V., Servaes, H., "Is Corporate Diversification Beneficial in Emerging Markets?", *Financial Management* 31 (2), 2002, pp. 5-31.

Lin, W. S., Huang, J. L., Sheng, M. L., "How the Organizational Goals Affect Knowledge Management", *International Journal of Management, Knowledge and Learning* 3 (1), 2014, pp. 3-22.

Lin, Z., Yang, H., Arya, B., "Alliance Partners and Firm Performance: Resource Complementarity and State Association", *Strategic Management Journal* 30 (9), 2009, pp. 921-940.

Loorbach, D., "Transition Management for Sustainable Development: A Prescriptive, Complexity-Based Governance Framework", *Governance* 23 (1), 2010, pp. 161-183.

Macintosh, E. W., Doherty, A., "The Influence of Organizational Culture on Job Satisfaction and Intention to Leave", *Sport Management Review* 13 (13), 2010, pp. 106-117.

Maciuliene, M., Skarzauskiene, A., "Evaluation of Co-Creation Perspective in Networked Collaboration Platforms", *Journal of Business Research* 69 (11), 2016, pp. 4826-4830.

MacKenzie, S. B., et al., "Challenge-Oriented Organizational Citizenship Behaviors and Organizational Effectiveness: Do Challenge-Oriented Behaviors Really Have an Impact on the Organization's Bottom Line?", *Personnel Psychology* 64 (3), 2011, pp. 559-592.

Mahoney, T. A., "Managerial Perceptions of Organizational Effectiveness", *Management Science* 14 (2), 1967, pp. 76-91.

Makadok, R., "Toward a Synthesis of the Resource-based and Dynamic-capability Views of Rent Creation", *Strategic Management Journal* 22 (5), 2001, pp. 387 – 401.

Marion, R., Uhl-Bien, M., "Leadership in Complex Organizations", *The Leadership Quarterly* 12 (4), 2001, pp. 389 – 418.

Martin, J. A., Kathleen, M., Eisenhardt, K. M., "Rewiring: Creating Cross-Business Unit Collaborations in Multi-Business Organizations", *Academy of Management Journal* 53 (2), 2010, pp. 265 – 301.

Martz, W. A., *Evaluating Organizational Effectiveness* (Ph. D., Western Michigan University, 2008).

Mason, R. B., "The External Environment's Effect on Management and Strategy: A Complexity Theory Approach", *Management Decision* 45 (1), 2007, pp. 10 – 28.

Mathews, K. M., et al., "Why Study the Complexity Sciences in the Social Sciences?", *Human Relations* 52 (4), 1999, pp. 439 – 462.

Maturana, H., Varela, F., *Autopoiesis and Cognition: The Realization of the Living* (London, Reidl, 1980).

McGivern, M. H., Tvorik, S. J., "Determinants of Organizational Performance", *Management Decision* 35 (6), 1997, pp. 417 – 435.

McKelvey, B., Boisot, M., "Redefining Strategic Foresight", in Costanzo, L., MacKay, B., eds., *Handbook of Research on Strategy and Foresight* (Cheltenham, UK: Edward Elgar, 2009), pp. 15 – 47.

Mechanic, D., "Sources of Power of Lower Participants in Complex Organizations", *Administrative Science Quarterly* 7 (3), 1962, pp. 349 – 364.

Megginson, W. L., Morgan, A., Nail, L., "The Determinants of Positive Long-Term Performance in Strategic Mergers: Corporate Focus and Cash", *Journal of Banking and Finance* 28 (3), 2004, pp. 523 – 552.

Meyer, M. W., *Rethinking Performance Measurement* (Cambridge, UK: Cambrige University Press, 2002).

Miles, R. E., Snow, C. C., *Organizational Strategy, Structure and Process* (New York: McGraw-Hill, 1978.)

Miller, D., Shamsie, J., "The Resource-based View of the Firm in Two Environments: The Hollywood Film Studios from 1936 to 1965", *Academy of Management Journal* 39 (3), 1996, pp. 519 – 543.

Miller, D., "The Structural and Environmental Correlates of Business Strategy", *Strategic Management Journal* 8 (1), 1987, pp. 55 – 76.

Miller, J. G., "Living Systems: The Organization", *Behavioral Science* 17 (1), 1972, pp. 1 – 182.

Mintzberg, H., *The Rise and Fall of Strategic Planning: Reconceiving Roles for Planning, Plans, Planners* (New York: Free Press, 1994).

Mitchell, R. K., Weaver, G. R., Agle, B. R., et al., "Stakeholder Agency and Social Welfare: Pluralism and Decision Making the Multi-objective Corporation", *Academy of Management Review* 41 (2), 2016, pp. 1 – 63.

Mohr, L., "The Concept of Organizational Goal", *The American Political Science Review* 67 (2), 1973, pp. 470 – 481.

Moore, J. F., "Business Ecosystems and the View from the Firm", *The Antitrust Bulletin* 51 (1), 2006, pp. 31 – 76.

Moore, J. F., "Predators and Prey: A New Ecology of Competition", *Harvard Business Review* 71 (3), 1993, pp. 75 – 83.

Moore, J. F., *The Death of Competition: Leadership and Strategy in the Age of Business Ecosystems* (Harper: Collins Publishers, 1996).

Morel, B., Ramanujam, R., "Through the Looking Glass of Complexity: The Dynamics of Organizations as Adaptive and Evolving Systems", *Organization Science* 10 (3), 1999, pp. 278 – 293.

Morgan, G., *Images of Organizations* (Thousand Oaks, CA: Pine Forge Press, 2006), pp. 28 – 66.

Mor, L., "The Concept of Organizational Goal", *The American Political Science Review* 67 (2), 1973, pp. 470 – 481.

Murmann, J. P., "The Coevolution of Industries and Important Features of Their Environments", *Organization Science* 24 (1), 2013, pp. 58 – 78.

Ogbonna, E., Wilkinson, B., "The False Promise of Organizational Culture Change: A Case Study of Middle Managers in Grocery Retailing", *Journal of Management Studies* 40 (5), 2003, pp. 1151 – 1178.

Oliver, B., Nicolaj, S., "Dealing with Complexity: Integrated vs. Chunky Search Process", *Organization Science* 24 (1), 2014, pp. 116 – 132.

Orlitzky, M., Siegel, D. S., Waldman, D. A., "Strategic Corporate Social Responsibility and Environmental Sustainability", *Business and Society* 50, 2011, pp. 6 – 27.

Orton, J. D., "Complex Organizations", in Clegg, S. R., & Bailey, J. R., eds., *International Encyclopedia of Organization Studies* (Thousand Oaks, CA, SAGE Publications, 2008), pp. 235 – 237.

Osbert-Pociecha, G., "Increasing Complexity as a Challenge for Contemporary Organizations", *Management* 1 (17), 2013, pp. 7 – 18.

Osborn, R. N., Hunt, J. G., "Environment and Organizational Effectiveness", *Administrative Science Quarterly* 19 (2), 1974, pp. 231 – 246.

Oswick, C., Fleming, P., Hanlon, G., "From Borrowing to Blending: Rethinking the Processes of Organizational Theory Building", *Academy of Management Review* 38 (2), 2011, pp. 318 – 337.

Pache, A. C., Santos, F., "Inside the Hybrid Organization: Selective Coupling as a Response to Competing Institutional Logic", *Academy of Management Journal* 56 (4), 2013, pp. 972 – 1001.

Parhizgari, A. M., Gilbert, G. R., "Measures of Organizational Effectiveness: Private and Public Sector Performance", *Omega* 32 (3), 2004, pp. 221 – 229.

Park, K., Jang, S. S., "Effect of Diversification on Firm Performance: Application of the Entropy Measure", *International Journal of Hospitality Management* 31 (1), 2012, pp. 218 – 228.

Park, S. H., Ungson, G. R., "Interfirm Rivalry and Managerial Complexity: A Conceptual Framework of Alliance Failure", *Organization Science* 12 (1), 2001, pp. 37 – 53.

Parsons, T., "Suggestions for a Sociological Approach to the Theory of Organizations-I", *Administrative Science Quarterly*, 1956, pp. 63 – 85.

Peng, M. W., Health, P. S, "The Growth of the Firm in Planned Economies in

Transition: Institutions, Organizations, and Strategic Choice", *Academy of Management Review* 27 (1), 1996, pp. 1 – 26.

Peng, M. W., Luo, Y., "Managerial Ties and Firm Performance in A Transition Economy: The Nature of a Micro-macro Link", *Academy of Management Journal* 43 (3), 2000, pp. 486 – 501.

Pera, R., et al., "Motives and Resources for Value Co-Creation in A Multi-Stakeholder Ecosystem: A Managerial Perspective", *Journal of Business Research* 69 (10), 2016, pp. 4033 – 4041.

Perrow, C., "A Framework for the Comparative Analysis of Organizations", *American Sociological Review*, 1967, pp. 194 – 208.

Perrow, C., et al., *Complex Organizations: A Critical Essay* (New York: Random House, 1986).

Perrow, C., "The Analysis of Goals in Complex Organizations", *American Sociological Review* 26 (6), 1961, pp. 854 – 866.

Perry, J. L., Angle, H. L., *Labor-Management Relations and Public Agency Eectiveness: A Study of Urban Mass Transit* (New York: Pergamon Press, 1980).

Pertusa-Ortega, E. M., Zaragoza-Siez, P., "Can Formalization, Complexity, and Centralization Influence Knowledge Performance?", *Journal of Business Reseach* 63 (3), 2010, pp. 310 – 320.

Pfeffer, J., Salancik, G. R., *The External Control of Organizations: A Resource Dependence Perspective* (New York: Harper and Row, 1978).

Pfeffer, J., "Usefulness of the Concept", in Goodman, P. S., & Pennings, J. M., eds., *New Perspectives on Organizational Effectiveness* (San Francisco, Jossey-Bass, 1977) pp. 132 – 143.

PhD, S. M. C., "Assessing Organizational Effectiveness in Human Service Organizations", *Journal of Social Service Research* 33 (3), 2007, pp. 31 – 45.

PhD, S. M. C., "Assessing Organizational Effectiveness in Human Service Organizations", *Journal of Social Service Research* 33 (3), 2007, pp. 31 – 45.

Podolny, J. M., "Networks as the Pipes and Prisms of the Market", *American Journal of Sociology* 107 (1), 2001, pp. 33 – 60.

Podsakoff, P. M., Laforge, R. W., "Self-reports in Organizational Research:

Problems and Prospects", *Journal of Management* 12 (4), 1986, pp. 531 – 544.

Pondy, L., "Organizational Conflict: Concepts and Models", *Administrative Science Quarterly* 12 (2), 1967, pp. 296 – 320.

Porter, M. E., *Competitive Strategy: Techniques for Analyzing Industries and Competitors* (New York: Free, 1980).

Price, J. L., "The Impact of Governing Boards on Organizational Effectiveness and Morale", *Administrative Science Quarterly* 8 (3), 1963, pp. 361 – 378.

Price, J. L., "The Study of Organizational Effectiveness", *The Sociological Quarterly* 13 (1), 1972, pp. 3 – 15.

Quinn, R. E., Cameron, K., "Organizational Life Cycles and Shifting Criteria of Effectiveness: Some Preliminary Evidence", *Management Science* 29 (1), 1983, pp. 33 – 51.

Quinn, R. E., Rohrbaugh, J., "A Competing Values Approach to Organizational Effectiveness", *Public Productivity Review* (5), 1981, pp. 122 – 140.

Quinn, R. E., Rohrbaugh, J., "A Spatial Model of Effectiveness Criteria: Towards a Competing Values Approach to Organizational Analysis", *Management Science* 29 (3), 1983, pp. 363 – 377.

Quinn, R. E., Spreitzer, G., "The Psychometric of the Competing Values Culture Instrument and an Analysis of the Impact of Organizational Culture on Quality of Life", in Woodman, R. W., Pasmore, W. A., eds., *Research in Organizational Change and Development* (Greenwich: JAI Press, 1991), pp. 115 – 142.

Raúl, E., Schuhmann, W., Schwaninger, M., Bilello, U., *Organizational Transformation and Learning* (New York: John Wiley & Sons Inc., 1996), pp. 227 – 240.

Ralph, D. S., *Complexity and Organizational Reality: Uncertainty and the Need to Rethink Management after the Collapse of Investment Capitalism* (London: Routledge, 2010).

Ramezani, C. A., Soenen, L., Jung, A., "Growth, Corporate Profitability and Value Creation", *Financial Analysts Journal* 58 (6), 2002, pp. 56 – 78.

Ravasz, E., Barabasi, A., "Hierachical Organization Complex Networkk", *Physical Review* 67 (2), 2002, pp. 1 – 7.

Rego, A., Cunha, M. P. E., "Organizational Citizenship Behaviors and Effectiveness: An Empirical Study in Two Small Insurance Companies", *The Service Industries Journal* 28 (4), 2008, pp. 541 – 554.

Richard, P. J., Devinney, T. M., Yip, G. S., et al., "Measuring Organizational Performance: Towards Methodological Best Practice", *Journal of Management* (3), 2009, pp. 718 – 804.

Richardson, K. A., "Managing Complex Organizations: Complexity Thinking and the Science and Art of Management", *E: CO* 10 (22), 2008, pp. 13 – 26.

Riordan, C. M., et al., "Employee Involvement Climate and Organizational Effectiveness", *Human Resource Management* 44 (4), 2005, pp. 471 – 488.

Ritala, P., "Coopetition Strategy: When Is It Successful? Empirical Evidence on Innovation and Market Performance", *British Journal of Management* 23 (3), 2012, pp. 307 – 324.

Robbins, S. P., Coulter, M., *Management* (Bei Jing: Tsing Hua University Press, 2001).

Rojas, R. R., "A Review of Models for Measuring Organizational Effectiveness among For-Profit and Nonprofit Organizations", *Nonprofit Management and Leadership* 11 (1), 2000, pp. 97 – 104.

Roos, J., Roos, G., Dragonetti, N. C., et al., *Intellectual Capital: Navigating the New Business Landscape* (London: Macmillan Press, 1997), pp. 80 – 88.

Rosenberg, D., Holden, T., "Interactions, Technology, and Organizational Change", *Emergence* 2 (3), 2000, pp. 68 – 77.

Roy, K., Khokhle, P. W., "Integrating Resource-based and Rational Contingency Views: Understanding the Design of Dynamic Capabilities of Organizations", *Journal of Decision Makers* 36 (4), 2011, pp. 67 – 75.

Ryan, A. M., et al., "Attitudes and Effectiveness: Examining Relations at an Organizational Level", *Personnel Psychology* 49 (4), 1996, pp. 853 – 882.

Sandefur, G. D., "Efficiency in Social Service Organizations", *Administration & Society* 14 (4), 1983, pp. 449 – 468.

San-Miguel, M., et al., "Challenges in Complex Systems Science", *The European Physical Journal Special Topics* 214 (1), 2012, pp. 245 – 271.

Schalk, R., Roe, R. E., "Towards a Dynamic Model of the Psychological Contract", *Journal for the Theory of Social Behavior* 37 (2), 2007, pp. 167 – 182.

Schlevogt, K. A., "Institutional and Organizational Factors Affecting Effectiveness: Geo-economic Comparison between Shanghai and Beijing", *Asia Pacific Journal of Management* 18 (4), 2001, pp. 519 – 551.

Schreyögg, G., Sydow, J., "Organizing for Fluidity? Dilemmas of New Organizational Forms", *Organization Science* 21 (6), 2010, pp. 1251 – 1262.

Schultz, M., Hernes, T., "A Temporal Perspective on Organizational Identity", *Organization Science* 24 (1), 2013, pp. 1 – 21.

Scott, W. R., *Institutions and Organizations* (Thousand Oaks, CA: Sage Publication, 1995), pp. 16 – 42, 50 – 80.

Scott, W. R., *Organizations: Rational, Natural and Open Systems* (Englewood Cliffs, NJ, Prentice-Hall, 1992).

Scriven, M., "The Logic and Methodology of Checklists", 2007, http://www.wmich.edu/evalctr/archive_checklists/papers/logic&methodology_dec07.pdf.

Scriven, M., "The Logic of Criteria", *The Journal of Philosophy* 56 (22), 1959, pp. 857 – 868.

Seashore, S. E., Yuchtman, E., "Factorial Analysis of Organizational Performance", *Administrative Science Quarterly* 12, 1967, pp. 377 – 395.

Semeijn, J. H., et al., "Multisource Ratings of Managerial Competencies and Their Predictive Value for Managerial and Organizational Effectiveness", *Human Resource Management* 53 (5), 2014, pp. 773 – 794.

Shetty, Y. K., "New Look at Corporate Goals", *California Management Review* 22 (2), 1979, pp. 71 – 79.

Shleifer, A., Vishny, R., "Management Entrenchment: The Case of Manager-Specific Investment", *Journal of Financial Economics* 25 (1), 1990, pp. 123 – 139.

Shortell, S. M., "The Role of Environment in a Configurational Theory of Organizations", *Human Relations* 30 (3), 1977, pp. 275 – 302.

Siggelkow, N., Rivkin, J. W., "Speed and Search: Designing Organizations for Turbulence and Complexity", *Organization Science* 16 (2), 2005, pp. 101 – 122.

Simon, H. A., *Administrative Behavior* (New York, The Free Press, 1976).

Simon, H. A., "On the Concept of Organizational Goal", *Administrative Science Quarterly* 9 (1), 1964, pp. 1 – 22.

Simon, H. A., "The Architecture of Complexity", *Proceedings of the American Philosophical Society* 106 (6), 1962, pp. 467 – 482.

Simon, H. A., "The Organization of Complex Systems Models of Discovery", *Springer*, 1977, pp. 245 – 261.

Simon, H. A., *The Science of the Artificial* (Cambridge, MA, The MIT Press, 1996).

Sinha, S. K., McKim, R. A., "Artificial Neural Network for Measuring Organizational Effectiveness", *Journal of Computing in Civil Engineering* 14 (1), 2000, pp. 9 – 14.

Smith, J. B., *A Technical Report on Complex Systems* (Villanova, Villanova University, 2002).

Smith, T. A., *Knowledge Management and Its Capabilities Linked to the Business Strategy for Organizational Effectiveness* (Nova Southeastern University, 2006).

Soda, G., Zaheer, A., "A Network Perspective on Organizational Architecture: Performance Effects of the Interplay of Formal and Informal Organization", *Strategic Management Journal* 33 (6), 2012, pp. 751 – 771.

Sowa, J. E., et al., "No Longer Un-measurable? A Multidimensional Integrated Model of Nonprofit Organizational Effectiveness", *Nonprofit and Voluntary Sector Quarterly* 33 (4), 2004, pp. 711 – 728.

Starbuck, W. H., "Organizations as Action Generators", *American Sociological Review* 48 (1), 1983, pp. 91 – 102.

Steers, R. M., *Organizational Effectiveness: A Behavioral View* (Santa Monica, Goodyear Publishing Company, 1977).

Steers, R. M., "Problems in the Measurement of Organizational Effectiveness",

Administrative Science Quarterly 20 (4), 1975, pp. 546 – 558.

Steger, U., Amann, W., Maznevski, M., *Managing Complexity in Global Organizations* (New Jersey: John Wiley & Sons, 2007), pp. 4 – 5.

Strikwerda, J., Stoelhorst, J. W., "The Emergence and Evolution of the Multidimensional Organization", *California Management Review* 51 (4), 2009, pp. 11 – 31.

Stulz, R. M., "Managerial Discretion and Optimal Financing Policies", *Journal of Financial Economics* 26 (1), 1990, pp. 3 – 27.

Suchman, C. M., "Managing Legitimacy: Strategic and Institutional Approaches", *Academy of Management Review* 20 (3), 1995, pp. 571 – 610.

Supeli, A., Creed, P. A., "The Incremental Validity of Perceived Goal Congruence: The Assessment of Person-Organizational Fit", *Journal of Career Assessment* 22 (1), 2014, pp. 28 – 42.

Sytch, M., Tatarynowicz, A., "Exploring the Locus of Invention the Dynamics of Network Communities and Firms' Invention Productivity", *Academy of Management Journal* 57 (1), 2014, pp. 249 – 279.

Tait, A., Richardson, K. A., *Complexity and Knowledge* (Charlotte, North Carolina: Information Age Publishing, 2010).

Tang, Z., *Organizational Complexity: Assumption, Utility, and Cost* (The Department of Management and Marketing in the Graduate School, Tuscaloosa, University of Alabama, 2006), pp. 21 – 33, 88 – 91, 441 – 447.

Tan, J., Peng, M. W., "Erratum: Organizational Slack and Firm Performance During Economic Transitions: Two Studies from an Emerging Economy", *Strategic Management Journal* 24 (13), 2010, pp. 1249 – 1263.

Tantalo, C., Priem, R. L., "Value Creation through Stakeholder Synergy", *Strategic Management Journal* 37 (2), 2016, pp. 314 – 329.

Tasdoven, H. A., "Theoretical Approach to Organizational Failure: Predisposition of Public Organizations to Organizational Failure", *Journal of Social Science* 23 (1), 2016, pp. 57 – 70.

Tatum, B. C., et al., *A Typology of Organizational Effectiveness* (DTIC Document, 1996).

Taylor, C. M., et al., "Visionary Leadership and Its Relationship to Organizational Effectiveness", *Leadership & Organization Development Journal* 35 (6), 2014, pp. 566 – 583.

Teece, D. J., Augier, M., "Understanding Complex Organization: The Role of Know-How, Internal Structure, and Human Behavior in the Evolution of Capabilities", *Industrial and Corporate Change* 15 (2), 2006, pp. 395 – 416.

Thompson, D., *Organizations in Action* (New York, McGraw Hill, 1967).

Thompson, J., McEwen, W., "Organizational Goals and Environment: Goal-setting as an Interaction Process", *American Sociological Review* 23 (1), 1958, pp. 23 – 31.

Todd, P. R., Javalgi, R. G., Grossman, D., "Understanding the Characteristics of the Growth of SMEs in B2B Markets in Emerging Economies: An Organizational Ecology Approach", *Journal of Business & Industrial Marketing* 29 (4), 2014, pp. 295 – 303.

Trierweiller, A. C., et al., "Measuring Organizational Effectiveness in Information and Communication Technology Companies Using Item Response Theory", *Work Reading* 41, 2011, pp. 2795 – 2802.

Trierweiller, A. C., et al., "Measuring Organizational Effectiveness in Information and Communication Technology Companies Using Item Response Theory", *Work Reading* 41, 2011, pp. 2795 – 2802.

Ullah, I., Yasmin, R., "The Influence of Human Resource Practices on Internal Customer Satisfaction and Organizational Effectiveness", *Acta Universitatis Danubius. Administratio* 5 (1), 2013, pp. 5 – 38.

Ulrich, S., Wolgang, A., Martha, M., *Managing Complexity in Global Organizations* (Manhattan, 2007), pp. 1 – 4.

Upadhaya, B., et al., "Association Between Performance Measurement Systems and Organizational Effectiveness", *International Journal of Operations & Production Management* 34 (7), 2014, pp. 853 – 875.

Vaccaro, I. G., Jansen, J. J. P., Van-Den-Bosch, F. A. J., et al., "Management Innovation and Leadership: The Moderating Role of Organizational Size", *Journal of Management Studies* 49 (1), 2011, pp. 28 – 51.

Van Alstyne, M. W., et al., "Pipelines, Platforms, and the New Rules of Strategy", *Harvard Business Review* 94 (4), 2016, pp. 54 – 71.

Vandenberg, R. J., et al., "The Impact of High Involvement Work Processes on Organizational Effectiveness: A Second-Order Latent Variable Approach", *Group & Organization Management* 24 (3), 1999, pp. 300 – 339.

Van Valen, L., *How Pervasive Is Coevolution* (Coevolution, 1983), pp. 1 – 19.

Vasconcelos, F. C., Ramirez, R., "Complexity in Business Environments", *Journal of Business Research* 64 (3), 2011, pp. 236 – 241.

Vecchiato, R., "Environmental Uncertainty, Foresight and Strategic Decision Making: An Integrated Study", *Technological Forecasting and Social Change* 79 (3), 2012, pp. 436 – 447.

Volberda, H. W., Vande, R., Weerat, N., Verwaal, E., et al., "Contingency Fit, Institutional Fit, and Firm Performance: A Meta-fit Approach to Organization-Environment Relationships", *Organization Science* 23 (4), 2012, pp. 1040 – 1054.

Várdy, F., "The Increasing Marginal Returns of Better Institutions", *Background Paper for the* 2010 *Annual Flagship Report*, The World Bank, 2010.

Walton, E. J., Dawson, S., "Managers' Perceptions of Criteria of Organizational Effectiveness", *Journal of Management Studies* 38 (2), 2001, pp. 173 – 200.

Wang, C. L., Ahmed, P. K., "Dynamic Capabilities: A Review and Research Agenda", *International Journal of Management Reviews* 9 (1), 2007, pp. 31 – 51.

Wang, H., *CEO Leadership Attributes and Organizational Effectiveness: The Role of Situational Uncertainty and Organizational Culture* (Hong Kong University of Science and Technology, 2002).

Wautelet, Y., et al., "An Ontology for Modeling Complex Inter-Relational Organizations", *Lecture Notes in Computer Science* 58 (72), 2009, pp. 564 – 573.

Wernerfelt, B. A., "Resource-based View of the Firm", *Strategic Management Journal* 5 (2), 1984, pp. 171 – 180.

White, D. W., "The Impact of Environmental Uncertainty on Strategy Creation Style in a Franchise Channel Setting", *Journal of Strategic Marketing* 6

(4), 1998, pp. 273 – 304.

Wild, C. J., Pfannkuch, M., "Statistical Thinking in Empirical Enquiry", *International Statistical Review* 67 (3), 1999, pp. 223 – 248.

Williamson, O. E., *Markets and Hierarchies: Analysis and Antitrust Implications* (New York: Free Press, 1975).

Williamson, O. E., "Organization Form, Residual Claimants, and Corporate Control", *The Journal of Law & Economics* 26 (2), 1983, pp. 351 – 366.

Williamson, O. E. *The Economic Institutions of Capitalism: Firms, Markets, Relational Contracting* (New York: Free Press, 1985).

Williamson, O. E., "The New Institutional Economics: Taking Stock, Looking Ahead", *Journal of Economic Literature* 38 (3), 2000, pp. 595 – 613.

Winter, S. G., "Toward a Neo-Schumpeterian Theory of the Firm", *Industrial and Corporate Change* 15 (1), 2006, pp. 125 – 141.

Wood, R., Bandura, A., "Social Cognitive Theory of Organizational Management", *The Academy of Management Review* 14 (3), 1989, pp. 361 – 384.

Yang, H, . et al., "A Multilevel Framework of Firm Boundaries: Firm Characteristics, Dyadic Differences, and Network Attributes", *Strategic Management Journal* 31 (3), 2010, pp. 237 – 261.

Yayavaram, S., Chen, W. R., "Changes in Firm Knowledge Coupling and Firm Innovation Performance: The Moderating Role of Technological Complexity", *Strategic Management Journal* 36, 2015, pp. 377 – 396.

Yen, H. R., Niehoff, B. P., "Organizational Citizenship Behaviors and Organizational Effectiveness: Examining Relationships in Taiwanese Banks", *Journal of Applied Social Psychology* 34 (8), 2004, pp. 1617 – 1637.

Yetton, P. W., Johnston, K. D., Craig, C. F., "Computer-aided Architects: A Case Study of Information Technology and Strategic Change", *Sloan Management Review* 35 (4), 1994, pp. 57 – 67.

Yilmaz, C., Ergun, E., "Organizational Culture and Firm Effectiveness: An Examination of Relative Effects of Culture Traits and the Balanced Culture Hypothesis in an Emerging Economy", *Journal of World Business* 43 (3), 2008, pp. 290 – 306.

Yin, R. K., *Applications of Case Study Research* (Thousand Oakes, CA: Sage, 2003), pp. 1 – 163.

Yuchtman, E., Seashore, S. E., "A System Resource Approach to Organizational Effectiveness", *American Sociological Review* 32 (6), 1967, pp. 891 – 903.

Zahra, S. A., LaTour, M. S., "Corporate Social Responsibility and Organizational Effectiveness: A Multivariate Approach", *Journal of Business Ethics* 6 (6), 1987, pp. 459 – 467.

Zairi, M., Jarrar, Y. F., "Measuring Organizational Effectiveness in the NHS: Management Style and Structure Best Practices", *Total Quality Management* 12 (7&8), 2001, pp. 882 – 889.

Zheng, W., et al., "Linking Organizational Culture, Structure, Strategy, and Organizational Effectiveness: Mediating Role of Knowledge Management", *Journal of Business Research* 63 (7), 2010, pp. 763 – 771.

Zhu, C. J., et al., "Strategic Integration of HRM and Firm Performance in a Changing Environment in China: The Impact of Organisational Effectiveness as a Mediator", *The International Journal of Human Resource Management* 24 (15), 2013, pp. 2985 – 3001.

Ziegenfuss, J. T., "Health Administration: Systems, Policy and Management", in Ziegenfuss Jr, J. T., Sassani, J. W., eds., *Portable Health Administration* (San Diego, CA: Elsevier Academic Press, 2004), pp. 19 – 37.

Zimmerman, M. A., Zeitz, G., "Beyond Survival: Achieving New Venture Growth by Building Legitimacy", *Academy of Management Review* 27 (3), 2002, pp. 414 – 431.

附录 1
元分析的资料来源

作者姓名	出版物	影响因子	出版年
Judge	*Journal of Business Ethics*	1.326	1994
Ryan et al.	*Personnel Psychology*	4.490	1996
Vandenberg et al.	*Group & Organization Management*	1.400	1999
Koys	*Personnel Psychology*	4.490	2001
Schlevogt	*Asia Pacific Journal of Management*	2.091	2001
Wang	*PhD Thesis*		2002
Griffith	*The Elementary School Journal*		2003
刘亚等	《管理世界》	3.015	2003
Dikmen et al.	*Journal of Construction Engineering and Management*	0.842	2005
Hansberry	*PhD Thesis*		2005
Riordan et al.	*Human Resource Management*	1.293	2005
李成彦	博士学位论文		2005
杨青隆	博士学位论文		2005
Smith	*PhD Thesis*		2006
李锐、朱永新	《科学学与科学技术管理》	2.075	2006
唐宁玉、王重鸣	《中国管理科学》	2.110	2006
朱晓妹、王重鸣	《管理工程学报》	2.393	2006
Jeong et al.	*Journal of Advanced Nursing*	1.741	2007
霍海涛等	《图书情报工作》	1.406	2007
朱青松	博士学位论文		2007
Rego & Cunha	*The Service Industries Journal*	0.832	2008

续表

作者姓名	出版物	影响因子	出版年
Yilmaz & Ergun	*Journal of World Business*	2.388	2008
陈晓红、于珊	《湖南师范大学社会科学学报》	0.945	2008
谢宝国、龙立荣	《心理学报》	3.032	2008
Aydin & Ceylan	*Ekonomie a Management*	1.021	2009
Gregory et al.	*Journal of Business Research*	1.480	2009
Kepes et al.	*Personnel Psychology*	4.490	2009
Biswas et al.	*IIMB Management Review*		2010
Chang & Huang	*Total Quality Management*	1.323	2010
Zheng et al.	*Journal of Business Ethics*	1.326	2010
江庭谊	博士学位论文		2010
孔锦等	《软科学》	1.741	2010
李忆、司有和	《情报杂志》	1.614	2010
吕鸿江、刘洪	《管理科学学报》	2.876	2010
辛冲	《科学学与科学技术管理》	2.075	2010
张东军	《体育学刊》	1.344	2010
Aktaş et al.	*Procedia-Social and Behavioral Sciences*		2011
Hassan et al.	*International Journal of Business and Social Science*		2011
Jain et al.	*Journal of Management & Organization*	0.594	2011
Lee	*African Journal of Business Management*	1.105	2011
Mackenzie et al.	*Personnel Psychology*	4.490	2011
陈志军、董青	《南开管理评论》	3.920	2011
李晋、刘洪	《软科学》	1.741	2011
马晓苗等	《科技进步与对策》	1.458	2011
王辉等	《管理世界》	3.015	2011
Gandy	*PhD Thesis*		2012
孙少博、张体勤	《山东社会科学》	0.959	2012
Darwish et al.	*The International Journal of Human Resource Management*	0.916	2013
Klein et al.	*Journal of Management & Organization*	0.594	2013
Ullah & Yasmin	*Acta Universitatis Danubius. Administratio*		2013

续表

作者姓名	出版物	影响因子	出版年
Zhu et al.	*The International Journal of Human Resource Management*	0.916	2013
胡信布、袁治平	《西安交通大学学报》	1.116	2013
Colbert et al.	*Personnel Psychology*	4.490	2014
Semeijn et al.	*Human Resource Management*	1.293	2014
Taylor et al.	*Leadership & Organization Development Journal*	0.362	2014
Upadhaya et al.	*International Journal of Operations & Production Management*	1.736	2014
贺小格	博士学位论文		2014
姜荣萍	《北京师范大学学报》	1.456	2014
林春培、庄伯超	《科学学研究》	2.769	2014
Acquaah & Tukamushaba	*Journal of Managerial Psychology*	1.200	2015
张振刚等	《科技管理研究》	0.822	2015

附录 2

影响因素与组织效能的编码规则

变量	标记	编码
作者姓名	LR	
影响因子	IF	
出版物类型	PubType	1 = "期刊文章"；2 = "硕士、博士学位论文"；3 = "其他"
出版年份	PubYear	
研究对象所在国家	Country	1 = "发达国家"；2 = "发展中国家"；3 = "混合或其他"
研究对象所属类型 I	StudyTypeA	1 = "企业组织"；2 = "非企业组织"；3 = "混合或其他"
研究对象所属类型 II	StudyTypeB	1 = "营利性组织"；2 = "非营利性组织"；3 = "混合或其他"
研究对象所在行业	Industry	1 = "制造业"；2 = "服务业"；3 = "混合或其他"
抽样对象	Object	1 = "领导或主管"；2 = "下属员工"；3 = "混合或其他"；4 = "组织本身"
抽样方法	Sample	1 = "简单随机抽样"；0 = "混合或其他"
量表类型	Scale	1 = "李氏 5 点量表"；2 = "李氏 7 点量表"；3 = "混合或其他"
测量方式	Measure	1 = "静态测量"：主观感知或实际状况；2 = "动态测量"：相对比较（实际状况与期望目标的比较；本企业与其他企业或行业平均水平的比较）；3 = "其他"
有效样本量	N	
分析方法	Analysis Method	1 = "相关分析"；2 = "回归分析"；3 = "相关与回归分析"；4 = "其他"

续表

变量	标记	编码
影响因素	IVname	1 = "组织文化";2 = "人力资源管理实践";3 = "组织规模、结构和战略";4 = "组织环境";5 = "管理者（领导）特质";6 = "心理特征（氛围）";7 = "知识管理和组织学习";8 = "其他"
自变量维度数	IVdimension	
自变量条目数	IVitems	
自变量信度	IVreliability	
组织效能维度	DVname	1 = "人力资源效能";2 = "运营效能";3 = "适应效能";4 = "财务效能";5 = "整体效能";6 = "其他"
因变量维度数	DVdimension	
因变量条目数	DVitems	
因变量信度	DVreliability	
关系类型1	RType1	1 = "自变量与因变量关系";0 = "中介变量与因变量关系"
关系类型2	RType2	1 = "正向关系";0 = "负向关系"
相关系数	R1	
回归系数	B1	
相关系数绝对值	R2	
回归系数绝对值	B2	

附录 3
组织效能评估标准的资料来源

作者姓名	出版年份	出版物类型	评估维度	评估视角
Georgopoulos & Tannenbaum	1957	1	3	1
Etzioni	1960	1	2	2
Mahoney	1967	1	2	1
Seashore & Yuchtman	1967	1	2	2
Friedlander & Pickle	1968	1	2	4
Duncan	1973	1	2	1
Campbell	1974	4	2	6
Osborn & Hunt	1974	1	3	7
Hirsch	1975	1	3	7
Steers	1975	1	4	6
Cunningham	1977	1	4	6
Cunningham	1978	1	2	2
Cameron	1978	1	2	6
Keeley	1978	1	2	4
Goodman et al.	1979	1	3	3
Hitt & Middlemist	1979	1	1	1
Goodman & Pennings	1979	4	3	4
Hall	1980	1	3	7
Perry & Angle	1980	1	3	7
Kanter & Brinkerhoff	1981	1	2	6
Angle & Perry	1981	1	2	7

续表

作者姓名	出版年份	出版物类型	评估维度	评估视角
Quinn & Rohrbaugh	1981	1	2	5
Gaertner & Ramnarayan	1983	1	3	7
Quinn & Cameron	1983	1	3	7
Quinn & Rohrbaugh	1983	1	2	5
Cameron	1986	1	3	7
Lewin & Minton	1986	1	3	7
Zahra & LaTour	1987	1	3	7
Cameron & Freeman	1991	1	3	7
Kraft & Jauch	1992	1	2	4
Judge	1994	1	2	7
Cameron & Whetten	1981	1	3	7
Ryan et al.	1996	1	2	7
Handa & Adas	1996	1	2	5
Tatum et al.	1996	1	2	6
Jain	1997	1	2	6
Baker et al.	1997	1	3	6
Vandenberg et al.	1999	1	2	7
Rojas	2000	1	3	6
Sinha & McKim	2000	1	2	5
王重鸣、洪自强	2000	1	1	7
Zairi & Jarrar	2001	1	3	7
Koys	2001	1	3	7
Walton & Dawson	2001	1	2	5
Schlevogt	2001	1	2	7
Wang	2002	2	1	7
Hamon	2003	2	3	7
Denison et al.	2004	1	2	6
Sowa et al.	2004	1	2	7
Parhizgari & Gilbert	2004	1	2	6
Yen & Niehoff	2004	1	2	7
李成彦	2005	1	2	7
Riordan et al.	2005	1	2	7

续表

作者姓名	出版年份	出版物类型	评估维度	评估视角
Dikmen et al.	2005	1	3	6
李锐、朱永新	2006	1	3	6
唐宁玉、王重鸣	2006	1	2	7
朱晓妹、王重鸣	2006	1	2	7
Smith	2006	2	1	7
霍海涛等	2007	1	2	7
Jeong et al.	2007	1	2	7
Rego & Cunha	2008	1	3	7
Martz	2008	2	2	7
Yilmaz & Ergun	2008	1	3	7
Richard et al.	2009	1	3	7
Kepes et al.	2009	1	3	7
李忆、司有和	2010	1	3	7
Zheng et al.	2010	1	2	7
马晓苗等	2011	1	2	7
Aktaş et al.	2011	1	2	7
Trierweiller et al.	2011	1	3	7
孙少博、张体勤	2012	1	2	5
Gandy	2012	2	2	6
胡信布、袁治平	2013	1	2	7
Amah & Nwuche	2013	1	2	7
Ullah & Yasmin	2013	1	2	7
姜荣萍	2014	1	2	7
Colbert et al.	2014	1	3	7

注：出版物类型中的 1 = "期刊文章或书的章节"、2 = "硕士、博士学位论文"、3 = "会议论文"、4 = "其他"；评估维度中的 1 = "单维"、2 = "多维"、3 = "未明确说明"、4 = "单维与多维的综合"；评估视角中的 1 = "目标视角"、2 = "系统资源视角"、3 = "内部过程视角"、4 = "战略成员视角"、5 = "竞争价值视角"、6 = "综合性视角"、7 = "其他视角"。

图书在版编目(CIP)数据

复杂组织目标与效能评估/康丽群，刘汉民，解晓晴著． -- 北京：社会科学文献出版社，2020.5
 ISBN 978 - 7 - 5201 - 6546 - 4

Ⅰ.①复… Ⅱ.①康… ②刘… ③解… Ⅲ.①企业管理 - 组织管理学 - 研究　Ⅳ.①F272.9

中国版本图书馆CIP数据核字(2020)第062678号

复杂组织目标与效能评估

著　　者 / 康丽群　刘汉民　解晓晴

出 版 人 / 谢寿光
组稿编辑 / 高　雁
责任编辑 / 颜林柯
文稿编辑 / 王红平

出　　版 / 社会科学文献出版社·经济与管理分社 (010) 59367226
　　　　　 地址：北京市北三环中路甲29号院华龙大厦　邮编：100029
　　　　　 网址：www.ssap.com.cn

发　　行 / 市场营销中心 (010) 59367081　59367083
印　　装 / 三河市龙林印务有限公司

规　　格 / 开　本：787mm×1092mm　1/16
　　　　　 印　张：19.25　字　数：316千字
版　　次 / 2020年5月第1版　2020年5月第1次印刷
书　　号 / ISBN 978 - 7 - 5201 - 6546 - 4
定　　价 / 158.00元

本书如有印装质量问题，请与读者服务中心 (010 - 59367028) 联系

▲ 版权所有 翻印必究